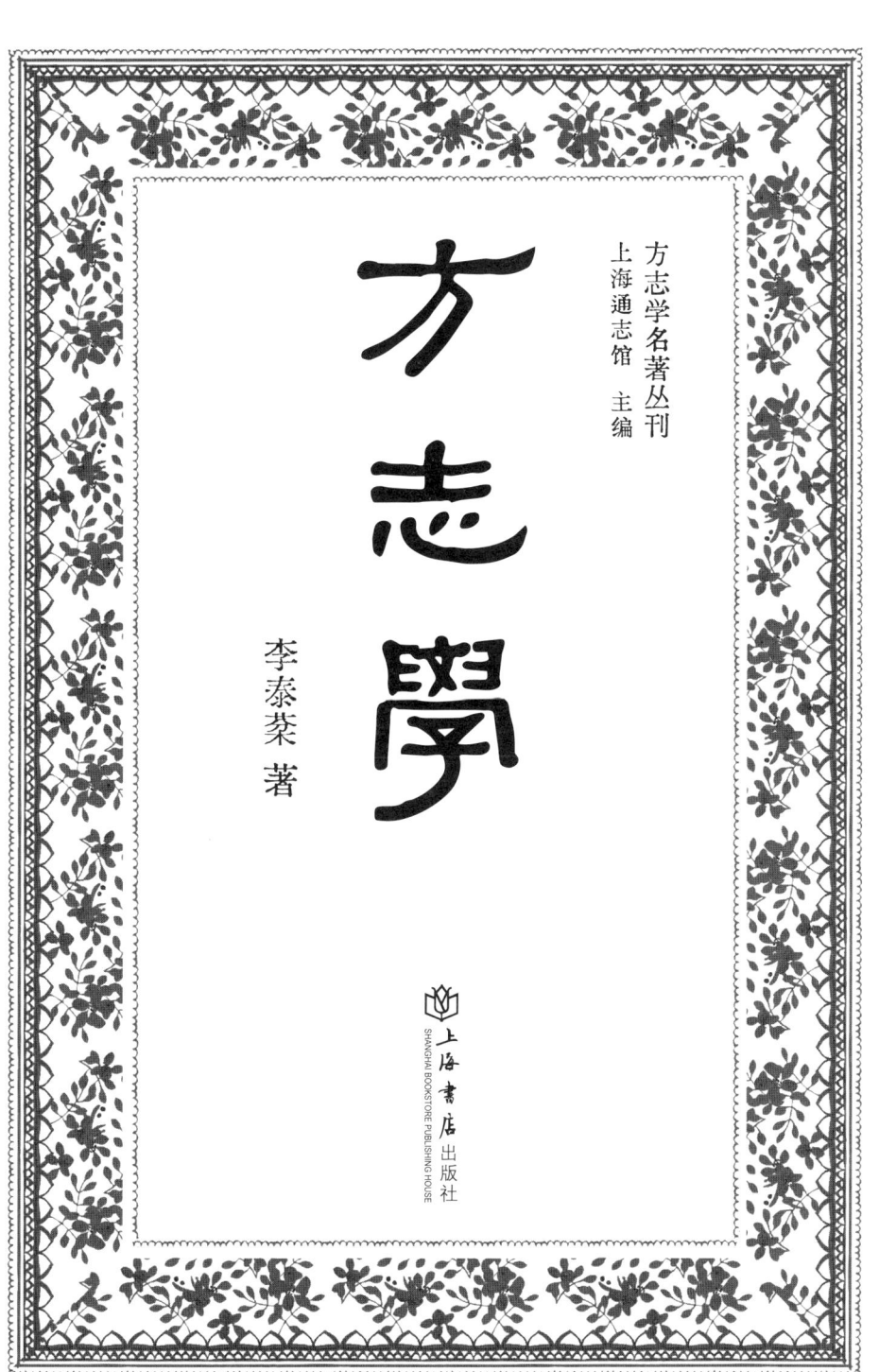

方志学名著丛刊
上海通志馆 主编

方志學

李泰棻 著

上海書店出版社

"方志学名著丛刊"出版说明

地方志是我国十分重要的一种文献门类，有着悠久的历史，其编修工作可以上溯至秦汉时期。然而总结其理论，使方志学从传统历史学范畴中脱离出来，形成一门单独的学问，却是近代的事情。其中，做了奠基工作的，公推清代中期的著名史学家章学诚。章学诚站在学术史的角度来论史，提出了"六经皆史"的观念，扩充了史学的研究范围。而在方志研究上，他基于丰富的修志实践，结合自己的史学理论创见，形成了一套完整的方志学理论。他强调"志属信史""方志乃一方全史"，明确方志在史学上的地位和作用，提出立"三书"、定"四体"等一整套修志的体例和法度，又倡导在州县专立志科以推进修志事业。总之，章学诚是方志学研究上绕不过的一个重要人物。梁启超称道他："能认识方志之真价值,说明其真意义者,莫如章实斋。"

章学诚之后,方志学在民国时期草创并蓬勃发展。自梁启超于1924年提出"方志学"这一概念后,不断有学者深入开展方志理论研究,如黎锦熙、吴宗慈、傅振伦、王葆心、李泰棻、瞿宣颖、甘鹏云、寿鹏飞等,他们或考证旧志,或从方志性质、源流、体例、编纂方法等角度研究方志理论,并对方志学的学科体系进行了初步探索。在当时的史地杂志和各省图书馆馆刊上,如《禹贡》《学风》《地学杂志》《浙江图书馆馆刊》等,多可看到这一时期丰富的方志学研究成果。另外,各省纷纷组建通志馆,编纂各地新志,20世纪30年代成为民国纂修新志最盛的时期,而当时学者们对方志学的研究成果也多有反映在这些新修的方志中。

从中华人民共和国成立一直到改革开放前,方志学的理论研究与方志修纂处于艰难探索时期,进展缓慢。1980年2月,国务院指示各地:"编史修志,为历史研究服务",随后各省及省会城市竞相成立史志编委会或修志机构。中国地方志协会、中国地方志指导小组也很快成立,在其指导下,"首轮修志"在全国范围内系统展开。为了配合修志工作实战,方志学的理论研究势必要深入进行。在1996年第二次全国地方志工作会议上,大力加强方志基本理论研究和方志编纂学研究被重点提了出来。因此有不少方志学专家学者如刘光禄、来新夏、黄苇、仓修良、林衍经、洪焕椿、邸富生、林正秋、陆振岳、巴兆祥等,投入到方志学的研究中。他们从对方志源流、性质、作用等基础理论的探讨，发展到对体例、结构、篇目、文体、文风、志种、资料工作等方志编纂理论的总结，以及对志书质量标准、方志学学科体系等问题的讨论，并延伸到志书的资料性、学术性、文献性、著述性、整体性研究等多方面。由此这一时期出现了不少优秀的方志学理论著作。这些理论著作不仅对当时的首轮修志工作提供了极好的学术指导，也间接地培养、造就了一批方志学者和修志人才，使得这一时期方志学呈现一派繁荣发展之势。

今年是"方志学"这一学科名称提出100周年，全国第三轮修志也已陆续启动，我们策划了这套"方志学名著丛刊"，通过遴选上述方志学重要发展期出现的优秀的、影响广泛的方志学著作，为中国特色社会主义新时代的修志事业提供一些基本参考书，助力新时代的方志工作者和研究者不断推陈出新，推动方志学科的不断向前发展。

上海通志馆　上海书店出版社
二〇二四年五月

序

吾国地方志书之普遍，起于明而盛于清，是固至有价值之事业也。然其动机，除少数学者所作县志外，往往在于朝廷。明清两代因修《一统志》而令各省修志以备取材，而各省又令各府州县修志以备参用，此其显著之例也。倘朝廷于事先有规定门目颁布各省，无论其文字若何，资料多寡，而各地志书大体绝不至如今日风马牛不相及之情形也。然计不出此，朝廷但令修志，而志之体例门目毫无标准规定焉。故吾国地方志书良莠不齐，匪特不能成一系统，甚且笑话杂出。此其原因，一由中朝无所领导于先，一由方吏敷衍塞责于后。但有志书，不顾内容，即至今日，内政部通咨各省，省政府转饬各县，催促修志，令急如火。而各省当局对之根本不感兴趣，奉行明令，组织志馆，或借此以位置士绅，或借此以任用私人。数稔以还，但见各省志馆纷纷成立，而馆长、总纂为全国士林所共仰者，尚未之闻。《诗》云："靡不有初，鲜克有终。"逆其结局，恐亦若是。此一派也。或则志馆经费亦吝而不筹，但为敷衍中央，月拨少许，以现任省府秘书长或厅长兼馆长，以各厅能草"等因""奉此"之科员兼编纂，另聘一二老儒，滥竽总纂。大都设馆不编，编亦抄袭旧志，择拾新材，体例系统并无可观。即能完成，亦属赘累。此又一派也。例如察哈尔省，亦有省志馆之组织，内容仿佛所举后派，而省府会议限期六月完成。查察本新省，向无旧志，虽有《宣化府志》及《口北三厅志》可资参引，亦系乾隆以前所修。此后二百余年大事调查，亦非半年可竣。况乾隆以前应补志材尚多，再加纂辑时日竟有半载完成之限，可见省政当局尚不知志为何物也。此类通志即令完成，亦绝难洽人望。故各省县志之续修固为当今急务，然中央应有之指导监督亦须实行。否则即令各省乃至各县悉有新志，恐多如察省之流，无裨实际也。往在清时，各省督抚尚有如毕沅及张之洞之流，稽古右文，重视方志。且延硕学通儒如章学诚之类，执笔纂修。流风所被，府县长官亦皆厚币求贤，务臻博洽。故若戴震、洪亮吉、吴汝纶辈，亦曾纂修府、州各志。虽云少数，究可模范一时，风靡全国。时至今日，各省执政率皆起身行伍，此类事业向不经心，幕僚佐贰均非士流，即求乾嘉时代上行下效之风，亦不可得，望其进步，宁非至难？窃以民国以还，时局俶扰，束身自好之士多不仕宦，怀铅握椠、朝户伏案者，各省皆有。欲其作官，或为教授，固不可强，聘充志馆编辑，则必乐从。故求如章学诚、戴震、洪亮吉一类学者，不敢鄙曰绝无，然求如毕沅、张之洞一类督抚，则敢断言未有。若论戎马奇勋，今日各省长官皆胜毕、张。若论对于修志之倡导监督，恐均望尘莫及。如此国难方殷之际，中央尚能不忘修志，其重视兹业，固可想见。然任其自由为之，毫不领导监督，绝难如愿以偿，可断言也。故为今计，宜设方志审查馆于中央，或隶内政部，或属行政院。设总裁一人，统率审查数员。先拟全国省县志目，颁行各地，俾有遵循，志稿杀青，呈馆审定，方准刊行。如斯，则各省主席不便任用私人，而地方浅学之流亦未敢滥竽充数矣。方志前途，庶乎有豸。然理想虽易，事实殊难。总裁人选，须精国学科学者，方能胜任。环顾全国，老师宿儒，相继凋谢，即仍存者，或以政见未洽，或以年事已高，均难受任愉快。若以徒设机关，人望不副，则又有名无实，反成赘旒。无已，仍以私人所见公之于世，置此各省迈进之际，容有补于修志之实。慨自章实斋后，此道不谈久矣。二百年来，斯学独无进步。实斋曾修省县各志，故各门叙例皆陈理由，散见于《文史通义·外篇》及《章氏遗书》者，约数万言，要均各志拾零，并非系统方法。其主张当否，本书既已详评。然在今日，章氏所云即令皆是，而方志内容所缺门目尚多。故居今日而谈方志，必须增加门目若干，方能适合史学潮流；必须备有方法多条，始能达到内容目的。故方志学之作乃刻不容缓者也。不揣谫陋，久有斯志，自维治史二十年，所学近于斯道。二十年春，吾友献县李培基氏（涵础）适主绥远省政，以绥本新省，应有省志，筹款十万，愿成此业。以归绥郭象伋氏（并卿）为馆长，并聘余为总纂。余原籍察区，地近绥远，风土仿佛者多，易于考察，其便一。民国十四五年顷，余曾长绥远教厅。该省后起，率多门人故吏，易于咨询，其便二。涵础邃于国学，尤嗜考古，于新旧方志，无所不窥。渠之创设志馆并非徒应功令，盖于斯道至感兴味。余有所见，易获谅解商酌，其便三。门人白映星氏（镜潭）并曾到平迎接，且谓绥省智识分子渴望至殷，余遂欣然往就。原拟先草序例门目，次草疆域沿革，次作调查纲要。调查纲要并分古、今两部，古代资料须搜之于载籍，现代资料须访之于各县。资料既完，然后开始编辑。依兹计画，调查员及各编纂，须由总纂荐聘，方克知其经历，用其学识，事理应尔，非图把持也。不幸余就任后，所拟序例目录即得涵础赞许，复经内部备案，初步颇觉顺利，随拟调查要点。关于古代，须深研国史者，始克胜任。不得已，余与王编纂森然代任之。关于现代，悉由馆长委派，且未与余谋面，即行分途调查。而编纂六员，仅省府聘一王君森然，总纂荐一白君镜潭，余悉馆长荐聘，均非事所当为。余以开始若是，难获良果，即拟谢却归平。涵础意甚诚恳，余亦不忍再辞。夏间，涵础去职，余复求去，而涵础属以隐忍完成，方遂厥意。余感友朋之托，中经数次较高位置，一并坚辞，必以初稿完成为己任。意既如斯，凡余所能为者，无不为之，不问其职务应否也。翌年夏间，疆域沿革志草成，历代省界既明，人事庶有依归。关于古代资料，《山西通志》中既已寥寥，此外又无专书。余与王君遍阅经、史、子以及集部之有关者，上溯甲骨、吉金诸文，旁至碑碣、刻石诸拓，查得绥远历代职官数百人，本土人物百余人，有关大事数百则。即此资料，已可择录六十万言，较之光绪《山西通志》，内容不相上下。而近年之资料，不计焉。每日查阅古籍均至深夜，倘得一人或一事，则沾沾自喜。如斯者年余，酬应皆绝。敢云热心公务？个人兴趣如斯耳。古代资料既皆各得出处，而现代资料亦已调查完竣。客岁一月，余至绥馆，翻阅调查表件，十九未能惬意。然人非余委，碍难指摘，实不能用，惟有待于复查。迄于二月，即入编辑时期。各编纂分门任稿，余负指导删改之责，并自任金石、艺文两志，期以一年完成。及十一月，余之金石志定稿已竣，而艺文志初稿亦成，但各编纂有未如期交稿者，甚且只字未成。故至今正，编辑时期虽满，而稿之经余改定者，仅及其半，未定者亦且十之二三。倘能赓续半岁，则全稿勉强可终。古代部分当能如意，近代部分以调查欠周，虽有逊色，然全书若成，以体例门目、资料表格言之，或可为吾国方志开一新路。此余之敢信者也。不意四月一号，馆长忽以结束裁员，上呈省府，停顿全馆工作，止发人员薪俸。彼时余未在绥，事先亦毫未知悉。若依职权言之，馆长负全馆行政及经费支配之任，总纂负全书编纂及最后裁可之任。职既平行，责各独负。非馆长、总纂同行署名，若此类关系全志前途之事，省府未便有所准驳。然郭君为绥远耆绅，余乃客籍下士，故省府当循郭意，覆函照准。至余之意见若何，固置不问也。余得此讯，即函主席傅君宜生，请仍以省志为重，速行开馆。若郭君不加干涉，赋余以编纂全权，包括所有资料半年可竣。倘郭君愿任，余即让贤。若再筹款延期，余既无颜继续，惟有请辞。傅君覆书未答余所请求两点，但谓省志乃地方事业，应遵地方之意见，此事尚乞原谅。言外即愿重郭意，事实如何，不必顾也。余以任事三载，至愿完成，既可成涵础之初志，亦可答地方之殷情。傅既如斯，余复何言？近闻绥馆已于八月复开，客籍编纂如王君森然、王君文墀亦皆随余去职，绥籍编纂则仍复任，并又筹款数万，延期二年。余等奉职无状，理应避贤。此后《绥远通志》在傅君监督、郭君指挥之下，定能成绩斐然，生色边省。余虽不敏，亦幸始参厥事，至愿观其成也。余既早蓄自草方志学之意，益以三载经验，所获更多。遂自四月至今，凡五阅月而成此书。都十四章，前论方志之性质，次论旧志之偏枯，中述余之方志主张，末陈余之编志方法。一以偿余夙愿，一以赎吾前愆，至余有无总纂省志之学识，亦愿听海内之公评也。昔章实斋受知于毕制抚秋帆，纂修《湖北通志》。后诸小人乘毕入觐之际，谗之于代理制抚，欲图取而代之。代理者本无知识，遂即去章，以致功亏一篑而未能成。余无实斋之学，而遭实斋之厄，恨余未继涵础而去，应得此果耳。

中华民国二十三年八月既望，李泰棻革痴父自序于平寓西四羊市大街四十八号之不愠斋

目 录

第一章　通论 ········· 001
　第一节　方志之定义 ········· 003
　第二节　方志之定名 ········· 005
　第三节　方志之沿革 ········· 012
　第四节　方志之编体 ········· 014
　第五节　旧志之用途 ········· 026
第二章　旧志之择评 ········· 029
　第一节　七志目录 ········· 031
　第二节　《武功志》评 ········· 033
　第三节　《朝邑志》评 ········· 034
　第四节　《吴郡志》评 ········· 036
　第五节　《姑苏志》评 ········· 038
　第六节　滦志评 ········· 041
　第七节　《灵寿县志》评 ········· 043
　第八节　姑孰备考评 ········· 045

第九节　结论 …………………………………………… 047

第三章　章学诚之方志义例 …………………………… 049
第一节　方志属史之独见 ……………………………… 051
第二节　方志三书之并立 ……………………………… 052
第三节　志书必备之五目 ……………………………… 057
第四节　方志界限之宜别 ……………………………… 060
第五节　修志应明之六要 ……………………………… 062
第六节　修志之十议 …………………………………… 063

一、议职掌　二、议考证　三、议征信　四、议征文
五、议传例　六、议书法　七、议援引　八、议裁制
九、议标题　十、议外编

第四章　章学诚之志例驳议 …………………………… 071
第一节　书籍部次之泥古 ……………………………… 073
第二节　前代诏诰列入文征之不当 …………………… 080
第三节　艺文不志生人著作之不当 …………………… 081
第四节　生人不得立传之商榷 ………………………… 083
第五节　门目不得过多之不当 ………………………… 085
第六节　帝后不应入志之不当 ………………………… 086
第七节　列传断自元明之不当 ………………………… 088
第八节　政略以人为主之不当 ………………………… 090
第九节　志分多体之不必 ……………………………… 092

第五章　修志之辅助学识 ………………………………… 093
第一节　总说 …………………………………………… 095

目录

第二节　地理学 …… 096
第三节　人类学 …… 097
第四节　社会学 …… 098
第五节　年代学 …… 100
第六节　考古学 …… 101
第七节　古文学 …… 102
第八节　古泉学 …… 103
第九节　言语学 …… 104
第十节　谱系学 …… 106
第十一节　心理学 …… 107
第十二节　经济学 …… 108
第十三节　法政学 …… 109
第十四节　其他科学 …… 109

第六章　余对方志内容之三增 …… 111
第一节　应增记录以前之史实 …… 113
第二节　应增社会经济之资料 …… 115
第三节　应增贪劣官绅之事实 …… 116

第七章　余对方志内容之拟目及序例 …… 119
第一节　拟目 …… 121
第二节　序例 …… 128

第八章　修志之先决问题 …… 137
第一节　疆域沿革志必先考定之理由 …… 139
第二节　例上　绥远全省疆域沿革志 …… 140

第三节　例下　绥远各县疆域沿革志 …………… 188

第九章　方志之资料 …………… 221

第一节　总说 …………… 223

第二节　记录的资料 …………… 224

一、属于甲骨文者　二、属于吉金文者　三、属于石刻类者　四、属于西夏文者　五、属于经书者　六、属于史书者　七、属于志书者　八、属于集部者　九、属于地理者　十、属于类书者　十一、属于杂著者　十二、属于藩部者　十三、属于档案者　十四、属于商号账簿者

第三节　记录以外的资料 …………… 237

一、地下的　二、现实的　三、口碑的　四、歌谣的

第十章　资料之选集法 …………… 241

第一节　总说 …………… 243

第二节　记录的资料之选集举要 …………… 244

一、属于甲骨文者　二、属于吉金文者　三、属于石刻类者　四、属于西夏文者　五、属于经书者　六、关于史书者　七、属于志书者　八、属于集部者　九、属地理书者　十、属于类书者　十一、属于杂著者　十二、属于藩部者　十三、属于档案者　十四、属于商号账簿者

第三节　记录以外的资料之搜集方法 …………… 260

一、地下的资料搜集法　二、现实的资料搜集法　三、口碑的及四歌谣的资料搜集法

第十一章　记录的资料之鉴定法 …………………… 267
第一节　总说 …………………………………………… 269
第二节　甲骨文之鉴定方法 …………………………… 270
一、世系　二、称谓　三、贞人　四、方国　五、人物
六、事类　七、文法　八、字形　九、书体
第三节　吉金文之鉴定方法 …………………………… 291
一、历法　二、称谓　三、制度　四、比事　五、比辞
六、字形　七、书体　八、形制　九、花纹
第四节　古书籍之鉴定方法 …………………………… 304
一、据考古　二、据事实　三、据引证　四、据称谓
五、据行文　六、据思想　七、据用字

第十二章　记录以外的资料之鉴定法 ……………… 323
第一节　总说 …………………………………………… 325
第二节　陶器之鉴定方法 ……………………………… 326
一、史前之陶器　二、三代之陶器　三、秦汉之陶器
四、六朝之陶器　五、唐代之陶器
第三节　石器之鉴定方法 ……………………………… 343
一、古代之石器　二、历代之玉器
第四节　铜器之鉴定方法 ……………………………… 353
一、三代之铜器　二、秦汉之铜器　三、六朝后之铜器
第五节　古迹之鉴定方法 ……………………………… 369
一、书籍之记载　二、地理之考证　三、口碑之传说
四、古物之旁证

第六节　现事之鉴定方法 …………………………… 375
　　一、正面之调查　二、反面之调查　三、旁面之调查

第十三章　记录的资料之整理方法 …………………………… 379
第一节　甲骨文之整理方法 …………………………… 381
　　一、断片之连接　二、文字之补缺
第二节　吉金文之整理方法 …………………………… 390
　　一、文字之补缺　二、文字之通读
第三节　古书籍之整理方法 …………………………… 397
　　一、属于文字方面者　二、属于名辞方面者　三、属于残逸方面者

第十四章　记录以外的资料之整理法 …………………………… 403
第一节　总说 …………………………… 405
第二节　古物之整理方法 …………………………… 406
　　一、碎物之复合　二、外锈之剔除
第三节　歌谣之整理方法 …………………………… 408
　　一、土语之注释　二、音韵之说明

第一章 通论

第一节 方志之定义

方志者,即地方之志,盖以区别国史也。依诸向例,在中央者谓之史,在地方者谓之志。故志即史,如某省志即某省史,而某县志亦即某县史也。欲知方志之定义,须先知史之定义。本书旨趣,意在发阐:如何编著方志,始为合理?编著之前,如何预备资料,更整理而审查之,始堪适用?故关于东西各国学者所著不当之"史的定义",不烦琐引,但说明著者所主之定义而已。

世界一切现象,不外二种。一曰循环状,一曰进化状。其进化有定时,周而复始,如四时之变迁、天体之运行者,循环状之谓也。其进化有定序,往而不来,如人类之进步、生物之发达者,进化状之谓也。学之属于循环状者,谓之天然学。学之属于进化状者,谓之史学。故"史者,研究进化之现象也"。然大千世界,物奚翅万?凡星界、气界、动物界、植物界、矿物界，乃至太空冥冥界，于时刻中莫不各有其进化现象。故波斯匿王曰："其变宁唯一纪、二纪，实为年变；岂为年变，亦兼月化；何直月化，兼又日迁。沉思谛观。刹那刹那，念念之间，不得停住。"（《楞严经》卷三）[1] 然往者不可见，现在亦难窥，吾人即欲叙述，从何说起？必其有关于人，始克觉察。既云有关于人，则必以人为主，故"史者，乃纪载并研究人类之进化现象者也"。或谓如子所言，史乃纪载及研究人类进化现象者，然则方志亦必为记载及研究一方人类进化现象者无疑，但遍观往者省府、州、县各志，均载山川起迄。山川本属自然现象，而方志载之，果作何解？愚答之曰：山、岳、河、湖固属自然生成，若研究其造成原因，此乃地文学家之责任；若研究其与人类之关系，亦为史家应有之叙述。盖同为山河，因其高下之不同，经纬之不同，斜度缓急之不同，距海远近之不同，雨量多寡之不同，山林野兽有无之不同，水势顺逆分流之不同，在在影响人生。他如风俗之良窳，园林之风景，交通之孔道，城市之建筑，亦莫不有关于山、河、湖、岳。故在其本身，确属自然现象；论其影响，实属有关人生。方志载之，理固如是。故"方志者，乃纪载及研究一方人类进化现象"之定义，不容疑虑也。

---

[1] 以上诸语本王白佛自身经验变化，此乃借用为进化说。盖人生自少至老，本属进化状也。

第二节　方志之定名

如上所述，方志与史相同，仅属范围稍异。何以不名"方史"，而曰"方志"？其理何在？曰史名本属不当，特以沿用既久，未便即更耳。以"史"实官名，非学名也。古者谓史为《坟》，为《典》，为《书》。西周而后，又名《春秋》，如《墨子》引燕之《春秋》、宋之《春秋》、齐之《春秋》、周之《春秋》（见《明鬼篇》下）。又言"吾见百国《春秋》"（《史通·六家篇》引《墨子》佚文），申叔时言"教太子箴以"《春秋》（《国语·楚语》），司马侯言叔向"习于《春秋》"（《国语·晋语》）。是晋之《乘》、楚之《梼杌》、鲁之《春秋》及孔子所见百二十国宝书，通名《春秋》，无有名之为史者也。中国史官，肇自黄帝。黄帝立史官，苍颉、沮诵居其职。至于夏商，乃分置左右。左史记言，右史记事。（《文心雕龙》谓"左史记事，右史记言"，其说亦通。）周官有太史、小史、内史、外史、御史，凡五官。逮及春秋，各国皆有史官。鲁有太史（《昭二年》），齐有南史（《襄二十五年》），楚有左史（《昭十二年》），晋有太史（《国语》）、左史（《襄十四年》），卫有祝史（《哀二十五年》）及太史（《闵二年》），郑亦有祝史（《昭十八年》）。以上皆足证史非名学，乃以名官。更探造字之初，亦以象史官之状者，请述如左。

许氏《说文》："史，记事者也。从又持中。中正也。"其字篆文作㞢。案古文"中"正之字，甲文作中（《殷虚书契》卷一第六叶）、中（同上卷三第三十一叶）、中（同上卷四第二十七叶）、中（同上）、中（同上第三十七叶）、中（同上）、中（同上卷六第四十九叶）、中（同上卷七第二十二页），金文作中（南宫方鼎）、中（南宫中鼎）、中（望敦）、中（牧敦）、中（避姬簠）、中（齐侯镈）、中（卯敦）、中（郘子钟）、中（颂壶），皆并从○、从𠆢或𠄎。斿或在左，或在右，盖因风向不同也。此外"伯仲"字皆作中（中敦、兮中敦），无斿形。至史字所从之中，作中。三形判然，岂得谓史从又持中耶？史，甲文作㞢（《殷虚书契》卷五第三十九页）、㞢（安阳所发甲片）、㞢（同上），金文作㞢（史尊）、㞢、㞢（史燕簠）、㞢（师酉敦）、㞢（颂鼎）、㞢（寰盘）。倘系从又持中，则当作㞢，不当作㞢矣。且中正无形之物德，非可手持，故许说不足以释史。

吴大澂《说文古籀补》曰："史，记事者也。象手执简形。古文中作中，无作中者。推其意，盖以中当作册，即册之省形。册为简策本字。持中，即执册之象也。"章炳麟《文始》复演其说曰："用从卜、册，中字作中，乃纯象册形。古文册作册，则册可作册。册二编，此三编也。其作中也，非初文，而后出之字。"然中形殊不类简，而甲金诸文之史，又明从中而不从册。按殷周诸文，册均作册，而史均作㞢，岂可云持中即执册耶？章氏复以用可作〖冊〗，则中亦可作〖冊〗，说更无谓。盖殷周文字，均无此例，况华文不似西字，有单数多数之别。若既有册，则无论几编，亦皆用册。假如章说二编为册，三编为〖冊〗，则四编、五编又当若何？故谓中可作〖冊〗。殷周文字既无此例，而二编、三编更于史字无关。吴、章两说，亦不足以释史。

江永《周礼疑义举要》云："凡官府簿书谓之中，故诸官言治中、受中，《小司寇》断庶民狱讼之中，皆谓簿书，犹今之案卷也。此中字之本义。故掌文书者，谓之史。其字从又、从中。又者，右手以手持簿书也。"按江氏此说异乎以上诸氏，不求诸形而求诸义，似较得当。然簿书何以云中？江氏无说。释中为何物者，则为王国维氏。王氏《观堂集林·释史》云：

案《周礼·大史职》："凡射事，饰中，舍筭。"《大射仪》：司射"命释获者设中"，"大史释获。小臣师执中，先首，坐设之；东面，退。大史实八筭于中，横委其余于中西"。又："释获者坐取中之八筭，改实八筭，兴，执而俟。乃射。若中，则释获者每一个释一筭，上射于右，下射于左。若有余筭，则反委之。又取中之八筭，改实八筭于中。兴，执而俟"云云。此即大史职所云"饰中，舍筭"之事。是中者，盛筭之器也。中之制度，《乡射》"记"云："鹿中：髤，前足跪，凿背容八筭。释获者奉之，先首。"又云："君，国中射则皮树中，于郊则闾中，于竟则虎中。大夫兕中，士鹿中。"是周时中制皆作兽形，有首有足，凿背容八筭，亦与中字形不类。余疑中作兽形者，乃周末弥文之制。其初当如中形，而于中之上横，凿孔以立筭，达于下横。其中央一直，乃所以持之，且建之于他器者也。考古者简与筭为一物。古之简策，最长者二尺四寸，其次二分取一为一尺二寸，其次三分取一为八寸，其次四分取一为六寸。筭之制，亦有一尺二寸与六寸二种。射时所释之筭长尺二寸，投壶筭长尺有二寸。《乡射》"记"："箭筹八十。长尺有握，握素。"注：箭，筴也。筹，筭也。握，本所持处也。素，谓刊之也。*"刊本一肤"者，《公羊传·僖公三十一年》："肤寸而合"，何休云："侧手为肤"。

又《投壶》："室中五扶。"注云："铺四指曰扶。一指案寸。"皆谓布四指，一指一寸，四指则四寸。引之者证握、肤为一，谓刊四寸也。所纪筭之长短，与《投壶》不同。疑《乡射》"记"以周八寸尺言，故为尺四寸。《投壶》以周十寸尺言，故为十有二寸。犹《盐铁论》言"二尺四寸之律"，而《史记·酷吏传》言"三尺法"，

---

* 编按：作者引文脱漏"刊本一肤。贾疏：云'长尺'，复云'有握'，则握在一尺之外。则此筹尺四寸矣。云"若干字。

《汉书·朱博传》言"三尺律令",皆由于八寸尺与十寸尺之不同,其实一也。计历数之算,则长六寸。《汉书·律历志》:"筭法用竹,径一分,长六寸。"《说文解字》:"筭,长六寸,计历数者。"尺二寸与六寸,皆与简策同制。故古筭、筴二字,往往互用。《既夕礼》:"主之史请读赗,执筭,从柩东。"注:"古文筭皆作筴。"《老子》:"善计者不用筹策。"意谓不用筹筭也。《史记·五帝本纪》:"迎日推筴。"《集解》引晋灼曰:"筴,数也。近,数之也。"案:筴无数义,惟《说文解字》云:"筭,数也。"则晋灼时本当作"迎日推筭",又假筭为算也。《汉荡阴令张迁碑》:"八月,筴民。"案《后汉书·皇后纪》:"汉法,常以八月算人。"是"八月筴民"即"八月算民",亦以筴为算。是古筭、筴同物之证也。射时舍筭,既为史事。而他事用筭者,亦史之所掌。筭与简策本是一物,又皆为史之所执,则盛筭之中,盖亦用以盛简。简之多者,自当编之为篇。若数在十简左右者,盛之于中,其用较便。《逸周书·尝麦解》:"宰乃承王中,升自客阶,作筴,执筴,从中。宰坐,尊中于大正之前。"是中、筴二物相符,其为盛筴之器无疑。故当时簿书亦谓之中。《周礼·天府》:"凡官府、乡、州及都鄙之治中,受而藏之。"《小司寇》:"以三刺断庶民狱讼之中。"又:"登中于天府。"《乡士》《遂士》《方士》:"狱讼成,士师受中。"《楚语》:"左执鬼中。"盖均谓此物也。然则史字从又持中，义为持书之人，与尹之从又持丨者同一义意矣。

按王氏推中为盛筭之器，亦可盛简，多则编之为篇。若简在十内，即以中盛。史之从又持中，义为持书。其说似确。然《周礼》本为周末著述，史之初职原非"饰中，舍筭"，况中之制皆作兽形，而史字所从之中，绝无兽形。王氏于此无以自原，乃谓周末弥文之制也。即姑定为周初，亦不足以远望殷夏，况史之造字、置官犹更远耶？史为帝王亲近之官，为官吏初置之职，起于黄帝之说，虽未必信，要其来源最古，毫无可疑。故后世大小官名及职事之名，多由史出。《说文》："事，职也。从史，㞢省声。"又："吏，治人者也。从一、从史，史亦声。"然殷人甲文，史、事一字。降及周初，大史作史，卿事作事，始别为二。古之官名，多由史出。殷周间王室之执政，经传作卿士，如《书·牧誓》《洪范》《诗·小雅·十月》《大雅·假乐》《常武》《商颂·长发》《国语·周语》皆是也。金文作卿事，如毛公鼎、小子师敦、番生敦皆是也。甲文作卿史，如见于《殷虚书契》卷二及卷四皆是也。是卿士本名史也。而天子诸侯之执政，通称御事，如《书·大诰》《酒诰》《梓材》《洛诰》皆是也。甲文作御史，如见于《殷虚书契》卷四者是也。是御事亦名史也。又古之六卿，《书·甘誓》谓之六事，《诗·小雅》谓之三事，《春秋左氏传》谓之三吏。是大官之称事、称吏亦皆史也。凡此皆所以

第一章 通 论

明史职由来已古，即史字由来亦古。故求史字真义，当由古代社会。若证以周代弥文之事礼，绝难得其真象也。史之职务至古，专纪皇帝言行，故曰："言则左史书之，动则右史书之。"而《文心雕龙》又云："左史纪事，右史纪言。"此说亦通。史官至古，但《世本》之有苍颉，《风俗通》之有沮涌，《史通》称夏殷之世已有孔甲、尹逸之史官（《史官建置篇》），而《吕氏春秋》亦称夏太史终古、殷太史向挚（《先识篇》），足见史官设置远在夏殷以前。其时中国社会犹在渔猎时代，政治组织至简，国事即王事，王事之最大者，除战争外，即为猎事。后世天子至尊，尚亲籍田。古时之王不过酋长而已，既为渔猎社会，自当由王倡之，故王之出猎必其要务，既以示众，史必书之。明乎此，则史之从中可以知矣。

中者，箙也。《说文》："弩矢箙也。从竹服声。"《周礼》"司弓矢"，郑注："箙，盛矢器也。"《诗·小雅》"象弭鱼服"，笺："服，矢服也。"是古时盛矢之器，其字作箙、作服。甲文箙象盛矢之形，作 ◎（《殷虚书契》卷五第九叶）、◎（同上）、◎（同上）、◎（《铁云藏龟》第二页）。或一矢，或二矢。古金文略同，作 ◎（子父己爵）、◎（父癸甗）。诸形皆象 ⊔ 中盛矢，一矢、二矢、三矢，皆无妨也。但以一矢为通行，故史之从 中 即箙字也。王者出猎，史为随记之职，接近王身，故有时代执矢箙，亦为自然之事。且王猎用矢，取自此箙，尤便纪录。史为尽职，亦当执箙。故先有史官，随造史字，从 ◎ 持 ◎，正象史之随王出猎，持箙记录之形也。（以上史之解释见拙著《今文尚书正伪·尧典正伪》。)

由上造字本意知"史"乃象最初史官动作之形，益知"史"乃官名，非学名也。故今之记录人类进化现象之书，名之为史，本属不当。吾国二十四史，首为《史记》。"史记"者，史官之记载也。司马迁世为史官，故名其所作为"记"。其叙述体例约分两端：以人为主者谓之"传"，凡本纪、世家、列传皆属之；以事为主者谓之"书"，凡天文、律历、礼乐、制度等皆属之。此乃吾国纪传体之起源。迄班固作书，以纪前汉，乃名《汉书》。虽其内容体仍纪传，已觉史名不当，故取史迁之"书"，名其全书，而以史迁之"书"，易之为"志"。迄陈寿纪三国事，又取班氏之"志"，名其全书为《三国志》，是为以志代史起源。陈氏锡名，盖以传主述人，志主属事，志可包罗一切，而传则未能。国史既可名志，则地方之史亦以名志，似无疑义。故方志定名，固甚当也。

第三节　方志之沿革

依上述定义，志即史也。故如《吴越春秋》《越绝书》，以及未能传世之百二十国宝书等，皆可称为"方志"。然最古以志名书者，首推常璩《华阳国志》。迩后由中朝以至地方，大至州郡，小逮村镇，神州之广，几于无地无志。其著者，总志类如：唐李吉甫《元和郡县志》，宋乐史《太平寰宇记》、王存《元丰九域志》、欧阳忞《舆地广记》、祝穆《方舆胜览》，以及明李贤等奉敕所撰之《一统志》等，皆是也。方志类如：宋叶隆礼《契丹国志》、宇文懋昭《大金国志》、周淙《乾道临安志》、范成大《吴郡志》、罗愿《新安志》、施宿《嘉泰会稽志》、张淏《宝庆续志》、陈耆卿《嘉定赤城志》、罗濬《宝庆四明志》、周应合《景定建康志》、郑瑶、方仁荣《景定严州续志》，元潜说友《咸淳临安志》、徐硕《至元嘉禾志》、袁桷《延祐四明志》、于钦《齐乘》、张铉《至大金陵新志》，明王鏊《姑苏志》、康海《武功县志》、韩邦靖《朝邑县志》、谢肇淛《滇略》、董斯张《吴兴备志》等，皆是也。此外，书虽非志然其所记实为方志一部或一门者，如宋陈元靓《岁时广记》及明李泰《四时气候集解》等，则专志时令者也；《三辅黄图》（不著撰者姓名）及元王士点《禁扁》等，则专志宫殿者也；后魏郦道元《水经注》，元潘昂霄《河源记》，明归有光《三吴水利录》及张内蕴、周大韶《三吴水考》等，则专志水道者也；元元明善《龙虎山志》、刘大彬《茅山志》，明裘仲孺《武夷山志》及宋焘《泰山纪事》等，则专志山岳者也；唐玄奘《大唐西域记》、宋法显《佛国记》、元周达观《真腊风土记》及明董越《朝鲜赋》等，则专志外藩者也；明唐顺之《广右战功录》、高拱《绥广纪事》及郭子章《平播始末》等，则专志战功者也；晋皇甫谧《高士传》、宋赵子栎《杜工部年谱》及明李维樾、林增志《忠贞录》等，则专志人物者也；晋嵇含《南方草木状》等，则专志产物者也；唐莫休符《桂林风土记》及宋范致明《岳阳风土记》等，则专志风土者也；明祁光宗《关中陵墓志》、甘雨《白鹭洲书院志》及李安仁《石鼓书院志》等，则专志古迹者也；《西湖繁胜录》（西湖老人撰，不著姓氏，《四库总目》谓南宋人作）及明姚士粦《日畿访胜录》等，则专志胜景者也。他如方志各门，所须各种专著尚夥，不能尽举其书，虽不名志，实则志之一部。《四库书目》关于上列诸书，多入地理类中。盖《四库》目中并方志亦入地理，则质类方志者均以列入此目，自无怪也。①

第四节　方志之编体

世界史之编体，不外传与纪年、纪事三种。所谓传者，如《穆天子传》之类是也。纪年者，如《春秋》之类是也。纪事者，如袁枢《通鉴记事本末》之类是也。兹先论三体之短长，更述纪传体之优点。传体以人为主，以年为经，以事为纬。其长处即统一人之事，首尾毕现，一目了然。然遇经济文明等事，非关一人一事者，无法统率，则其所短也。纪年者，系日月为次，列岁时以相序者也。是体长处，在于单独一年之中，能悉此一年中经过之要事，刘知幾所谓"同年

---

① 清代方志最为发达，各省、府、州、县甚至乡镇，靡不有志，各自浩繁，不烦赘举，故本节举例，断至明止。

第一章　通论

共世,莫不备载,其事形于目前,理尽一言,语无重出"(《史通·二体篇》),其评甚当。然其所短,在一事首尾,或散出于数十百年中,不相缀述,故读者病之。纪事者,以事为篇,每事各详起讫,自为标题,每篇各编年月,自为首尾。然要人传记,例难独叙,往往插入纪事中,人事杂然,罔分轻重,虽较优于纪年,亦自有其短处。独吾国于三体之外,太史公首创纪传体,本纪、世家、列传则取传及纪年之长,书取纪事之长。此外,书与纪传不能容纳之杂人琐事,则立表以济其穷,可谓体兼三长,外有一得,故知幾云:"《史记》者,纪以包举大端,传以委曲细事,表以谱列年爵,志以总括遗漏,逮以天文、地理、国典、朝章,显隐必该,洪纤靡失,此其所以为长也。"(《史通·二体篇》)《史记》开先,《汉书》继后,以下二十三史(《清史稿》在内)虽以时代演进,目录增多,总其编体,仍不外本纪、世家、列传、书、表五门。若方志者,地方之史,前已言之。故其编体,亦本纪传。兹分别《史》《汉》两目、二十二史简目,以较《同治畿辅通志》《光绪顺天府志》及《民国献县志》各目如左,则自知其来源矣。

门	目	书名	门	目	书名
本纪	不列举	史记	本纪	不列举	汉书
世家	同上	史记			

续　表

门	目	书名	门	目	书名
表	三代世表 十二诸侯 六国 秦楚之际月表 汉兴以来诸侯 高祖功臣侯 惠景间侯者 建元以来侯者 建元以来王子侯者 汉兴以来将相名臣	史记	表	异姓诸侯王 诸侯王 王子侯 高惠高后孝文功臣 景武昭宣元成哀功臣 外戚恩泽侯 百官公卿 古今人表	汉书
书	礼 乐 律 历 天官 封禅 河渠 平准	史记	志	礼乐 律历 天文 郊祀 沟渠 食货 刑法 五行 地理 艺文	汉书
列传	大臣（原书无此名，兹就性质而加此名，以与他传别也） 儒林 酷吏 货殖	史记	列传	大臣（原书无此名，加此以别他传也） 儒林 酷吏 货殖 游侠	汉书

续 表

门	目	书名	门	目	书名
列传	游侠 佞幸 匈奴 西南夷 西域 外戚 朝鲜 东越 大宛 循吏 滑稽 日者	史记	列传	佞幸 匈奴 西南夷	汉书
自序		史记	叙传		汉书

门	目	书 名
帝制纪	诏谕 宸章 京师 陵寝 行宫	同治畿辅通志
表	府厅州县沿革 封建 职官 选举	
略	舆地 河渠 海防	

续　表

门	目	书　名
略	经政 前事 艺文 金石 古迹	同治畿辅通志
录	宦绩	
列传		
列女		
杂传		
识余		
叙传		

门	目	名
舆地志	疆域 沿革 建置 古迹	民国献县志
经制志	设官 赋役 新政	
文献志	封爵 职官 仕进 人物 艺文	

续 表

门	目	名
故实志	祀事 兵事 宗教 物产 谣俗 金石 轶闻 叙跋	民国献县志

门	目	书名
京师志	图 城池 宫禁 苑囿 坛庙 祠祀 衙署 兵制 官学 仓库 关榷 厂局 坊巷 水道 寺观 风俗	光绪顺天府志
地理志	疆域 山川 城池	

续　表

门	目	书名
地理志	治所 祠祀 寺观 冢墓 村镇 边关 风俗 方言	光绪顺天府志
表	天文 沿革	
河渠志	水道 河工 津梁 水利	
食货志	户口 物产 田赋 旗租	
经政志	官吏 仓储 漕运 矿厂 盐法 钱法 典礼 学校 营制 驿传	
故事志	时政 兵事	

续 表

门	目	书名
故事志	学派 祥异 杂事	
官师志及表	传 前代守土官表 前代盐铁等官表 明督抚部院分司表 前代治境统部官表 前代州县表 前代学官表 明司道同知通判表 前代武职表 国朝监尹府尹表 国朝州县表 州同县丞等表 总督分司表 道表 同知通判等表 国朝学官表 国朝都统提镇表	光绪顺天府志
人物志及表	先贤 杂人 鉴诫 方技 列女 释道 流寓 选举表 爵封表 昭忠表 乡贤表	

续　表

门	目	书名
艺文志	纪述顺天志之书 顺天人著述	光绪顺天府志
金石志	御碑 历代	
序录志例		

二十二史简目表（史记汉书不在内）

书名	作者	内容					卷数
		本纪	表	志	世家	列传	
后汉书	刘宋范晔	十	无	三十	无	八十	百二十
三国志	晋陈寿	帝后妃纪五	无	无	无	六十	六十五
晋书	唐房乔等	帝纪十	无	十	载纪三十	七十	百三十
宋书	梁沈约	帝纪十	无	三十	无	六十	一百
南齐书	梁萧子显	八	无	十一	无	四十	五十九
梁书	唐姚思廉	六	无	无	无	五十	五十六
陈书	同上	六	无	无	无	三十	三十六
魏书	北齐魏收	十四	无	二十	无	九十二	百十四

续 表

书名	作者	内容					卷数
		本纪	表	志	世家	列传	
北齐书	唐李百药	八	无	无	无	四十二	五十
周书	令狐德棻等	八	无	无	无	四十二	五十
隋书	唐魏徵等	帝纪五	无	三十	无	五十	八十五
南史	唐李延寿	十	无	无	无	七十	八十
北史	同上	二十	无	无	无	八十	一百
旧唐书	后晋刘昫等	二十	无	三十	无	百五十	二百
新唐书	宋欧阳修等	十	十五	五十	无	百五十	二百二十五
旧五代史	宋薛居正等	六十五	无	十二	无	二十	百五十
新五代史	宋欧阳修	十二	无	无	世家年谱十一	四十五	七十四
宋史	元脱脱等	四十七	三十三	百六十二	无	二百五十五	四百九十六
辽史	元脱脱等	三十	八	三十一	无	四十六	百一十六
金史	同上	十九	四	三十九	无	七十二	百三十五

续 表

书名	作者	内容					卷数
		本纪	表	志	世家	列传	
元史	明宋濂等	四十七	六	五十三	无	九十七	二百一十
明史	清张廷玉等	二十四	十三	七十五	无	三百二十	三百三十二

以上三志，为编纂较近、时誉最隆者。《畿辅通志》则直督李鸿章延名翰林黄彭年修纂，继《雍正唐志》而作者，越时十六载，招集成学嗜古之士，相与讨论，广征群籍。凡群经诸史以及圣训、"三通"、《一统志》暨诸省郡县志书、诸子百家、文集杂著，靡不甄录。又檄郡采访，月以册闻，铢聚成钧，缕积盈笥，然后条区类别，分授纂编（本志叙传）。非特资料完备，方法亦较得体。至《顺天府志》，乃光绪五年府尹周家楣等，先后延名翰林张之洞、缪荃孙等编纂者。凡例拟于之洞，寒暑曾经八阅。且张、缪诸贤，亦皆博闻强记，学长目录。分纂中，如洪良品任故事，朱一新任坊巷，傅云龙任经政，汪凤藻任晷度，皆载言典雅，学有专长。旁至各门执笔，率多一时俊彦。以故刊行之后，称诵一时。至《献县志》，则邑人张鼎彝撰。张官绥远财政厅时，撰有《绥乘》，于斯学造诣独深。近人瞿宣颖，著《方志稿考》，尝称此书，具有八善（《第一编民国献县志考》），于民国所修各志中，独推张氏此作。瞿君阅志充栋，其言必非无据。故本节所举三书，

可称方志杰作。宋、明所撰各志，既难比拟，无烦累列。至章学诚所修各志，下章当有专评，兹不须述。若夫诸志内容若何，既罔关乎编体，而子目撰拟，又当限于时地，固不具论。若以门类观之，无一非本于《史》《汉》者，如《畿辅通志》帝制纪，① 则《史》《汉》本纪之类也；《畿辅通志》《顺天府志》以及《献县志》之各表，则又《史》《汉》表之类也；《畿辅通志》之略，《顺天府》之京师、地理、河渠、食货、经政、官师、艺文、金石等志，以及《献县志》之舆地、经制、艺文篇（此目在《文献志》中）及故实等志，则又《史》书、《汉》志之类也；《畿辅通志》之录、列传、列女及杂传等，《顺天府志》之故事、人物等志，以及《献县志》之人物篇（此目在《文献志》中）等，则又《史》《汉》列传之类也；《畿辅通志》之识余、叙传，以及《顺天府志》之序录、志例，则又史公《自序》、班氏《叙传》之类也。由此以观，方志编体，既悉本于《史》《汉》，即历代志书亦皆同乎正史。非特往者如是，将来纂志，内容资料，固须政治、社会双方并重，以期对于人类进化事实叙述无遗。若其编体，则当宗纪传，自无疑矣。

---

① 刘知幾《史通·载言篇》云："凡为史者，宜于表、志之外更立一书，若人主之制册诰令，群臣之章表移檄，收之纪传，悉入书部，题为制册、章、表、书，以类区别。"故后世方志如《畿辅通志》之诏谕、宸章（各志均如此），别立二目，即刘氏所谓人主之制册诰令，悉入书部，题为制策者。方志此体，独较《史》《汉》进化者，固刘氏之遗旨也。

第五节　旧志之用途

方志者，地方之史，前已言之，以上更较编体，又与正史相仿，则其为史无疑。而《四库书目》乃以列入地理类中，是重方而未重志，误谬已甚。夫史多矣，有通史以会其通，有断代以析其代，更有方志以别其方，然后上下纵横，始能靡考无遗。故章学诚氏以方志为国史要删，所言自有独到，但自宋元以来，方志编纂义法未能尽醇。迄于明清两代，因修《一统志》，而后征志各省。地方文献素未讲求，一旦奉命督责，往往徒应功令，临事网罗，官吏视为具文，乡绅资其升斗。于粉饰太平之具，出之惟恐不速；于考见史迹之实，匿之惟恐不深。兔园谬解，场室劣文，僻壤志书，往往毕现。即较优者，因沿方志为地理之谬见，亦不过揽胜抒情，题名颂德，绳以史法，毫无当处。故谈者相戒，摈勿寓目久矣。虽《四库》开馆，广搜群籍，对于他部，搜求无已，惟于方志一门，所收不过百五十部。而章学诚之《论修史籍考要略》，凡属史部之书，巨细悉登，独于方志一门，亦厌其滥。谓"有可取者，稍为叙述；无可取者，仅著名目；不及见者，亦无庸过为搜寻"（见《章氏遗书》卷五），此与其平日主张显有不同。其所以如是者，亦鉴方志一门，芜杂者多，精良者少，故鄙之耳。幸清初顾炎武有《天下群国利病书》之辑，取材多资各省方志，而承学之士始有知此学之重要者。复以乾嘉时代朴学大兴，毕、阮诸公开府大邦，力振文化，有司仰承风旨，乃重斯文，故大师如戴震、洪亮吉、孙星衍、章学诚之伦，遂得传食名都，经年载笔，勒成诸志，史法较纯，方志之未坠厥业者，亦多赖此。居今日而谈旧志，即并学诚所纂者，亦距史法尚远，然亦自有其用途，请列如后。各地社会制度之隐微递嬗，不见于正史及各书者，往往于方志中见之，其一也。历朝人物应登正史而未列，或在当日无人正史之资格，而以今日眼光视之，其人靡重者，亦往往见于方志，其二也。遗文佚事赖方志以存者甚多，其三也。地方经济状况如工商各业、物价、物产等，其变迁多见于方志中，其四也。建置兴废，可以窥见文化升降之迹，其五也。古迹金石，可以补正史及文字之遗缺者，其六也。氏族之分合，门第之隆衰，可与他史互证，其七也。(参观瞿宣颖《方志考稿序》。)凡此七端，皆其有裨于治史者也。复次，近世以来，政法凌夷，虽经屡变，而亦不能协理人情。国事脆靡，固有多因，而执政者不能深察民情与其所遗传、所蕴蓄、所薰陶、所演进之迹，而竟任意处置者，亦其大病。倘能集各省方志而深察之，俾便采取，由局部以窥其全，因曾通而究其变，以为他日立法行政之基，而求达乎好恶同民之治(参观余绍宋《方志考稿序》)，此又方志之有裨于治国者也。明乎此，则已往旧志，亦自有其价值存焉。

第二章 旧志之择评

第一节　七志目录

宋、元、明志，见于各家注录以及其书现存者，百数十种。然皆大义阙如，史法乖远，当日不过好事者流，乘兴修辑，率凭一时采访，人多庸猥，例罕完善，甚至挟私诬罔，贿赂行文。是以言及方志，荐绅先生每摈弃之（参观章学诚《文史通义·外篇·州县请立志科议》）。其较有义法且为一般所称道者，大抵不外《武功志》《朝邑志》《吴郡志》《姑苏志》《滦志》《灵寿县志》及《姑孰备考》七种。是七志者，夙负盛名，修志家辄奉为矩矱者也。故评此七志即可代表三朝各志。而此七志，章氏曾悉评之，虽云此善于彼，要皆无当志法。兹将七志门目表列于后，更分述章氏评语，则七志内容可知，而三朝以还之方志亦可借知其梗概矣。

书名	武功志	朝邑志	吴郡志	姑苏志	滦志	灵寿县志	姑孰备考
著者名	康海	韩邦靖	范成大	王鏊	陈士元	陆陇其	夏之符
门目	地理、建置、祠祀、田赋、官师、人物、选举	总志、风俗、物产、田赋、名宦、人物、杂记	沿革、分封、户口、税租、土贡、风俗、城郭、学校、营塞、官宇、仓库（场务附）、坊市、古迹、封爵、牧守题名、古迹、官吏、祠庙、园亭、山、水利、虎丘、桥梁、川、水利（列女附）、进士题名、土物、宫观、府郭寺、郊外寺、县记、冢墓、仙事、浮屠、考证、方技、奇事、异闻、杂志、杂咏、杂志	郡邑沿革、古今守令、科第、沿革、分野、疆域、山、水、风俗、户口、土利、田赋、城池、坊产、乡都、桥梁、仓巷、学校、兵防、寺观、署、坛场、玩庙、古迹、第宅、园地、吴世家、家墓、爵世家、氏族、平乱、迹、人物、纪异、杂事	世编、疆理、壤则、建制	地理(附纪事)、祀典、建置、灾祥、物产、田赋、官师、人物、选举、艺文	郡纪、列传、乡音集
篇	七	七	三十九	六十	四		
卷	三	二	五十		十一	十	八

第二节 《武功志》评

康书以二万许言，成书三卷，作一县志，自以谓高简矣。今观其书，芜秽特甚。盖缘不知史家法度、文章体裁，而惟以约省卷篇，谓之高简，则谁不能为高简耶？志乃史裁，苟于地理无关，例不滥收诗赋。康氏于名胜古迹，猥登无用诗文，其与俗下修志以文选之例为文艺者，相去有几？夫诸侯不祖天子，大夫不祖诸侯，严名分也。历代帝王后妃，史尊纪传，不籍方志。修方志者，遇帝王后妃故里，表明其说可也。列帝王于人物，载后妃于列女，非惟名分混淆，且思王者天下为家，于一县乎何有？康氏于人物，则首列后稷以至文王，节录太史《周纪》；次则列唐高祖、太宗，又节录《唐本纪》，乖剌不可胜诘矣。方志不当僭列帝王，姑且无论。就如其例，则武王以下，何为删之？以谓后有天下，非邠之故邑耶？则太王尝迁于岐，文王又迁于丰，何以仍列武功人物？以武王实有天下，文王以上，不过追王，故录之耶？则唐之高祖、太宗，又何取义？以谓高祖、太宗生长其地，故录之耶？则显、懿二祖，何为删之？后妃上自姜嫄，下及太姜，何为中间独无太任？姜非武功封邑，入于武功烈女，以谓妇从夫耶？则唐高祖之太穆窦后，太宗之文德长孙皇后，皆有贤名，何为又不载乎？夫载所不当载，为芜为僭，以言识不足也。就其自为凡例，任情出入，不可诘以意指所在，天下有如是而可称高简者哉？尤可异者，志为七篇，舆图何以不入篇次？盖亦从俗例也。篇首冠图，图止有二，而苏氏《璇玑》之图，乃与舆图并列，可谓胸中全无伦类者也。夫舆图冠首，或仿古人图经之例，所以揭一县之全势，犹可言也。《璇玑》之图，不过一人文字，或仿范氏录蔡琰《悲愤诗》例，收于列女之传可也。如谓图不可以入传，附见传后可也。蓦然取以冠首，将武功为县，特以苏氏女而显耶？然则充其义例，既列文王于人物矣，曷取六十四卦之图冠首？既列唐太宗于人物矣，曷取六阵之图冠首？虽曰迂谬无理，犹愈《璇玑图》之仅以一女子名也。惟《官师志》褒贬并施，尚为直道不泯，稍出于流俗耳。(《文史通义·外篇三·书〈武功志〉后》)

第三节 《朝邑志》评

韩志总约不过六七千言，志乘之简，无有过于此者。今观文笔，较康实觉简净，惟《总志》于古迹中，入唐诗数首，为芜杂耳。康氏、韩氏皆能文之士，而不解史学，又欲求异于人，故其为书，不情至此，作者所不屑道也。然康氏犹存时人修志规模，故以志法绳之，疵谬百出。韩氏则更不可以为志，直是一篇无韵之《朝邑赋》，又是一篇强分门类之《朝邑考》。入于六朝小书短记之中，如《陈留风俗》《洛阳伽蓝》

诸传记，不以史家正例求之，未始不可通也。故余于《武功》《朝邑》二家之志，以《朝邑》为稍优。然《朝邑志》之疵病虽少，而程济从建文事，滥采野史，不考事实，一谬也。并选举于人物，而举人、进士不载科年，二谬也。书其父事，称韩家君，至今人不知其父何名。列女有韩太宜人张氏，自系邦靖尊府，但使人至今不知为何人之妻、何人之母。古人临文不讳，或谓司马迁讳其父谈为同，然《滑稽传》有谈言微中，不讳谈字，恐讳名之说未确。就使讳之，而自叙家世，必实著其父名，所以使后人有所考也。今邦靖讳其父，而使人不知为谁；称其尊属为太宜人，而使人不知为谁之妻、母，则是没其先人行事，欲求加入而反损矣，三谬也。至于篇卷之名，古人以竹简为篇，简策不胜，则别自为编，识以甲乙，便稽核耳。后人以缯帛成卷，较竹简所载为多，故以篇为文之起讫，而卷则概以轴之所胜为量。篇有义理，而卷无义理故也。近代则纸册写书，较之卷轴，可增倍蓰，题名为卷，不过存古名耳。如累纸不须别自为册，则分篇者，勿庸更分卷数，为其本自无义理也。今《武功》《朝邑》二志，其意嫌如俗纂之分门类，而括题俱以篇名，可谓得古人之似矣。《武功》用纸六十余番，一册足用，而必分七篇以为三卷，于义已无所取。《朝邑》用纸仅十余番，不足一册之用，而亦分七篇以为二卷，则何说也？或曰：此乃末节，非关文义，何为屑屑较之？不知二家方以作者自命，此等篇题名目，犹且不达古人之意，则其一笔一削，希

风前哲，不自度德量力，概可知矣。(《文史通义·外篇三·书〈朝邑志〉后》)

第四节 《吴郡志》评

今学者论宋人方志，亦推范氏《吴郡志》为称首，余谛审之，文笔自亦清简，编次亦尔雅洁。又其体制详郡而略县，自沿革、城池、职官、题名之属，皆有郡而无县。《县记》二卷，则但记官署，间及署中亭台，或取题石记文而无其名姓，体参差，不一律。此则当日志例，与近日府志之合州县志而成者，迥不相同。余别有专篇讨论其事，① 此固可无论也。第他志详郡略县，称其体例可也。《沿革》有郡无县，则眉目不分矣。宜其以平江路府冒吴郡之旧称，冠全志而不知其谬也。且《沿革》叙入宋代，则云："开宝元年，平吴越王，改中吴军为平江军。太平兴国三年，钱俶纳土。"考吏，是时改苏州矣，而志文不著改州。下突接云："政和三年，升苏州为平江府。"上无苏州之文，忽入升州为府，文指亦不明矣。通体采摭史籍及诗文、说部，编辑而成，仍注所出于本条下，是足为纂类之法，却非著作体也。《风俗》多摭吴下诗话，间亦考订方音，是矣。徐祐辈九老之会，章岵辈耆英之会，皆当日

---

① 实斋别有《方志辨体》一篇，刊在《章氏遗书》卷六，即论此者也。

第二章 旧志之择评

偶为盛事，不当入风俗也。学校在四卷，县记在三十七八卷。县治官宇，既入《县记》，而《学校》兼志府县之学，是未出县名而先有学矣。《坊市》不附《城郭》，而附《官宇》，亦失其伦。提点刑狱司、提举常平盐茶司题名，不入《牧守》《题名》本类，而附见《官宇》之后，亦非法度。题点刑狱题名，皆大书名姓于上，而分注出身与来去年月于下；提举常平盐茶，皆大书官阶名姓于上，而分注任事年月于下，亦与体例未画一也。《牧守》载有名人，而《题名》反著于后，是倒置矣。《官吏》不载品制、员额，而但取有可传者，亦为疏略。功曹掾属，与令长相间杂次，亦嫌令长之名在《县记》之先也。《古迹》与《庙祠》《官宇》《园亭》《冢墓》《宫观》《寺》《山》《川》等，颇相混乱。别出《虎丘》一门于《山》之外，不解类例牵连、详略互注之法，则触手皆荆棘矣。《人物》不自撰著，裁节史传，亦纂类之例也。依次编为八卷，不用标目分类，尚为大雅。然如张、顾大族，代有闻人，自宜聚族为篇，一族之中，又以代次可也。乃忽分忽合，时代亦复间有颠倒，不如诸陆之萃合一编，前后不乱。岂今本讹错，非范氏之原次欤？《仙事》《浮屠》《方技》，亦人物之支流，纵欲严其分别，亦当次于《人物》之后，别其题品可也。今于《人物》之后，间以《进士题名》《土物》《宫观》《府郭寺》《郊外寺》《县记》《冢墓》，凡十二卷，后忽出《仙事》以下三门，遂使物典人事，淆杂不清，可谓扰而不精之甚者矣。《土物》搜罗极博，证事亦佳。但干将、莫邪、属镂之剑，吴鸿、扈稽之钩，传记所载一时神物，亦复难以尽信，今概入之《土物》，非其类矣。《奇事》一卷，《异闻》三卷，细勘实无分别。《考证》疏而不至于陋。诗赋杂文，既注各类之下，又取无类可归者，别为《杂咏》一门，虽所收不恶，亦颇嫌漫漶无当也。每见近人修志，识力不能裁断，而又贪奇嗜琐，不忍割爱，则于卷末编为《杂志》，或曰《余编》。盖缘全志分门，如布算子，无复别识心裁，故于事类有难附者，辄为此卷，以作蛇龙之菹，甚无谓也。今观范氏志末，亦为《杂志》，则前辈已先导之。其实所载，皆有门类可归，惜范氏析例之不精也。其五十卷中，官名、地号之称谓非法，人氏、名号之信笔乱填。盖宋人诗话家风，大变史文格律，其无当于方志专家、史官绳尺，不待言矣。其所以为世所称，则以石湖贤而有文，又贵显于当时。而翦裁笔削，虽不合于史法，亦视近日猥滥庸妄一流，固为矫出，得名亦不偶然也。然以是为方志之佳，则不确也。（《文史通义·外篇三·书〈吴郡志〉后》）

第五节 《姑苏志》评

《姑苏志》目已见于表，惟《人物》之中，分名臣、忠义、孝友、儒林、文学、卓行、隐逸、荐举、艺术、杂技、游寓、列女、释老，凡一十三类。而卷次多寡，不以篇目为齐。……总六十卷，亦约略纸幅多寡为之，无义例也。……然有荒谬无理，不直一笑，虽末流胥吏，略解文簿款式，断不出于是者，如发端之三表是也。表一曰《郡邑沿革》，以府县为郡邑，其谬不待言矣。表以州、国、郡、军、府、路为目，但有统部、州、郡而无县邑，无论体例不当，即其自标郡邑名目，岂不相矛盾耶？且职官有知县，而沿革无县名，不识知县等官，何所附耶？尤可异者，表之为体，纵横以分经纬。盖有同年月而异地，或同世次而异支，所谓同经异纬，参差不齐，非寻常行墨所能清析，故藉纵横经纬以分别之。如《守令表》，必以郡之守、丞、判、录，县之令、丞、簿、尉，横列为经，而以朝代年月纵标为纬。后人欲稽莅任年月，由纵标而得其时也，由横列而知某守、某令、某丞、某录，或先或后，或在同时，披表如指掌也。假有事出先后，必不同时，则无难列款而书，断无经纬作表之理。表以州、国、郡、军、府、路分格。夫州则苏州也，国则吴国也，郡则吴郡也，军、府、路则平江路府也，此皆一苏州府地先后沿革之名。称吴国时并无苏州，称苏州时并无吴郡，称吴郡时并无平江路府，既无同时异出、参差难齐之数，则按款罗列，阅者自知。今乃纵横列表，忽上忽下，毫无义例，是徒乱人耳目。胥吏文簿，不如是颠倒也。《古守令表》以太守、都尉、权摄分格。夫太守、都尉，固有同官年月。至于权摄，犹今之署印官也。有守即无权守，有尉即无摄尉。权摄官与本官，断无同时互见之理，则亦必无纵横列表之法。今分列格目，虚占篇幅，又胥吏之所不为也。职官列表，当以时制定名；守令之表，当题《府县官表》，以后贯前可也。今云《古守令表》，于文义固无碍矣。至于《今守令表》，则令乃指时制而言也，仍以守令称明之知府、知县，名实之谬，又不待言矣。府官但列知府，而削同知以下；县官但列知县，而削丞、簿之属，此何说也？又表有经纬。经纬之法，所谓比其类而合之，乃是使不类者从其类也。故类之与表，势不两立。表则不能为类，类则无所用表，亦胥吏之所通晓也。《科第》之表，分上中下，以古今异制，简编繁重，画时代以分卷可也。其体自宜旁书属籍为经，上书乡、会科年为纬。举人、进士，皆科第也。今乃以科第为名，而又分举人、进士列为二表，是分类之法，非比类也。且第进士者，必先得举人，今以进士居前，举人列后，是于事为倒置，而观者耳目且为所乱，又胥吏所不为也。凡此谬戾，如王氏鏊，号为通人，未必出其所撰。大抵暗于史裁，又浸渍于文人习气，以表无文义可观，不复措意，听一时无识之流，妄为编辑，而不知其贻笑识者至如是也。故曰文人不可与修志也。至于官署、建置、亭楼、台阁，所列前人碑记序跋，仍其原文可也。志文叙述创建重修，一篇之中，忽称为州，忽称为郡，多仍范《志》原文，不知范《志》不足法也。按宋自政和五年以前，名为苏州，政和五年以后，名为平江路府，终宋之世，无吴郡名。范《志》标题既谬，则志文法度，等于自郐无讥。王氏不知改易，所谓谬也。又叙自古兵革之事，列为《平乱》一门，亦不得其解也。山川、田赋、坊巷、风俗、户驿、兵仓，皆数典之目。宦迹、流寓、人物、列女，皆传述之体。"平乱"名篇，既不类于书考数典，亦不等于列传标人，自当别议记载，务得伦序。否则全志皆当改如记事本末，乃不致于不类之讥。然此惟精史例者，始能辨之，尚非所责于此志也。其余文字小疵，编摩偶舛，则更不足深求矣。《苏志》为世盛称，是以不得不辨，非故事苛求，好摭先哲也。(《文史通义·外篇三·书〈姑苏志〉后》)

第六节 滦志评

陈氏《滦州志》十一卷曾见《明史·艺文志》。书分四编，已见前表。《世编》用编年体，仿《春秋》书法，实为妄诞不根。篇首大书云："帝喾氏建九州，我冀分。"传云："书者何？志始也。"云云，以考九州分域。又大书云："黄帝逐荤粥。"传云："书荤粥何？我边郡也。"又大书云："周武王十有三祀，夷、齐饿死于首阳，封召公奭于燕，我燕分。"此皆陈氏原编，怪妄不直一笑。《春秋》，鲁国之书，臣子措辞，义有内外，故称鲁为我，非特别于他国之君。且鲁史既以国名，则书中自不便于书国为鲁，文法宜然，非有他也。郡县之世，天下统于一尊，珥笔为州县志者，孰非朝廷臣子，何我之有？至于公、穀传经，出于经师授受隐微之旨，难以遽喻，则假问答而阐明之，非史例也。

州县之志，出于一手撰述，非有前人隐义，待以阐明，而自书自解，自问自答，既非优伶演剧，何为作独对之酬酢乎？且刘氏《史通》，尝论《晋纪》及《汉晋春秋》，力诋前人摩拟，无端称我与假设问答，俱在所斥。陈氏号为通博，独未之窥乎？国史且然，况州县志乎？"周武王十有三祀"，文尤纰缪。殷祀周年，两不相蒙。《洪范》为箕子陈畴，书法变例，非正称也。陈氏为夷、齐之故而改年称祀，其下与封召公同蒙其文，岂将以召公为殷人乎？且夷、齐不食周粟，饿死首阳，盖言不受禄而穷饿以死，非绝粒殉命之谓也。大书识其年岁，不慎甚乎？即此数端，尚待窥其余乎？

其《世编》分目为三：一曰前代，二曰我朝，三曰中兴。其称我朝者，终于世宗嘉靖二十八年；其题中兴者，断始嘉靖二十九年，实亦不得其解。《疆理》之目有六：曰域界，曰理制，曰山水，曰胜概，曰风俗，曰往迹。《壤则》之目有七：曰户口，曰田赋，曰盐法，曰物产，曰马政，曰兵政，曰驿传。《建制》之目十一：曰城池，曰署廨，曰儒学，曰仓库，曰铺舍，曰街市，曰坊牌，曰楼阁，曰桥渡，曰秩祀，曰寺观。而官师、人物、科目、选举，俱在编年之内。官师则大书年月，某官某人来任，其人有可称者，即仿《左传》之例，注其行实于下。科目则曰某贡于学，某举于乡，某中某榜进士；其有可称者，亦同官师之例，无则阙之。孝义节烈之得旌者，书于受旌之日。而暗修之儒，能文之士，不由科目，与夫节孝之妇、贞淑之女，偶不及旌，则无入志之例矣。

尤有异者，侯君续陈之志，于明万历四十七年，大书我太祖高皇帝天命四年己未，分注前明年号于下；复大书冯运泰中庄际昌榜进士，又书知州林应聚来任。夫前明疆宇，未入我朝版图。国朝史笔，于书明事，不关于正朔者，并不斥去天启、崇祯年号。藉曰臣子之义，内本朝而外前明，则既书天命年号于上，事之在前明者，必当加明字以别之；庶使阅者知所主客，是亦一定理也。今冯运泰乃明之进士，林应聚乃明之知州，隶于本朝年号之下，又无明字以为之区别，是直以明之进士、知州为本朝之科第、职官，不亦诬乎！至《滦志》标题，亦甚庸妄。滦乃水名，州亦以水得名耳。今去州字，而称《滦志》，则阅题签者疑为滦水志矣。然《明·艺文志》以陈士元撰为《滦州志》，则题删州字，或侯绍岐之所为。要以全书观之，此等尚属细事，不足责。（《文史通义·外篇三·书〈滦志〉后》）

第七节 《灵寿县志》评

《灵寿县志》十卷，其目见表，但《人物》又分后妃、名臣、仕绩、孝义、隐逸、列女六门。其书大率简略，而《田赋》独详，可谓知所重矣。《叙》《例》皆云："土瘠民贫，居官者不可纷更聚敛，土著者不可侈靡争竞。"尤为仁人恺悌之言。全书大率以是为作书之旨，其用心真不愧于古循良吏矣。……与县人傅维云往复论修志凡例，则迂错而无当。余惧世人徇名而忘其实也，不得不辨析于后。如篇首《地理》，附以方音可也，附以记事谬矣。纪事如前代大事关灵寿者，编年而书，是于一县之中，如史之有本纪者也。纪事可附《地理》，则《舜典》可附于《禹贡》，而历史本纪可入《地理志》矣。书事贵于简而有法，似此依附，简则简矣，岂可以为法乎？《建置》之篇，删去坊表，而云所重在人，不在于坊，其说则迂诞也。人莫重于孔子，人之无藉书以详，亦莫如孔子，以为所重有在，而志削其文，则阙里之志，可焚毁矣。坊表之所重在人，犹学校之所重在道也，官署之所重在政也，城池之所重在守也。以为别有所重而不载，是学校、官廨、城池皆可削去，《建置》一志，真可省其目矣。寺观删而不载，以谓辟邪崇正，亦迂而无当也。《春秋》重兴作，凡不当作而作者，莫不详书，所以示鉴戒也。如陆氏说，则但须削去其文，以为辟邪崇正，千百载后，谁复知其为邪而辟之耶？况寺观之中，金石可考，逸文流传，可求古事，不当削者一也。僧道之官，定于国家制度，所居必有其地，所领必有其徒，不当削者二也。水旱之有祈祷，灾荒之有赈济，弃婴之有收养，先贤祠墓之有香火，地方官吏多择寺观以为公所，多遴僧道以为典守，于是大有所赖，往往见于章奏文移，未尝害于治体。是寺观僧道之类，昔人以崇异端，近日以助官事，正使周、孔复生，因势利导，必有所以区处，未必皆执人其人而庐其居也。陆氏以削而不载，示其卫道，何所见之隘乎？《官师》《选举》止详本朝，谓法旧志断自明初之意，则尤谬矣。旧志不能博考前代，而以明初为断，已是旧志之陋，然彼固未尝取其有者而弃之也。今陆氏明见旧志而删其名姓，其无理不待辨矣。自古诸侯不祖天子，大夫不祖诸侯，理势然也。方志诸家，于前代帝王后妃，但当著其出处，不可列为《人物》。此说前人亦屡议之，而其说迄不能定。其实列《人物》者，谬也。姑无论理势当否，试问人物之例，统载古今，方志既以前代帝王、后妃列于《人物》，则修京兆志者，当以本朝帝后入《人物》矣。此不问而知其不可，则陆志《人物》之首后妃，殊为不谨严也。至于篇末，与傅维云议，其初不过所见有偏，及往复再辨，而强辞不准于情理矣。(《文史通义·外篇三·书〈灵寿县志〉后》，以下尚数百言，以无关宏旨，故略)

第八节　姑孰备考评

首列《郡纪》三卷，为古今编年，采取成书，忽标出处，例既不纯，且引用之处往往昧于古书文理。如辨姑孰在西汉为丹阳治所，诸书自可作证，若《汉书·地理志》丹阳郡下，首列宛陵，则《汉·地理志》诸郡属县，例不以郡治居首，故凡为郡治而列于后者，班氏必注都尉治以示别，通体如是，非止丹阳然也。……夏君曾不之察,乃云:"《汉书》为东汉之文,故所书如是。"则大误矣。……似此见解,如何考订古今?又如晋唐人作《左传》注、疏及唐人作《史记正义》,所称《图经》,乃当代现行州郡图经,故直称《图经》,不须标别某代、某州、某郡图经,义例然也。后代称引前朝之书,必须有别,不得漫称《图经》,使人不辨何时何地之书,亦一定理也。今《郡纪》书周景王八年,楚子伐鸠之事,直书云:"《图经》舒有鹊岸,杜预曰:'舒有鹊尾绪也。'"此必是唐人《史记》及《左传》正义文字所谓当代见行书也,今不标原引之书,而突称《图经》……毋乃假借太甚。又明人撰志,摹仿《春秋》书法,动成笑柄。今《郡纪》编年,亦用其法,而不纲不目,大书而时有似乎琐屑,节目而时有似乎苟简。尤不可通者,书法仿《春秋》之称鲁为我,以生长于大清年代之人而春秋之,已无情理。既我春秋之,而又不我西汉与三国之,义例又何取耶?姑孰在三国时为吴丹阳地,书法以后汉昭烈帝及后帝年号为纲,而孙吴时事涉太平者,不分别吴国名目,遂以吴事隶于蜀汉编年,义更不可通。又前代节镇牧守,皆如法书官,宋以京朝官知州军事,乃直书某年某官某人知,古人从无此文理也。甚至去其领官,秃书为某人知,尤为怪诞。明代知府、知县,自是官名,并非京朝官之差遣,今于明代知府,亦与宋官无别,直书为某人知,更不足供一噱矣。至夏君修府志在顺治年间,其志事遭忌中废,而删为备考又在后矣。今编年起于万历四十七年,大书"济南李若讷知平易，仁廉，爱民，兴士，以诗名家，在任有《四品稿》，古茂清新，一时赤帜"，凡三十二字，不纲不目，语亦庸猥之甚，不知何以绝笔于此，岂又有命意别裁耶？《人物列传》二卷，散论韵赞，似仿范书，忽注出处，忽又不注，亦无义例。《乡音集》三卷，则其自为诗也。传文尚多简净，诗亦时有佳致，较族志恶滥之习，尚为稍优，其可节取者也，然去史事远矣。（《章氏遗书》卷六《〈姑孰备考〉书后》。*）

第九节　结　论

章氏实斋对于旧志，深诋无当于史裁，故云："方志久失其传。今之所谓方志，非方志也。其古雅者，文人游戏、小记短书、清言丛说而已耳。其鄙俚者，文移案牍、江湖游乞、随俗应酬而已耳。"（《文史通义·外篇一·方志立三书议》）其言虽不无过当，然宋、元、明及清初，最负盛名之七志，吾人读章氏以上《书后》七篇，可知内容梗概。方志为正史要删，首重体例，次事实，次文词。以上七志，绳以体例，乖阙良多。章氏所评，固有未尽当者，兹当论于下章。然诸志义例杂滥，诚如章氏所言者，十居八九。体例之于方志，如栋梁之于房屋，栋梁倒置，房屋安得稳固？故诸志内容，亦多无

*　按，"卷六"应为"卷十四"。

当于史事者。若夫文词，更无论矣。吾国方志，自章氏始大进步。章氏以前，固无当者，章氏以后，修志义例，亦无更进于章氏。本书志在陈述，今后方志，究应如何编纂方合正轨，故对章氏义例谨严之方志实学，不惮臧否于下章。而于有清一代之其他方志，则置而不论焉。（近人瞿宣颖之《方志考稿》〔已出甲编〕、张国淦之《方志考证》〔曾刊于《国闻周报》〕皆品题清代方志者，可参阅之。）

第三章 章学诚之方志义例

第一节　方志属史之独见

往者方志一门,学者皆归诸地理书类。以纪昀之卓识,其所总裁之《四库全书》亦收方志入地理,前已言之。自章氏学诚,始大声疾呼,力倡方志为史之说,其言云:"盖志属信史"(《文史通义·外篇三·修志十议》),"夫方志比于古者,列国史书尚矣"(《章氏遗书·〈湖北通志〉政略叙例》)。又云:"且有天下之史,有一国之史,有一家之史,有一人之史。传、状、志、述,一人之史也。家乘、谱牒,一家之史也。部、府、县志,一国之史也。综纪一朝,天下之史也。"(《文史通义·外篇一·州县请立志科议》)又云:"志乃史体。"(《文史通义·外篇三·答甄秀才第一书》)又云:"惟念方志为外史所领,义备国史取裁,犹《春秋》之必资百国宝书也。而世儒误为地理图经,或等例于纂辑,比类失其意矣。《书》曰:'政贵有恒,词尚体要。'政必纲纪分明,而后可以为治;词必经纬条析,而后可以立言。臣按《周官》，外史'掌四方之志'，注谓若'晋《乘》、楚《梼杌》'，是一方之全书也；司会'掌其书契版图'，注谓'户籍土地形象'，斯乃地理图经类尔。古人截分官守，而世儒乃于一方全书，辄以地理图经视之，非其质矣。臣又按《周官》，小行人出使四方，反命于王，则以万民利害及礼俗政教之类，各为一书，名为五物，以献于王，乃知輶轩采风，所取四方之事，亦必分别为书，以归识职。而后内史、外史、小史之属，得昭典守于专官也。方志诸家，不知政有专司，书有专指，而取胥吏案牍、词人杂纂、月露浮文、米盐碎事，繁猥填并，混合一编，以为方志，而登柱下。非人臣恪共率职，奉有恒之政，而具体要之词，以称任使之义也。"（《章氏遗书》卷十四《为毕制府撰〈湖北通志〉序》）此皆章氏以方志为史之要论。本书《通论》亦已反复证明斯义。[①] 由今视之，固非卓见，然在"方志为地理书"说盛行之际，独能力矫各说，远征经史以破其谬，亦云伟矣。

第二节　方志三书之并立

实斋对于方志编体，谓宜先立三书，更附丛谈于后，始合志体。其言云："凡欲经纪一方之文献，必立三家之学，而

---

① 参观第一章第一及第四两节。

始可以通古人之遗意也。仿纪传正史之体而作志，仿律令典例之体而作掌故，仿《文选》《文苑》之体而作文征。三书相辅而行，阙一不可，合而为一，尤不可也。惧人以谓有意创奇，因假推或问以尽其义。"（以上总论三书之别）

"古无私门之著述，六经皆史也。后世袭用而莫之或废者，惟《春秋》《诗》《礼》三家之流别耳。纪传正史，《春秋》之流别也。掌故典要，《官》《礼》之流别也。文征诸选，《风诗》之流别也。获麟绝笔以还，后学鲜能全识古人之大体，必至积久，然后渐推以著也。马《史》班《书》以来，已演《春秋》之绪矣。刘氏《政典》，杜氏《通典》，始演《官》《礼》之绪焉。吕氏《文鉴》，苏氏《文类》，始演《风诗》之绪焉。并取括代为书，互相资证，无空言也。（以上论三书之师古）

"或曰：六经演而为三史，亦一朝典制之巨也。方州蕞尔之地，一志足以尽之，何必取于备物欤？曰：类例不容合一也。古者天子之服十有二章，公、侯、卿、大夫、士差降，至于元裳一章，斯为极矣。然以为贱，而使与冠履并合为一物，必不可也。前人于六部、卿、监，盖有志矣，然吏不知兵，而户不侵礼。虽合天下之大，其实一官之偏，不必责以备物也。方州虽小，其所承奉而施布者，吏、户、礼、兵、刑、工，无所不备，是则所谓具体而微矣。国史于是取裁，方将如《春秋》之借资于百国宝书也，又何可忽欤？（以上论方志虽微亦须如国史之具体，故三书不可偏废）

"或曰：今三书并立，将分向来方志之所有而析之欤？抑增方志之所无而鼎立欤？曰：有所分，亦有所增。然而其义难以一言尽也。史之为道也，文士雅言，与胥吏簿牍，皆不可用。然舍是二者，则无所以为史矣。孟子曰：其事，其文，其义，《春秋》之所取也。即簿牍之事，而润以尔雅之文，而断之以义，国史方志，皆《春秋》之流别也。譬之人身，事者其骨，文者其肤，义者其精神也。断之以义，而书始成家。书必成家，而后有典有法，可诵可识，乃能传世而行远。故曰：志者，志也，欲其经久而可记也。（以上论方志之三要）

"或曰：志既取簿牍以为之骨矣，何又删簿牍而为掌故乎？曰：说详《亳州掌故》之例议矣①，今复约略言之。马迁八

---

① 《〈亳州志〉掌故例议中》云："簿书纤悉，既不可溷史志，而古人甲乙张本，后世又无由而知，则欲考古制而得其详，其道何从？曰：叔孙章程，韩信军法，萧何律令，皆《汉书》经要之书，犹《周官》之六典也。《汉志》礼、乐、刑、法，不能赅而存之，亦以其书自隶官府，人可咨于有司而得之也。官失书亡，则以其体繁重，势自不能行远，自古如是，不独汉为然矣。欧、宋诸家，不达其故，乃欲借史力以传之。夫文章易传，而度数难久，故《礼》亡过半，而《乐经》全逸。六艺且然，况史文乎？且《唐书》倍《汉》，而《宋史》倍《唐》已若不可胜矣。万物之情，各有所极。倘后人再倍《唐》《宋》而成书，则叠床架屋，毋论人生耳目之力必不能周，抑且迟之又久，终亦必亡。是则因度数繁重，反并史文而亡之矣，又何史力尚能存度数哉？然则前代章程故事，将遂听其亡欤？曰：史学亡于唐，而史法亦莫具于唐。欧阳《唐志》未出，而唐人已窥于典章制度不可求全于史志也。刘氏有《政典》，杜氏有《通典》，并仿《周官》六典，包罗典章，巨细兼收，书盈百帙。未尝不曰君臣事迹，纪传可详，制度名数，书志难于赅备，故修之至汲汲也。至于宋初，王氏有《唐会要》《五代会要》，其后徐氏更为《两汉会要》，则补苴前古，括代为书。虽与刘、杜之典同源异流，要皆综核典章，别有史志，义例昭然不可易矣。夫唐、宋所为典要，既已如彼，后人修唐、宋书，即以其法纪纲唐、宋制度，使与纪传之史相辅而行，则《春秋》《周礼》并接源流，奕世遵行，不亦善乎？何欧阳述《唐》、元人纂 （转下页）

书,皆综核典章,发明大旨者也。其《礼书》例曰:'笾豆之事,则有司存。'此史部书志之通例也。马迁所指为有司者,如叔孙朝仪、韩信军法、萧何律令,各有官守,而存其掌故,史文不能一概而收耳。惜无刘秩、杜佑其人,别删掌故而裁为典要。故求汉典者,仅有班《书》,而名数不能如唐代之详,其效易见也。则别删掌故以辅志,犹《唐书》之有《唐会要》,《宋史》之有《宋会要》,《元史》之有《元典章》,《明史》之有《明会典》而已矣。(以上论掌故)

"或曰:今之方志,所谓艺文,置书目而多选诗诗文,似取事言互证,得变通之道矣。今必别撰一书,为文征,意岂有异乎?曰:说详《永清文征》之序例矣①,今复约略言之。

(接上页)《宋》,反取前史未收之器数而猥加罗列,则亦不善度乎?时矣。或谓《通典》《会要》之书,较马、班书志之体为加详耳。其于器物名数,亦复不能甄综赅备。故考古者,不能不参质他书,此又非知言也。古物苟存于今,虽户版之籍,市井泉货之簿,未始不可考证也。如欲皆存而无裁制,则岱岳不足供藏书,沧海不足为墨渖也。故为史学计其长策,纪、表、志、传,率由旧章。再推周典遗志,就其官司簿籍,删取名物器数,略有条贯,以存一时掌故,与史相辅而不相侵,虽为百世不易之规,可也。"

① 《〈永清县志〉文征序例》云:"古人有专守之官,即有专掌之故;有专门之学,即有专家之言;未有博采诸家,汇辑众体,如后世文选之所为也。官失学废,文采愈繁。以意所尚,采撷名隽,若萧氏《文选》、姚氏《文粹》是也。循流溯源,推而达于治道,宋之《文鉴》是也。相质披文,进而欲为史翼,元之《文类》是也。是数子之用心,可谓至矣。然而古者十五国风、八国《国语》,以及晋《乘》、楚《梼杌》,与夫各国《春秋》之旨,绎之,则列国史书,与其文诰声诗,相辅而行,在昔非无其例也。唐刘知幾尝患史体载言繁琐,欲以诏诰章疏之属,以类相从,别为一体,入于纪传之史,是未察古人各有成书,相辅益章之义矣。第窃古人之书,《国语》载言,必叙事之终始,《春秋》义授左氏,《诗》有国史之叙,故事去千载,读者洞然无疑。后代选文诸家,掇取文辞,不复具其始末,如奏议可观,而不(转下页)

志既仿史体而为之，则诗文有关于史裁者，当入纪传之中，如班《书》传、志所载汉廷诏疏诸文可也。以选文之例而为《艺文志》，是《宋文鉴》可合《宋史》为一书，《元文类》可合《元史》为一书矣。与纪传中所载之文，何以别乎？（以上论文征）

"或曰：子修方志，更于三书之外，别有《丛谈》一书，何为耶？曰：此征材之所余也。古人书欲成家，非夸多而求尽也。然不博览，无以为约取地。既约取矣，博览所余，阑入则不伦，弃之则可惜，故附稗野说部之流，而作《丛谈》，犹经之别解、史之外传、子之外篇也。其不合三书之目而称四，何耶？三书皆经要，而《丛谈》则非必不可阙之书也。前人修志，则常以此类附于志后，或称余编，或称杂志。彼于书之例义，未见卓然成家，附于其后，故无伤也。既立三家之学，以著三部之书，则义无可借，不如别著一编为得所矣。《汉志》所谓小说家流，出于稗官，街谈巷议，亦采风所不废云。"①（以上论丛谈）

（接上页）载报可，寄言有托，而不述时世，诗歌寓意，而不缀事由。则读者无从委执，于史事复奚裨乎？《文选》《文粹》，固无足责；《文鉴》《文类》，见不及斯，岂非尺有所短者哉？近人修志，艺文不载书目，滥入诗文杂体，其失固不待言，亦缘选文之时，先已不辨为一国史裁，其猥陋杂书，无所不有，亦何足怪？今兹稍为厘正，别具《文征》，仍于诗文篇后，略具始末，便人观览，疑者阙之。聊于叙例，申明其旨云尔。"《〈和州志〉文征序例》与此例亦相仿。

① 本节节录《文史通义·外篇·方志立三书议》。

第三节　志书必备之五目

　　章氏谓方志应分三门：曰志，曰掌故，曰文征，而更附丛谈于后。其论已详上节。掌故、文征两门之子目应如何分，丛谈一门之应有应无，均须视诸地方情形，碍难先定，即章氏所修之《湖北通志》（稿刊《章氏遗书》中）、《和州志》《亳州志》，以及《永清县志》等。关于以上三门，子目亦各不同，故不具论。惟关于志门，为全书骨干，无论何省何县，虽云具体而微，要皆各目宜备。章氏于此，亦有创论，其言曰："有四体：皇典庆典宜作纪，官师科甲宜作谱，典籍法制宜作考，名宦人物宜作传。"（《文史通义·外篇三·修志十议》）是纪、谱、考、传，即志之必要四目也。其《永清县志》拟目，则分为纪、表（即上述之谱）、图（此乃旧志所有，非章氏独创，故不列入章氏五目之内）、书、政略及列传六目。其《湖北通志》拟目，亦分纪、图、表（即谱）、考、政略及传六目。盖《永清县志》之书，即前所谓之掌故也。故《〈永清县志〉六书例议》曰："州县修志，古者侯封一国之书也。吏、户、兵、刑之事，具体而微焉。今无其官而有吏，是亦职守之所在。掌故莫备于是，治法莫备于是矣。"（《文史通义·外篇二》）其《为毕制府撰〈湖北通志〉序》曰："臣又惟簿书案牍，不入雅裁，而府史所职，《周官》不废。汉臣贾谊，尝谓'古人之治天下，至纤至悉'，先儒以谓深于官礼之言。今曹司吏典之程，钱谷甲兵之数，志家详之，则嫌芜秽，略之又惧缺遗，此则不知小行人之分别为书法也。今于《通志》之外，取官司见行章程，分吏、户、礼、兵、刑、工，以为掌故六门。"（《章氏遗书》卷十四）由此观之，《永清志》之书，即为《湖北志》之掌故无疑。故前志有书而无掌故，后志又有掌故而无书。其余纪、表、考、政略及传，两志皆同，惟《湖北志》有考，《永清志》无之。然纪、表、考、传四目，乃章氏修志十议之所主，已如上述。此四目之内容，亦为以前各志所备，名虽不同，实则相仿，故不申论。独政略一目，创自章氏，是不可不知其要旨。章氏之言曰："夫方志比于古者列国史书，尚矣。列国诸侯，开国成家，体崇势异，史策编列世家，抗于臣名之上，固其道也。守土之吏，地非久居，官不世禄，其有甘棠留荫，循迹可风，编次列传，班于文学政事之间，亦其宜也。往牒所载，今不可知。若梁元帝所为《丹阳尹传》（见《隋志》九十卷）、孙仲所为《贤牧传》（见《唐志》十五卷），则专门编录，率由旧章，马、班《循吏》之篇，要为不易者矣。近日方志，区分品地，乃用名宦为纲，与乡贤、列女、仙释、流寓诸条，均分门类，是乃摘比之类书，词人之杂纂，虽略仿乐史《太平寰宇记》中所附名目，实兔园捃摭词藻之先资，欲拟《春秋》家学，外史掌故，人编列传，事具首尾，苟使官民同录，体例无殊，未免德、操诣庞公之家，一室难分宾主者也。窃意蜀郡之慕文翁，南阳之思邵父，取其有以作此一方，能兴利除弊,其人虽去,遗爱在民,职是故也。正使伯夷之清,柳下惠不嫌同科。其或未仕之先,乡评未协,去官之后,晚节不终,苟为一时循良,何害一方善政?夫以治绩为重,其余行业为轻,较之本地人物,要其始末,品其瑕瑜,草木区分,条编类次者,其例本不相侔,于斯分别标题,名为"政略",不亦宜乎?夫略者,纲纪之鸿裁,编摩之伟号,《黄石》《淮南》之属抗其题(《黄石公三略》《淮南子要略》),张温、鱼豢之徒分其纪(张温《三史略》、鱼豢《典略》)。盖有取乎谟略之遗,不独郑樵之二十部也(郑樵《通志二十略》)。以之次政事,编著功猷,足以临莅邦人,冠冕列传,揆诸纪载,体例允符。非谓如裴子野之删《宋略》,但取节文为义者也。"(《章氏遗书·湖北通志政略叙例》)又曰:"旧志于职官条下,备书政绩,而名宦仅占虚篇,……是不但宾主倒置,抑亦未辨于褒贬去取,全失《春秋》之据事直书也。……政略之体直而简,……义取谨严,意存补救,时世拘于先后,纪述要于经纶。盖将峻洁其体,可以临莅邦人……"(《〈永清县志〉政略序例》)此外,《〈和州志〉政略序例》文意亦复粗同。故政略一门,章所独辟,先未有也。若依前节及本节所论,则章氏所主方志编目,应如左列。

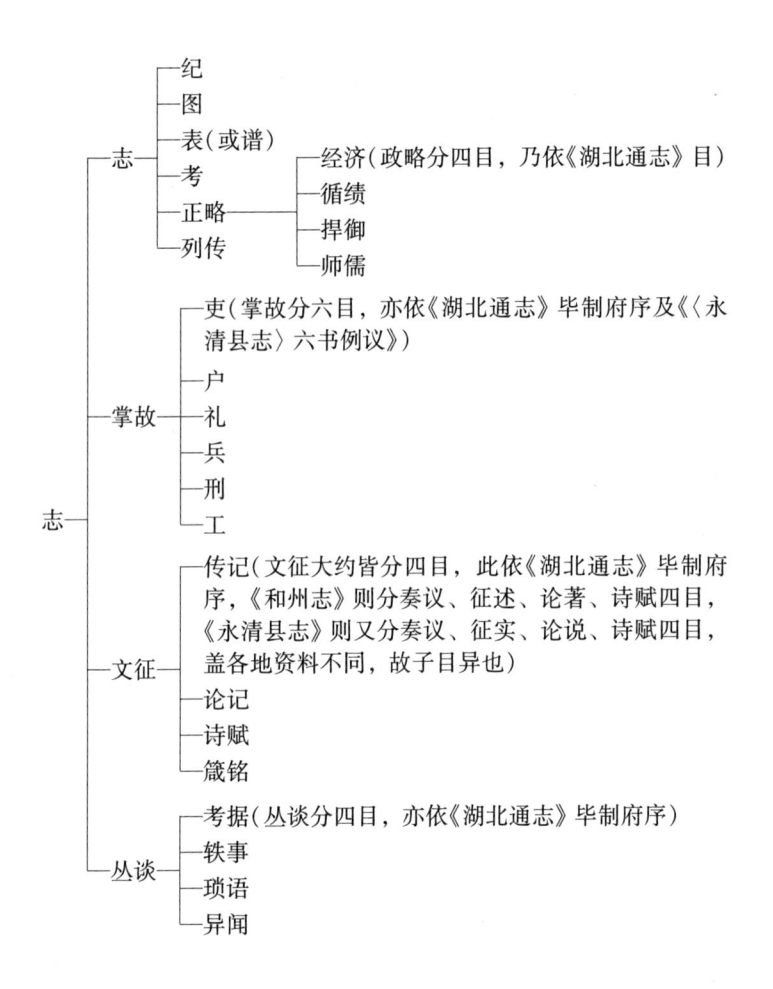

```
            ┌─ 纪
            ├─ 图
            ├─ 表（或谱）
       ┌─志─┤                ┌─ 经济（政略分四目，乃依《湖北通志》目）
       │    ├─ 考             ├─ 循绩
       │    ├─ 正略 ──────────┤
       │    │                ├─ 捍御
       │    └─ 列传           └─ 师儒
       │
       │    ┌─ 吏（掌故分六目，亦依《湖北通志》毕制府序及《〈永
       │    │    清县志〉六书例议》）
       │    ├─ 户
       ├─掌故┤
       │    ├─ 礼
       │    ├─ 兵
       │    ├─ 刑
  志 ──┤    └─ 工
       │
       │    ┌─ 传记（文征大约皆分四目，此依《湖北通志》毕制府
       │    │    序，《和州志》则分奏议、征述、论著、诗赋四目，
       │    │    《永清县志》则又分奏议、征实、论说、诗赋四目，
       ├─文征┤    盖各地资料不同，故子目异也）
       │    ├─ 论记
       │    ├─ 诗赋
       │    └─ 箴铭
       │
       │    ┌─ 考据（丛谈分四目，亦依《湖北通志》毕制府序）
       │    ├─ 轶事
       └─丛谈┤
            ├─ 琐语
            └─ 异闻
```

第四节　方志界限之宜别

往在清代，所谓地方，有省、府、直隶州及州、县之分，

故志亦有省、府、州、县之别。州县之志，不可上犯省、府及直隶州，然省、府及直隶州亦不可下侵州与县，否则界限难清。一事一人，往往互见于某省之各级志书矣，是乌乎可？章氏于此，分别至严，故其撰《湖北通志》绝无流寓一门，其言曰："流寓止可用于府、州、县志，通志不宜用也。"（《章氏遗书·湖北通志凡例》）窥其用意，固如所言，规方千里，古人辙迹，往来特多，若悉核收，反恐挂一漏百，然此外尚有理由，即流寓所居境地，非府即县，府县既收，省志即可不必，否则势必重出，界限难清矣。其《方志辨体》云："直隶州之领县，如古方伯之领侯国，唐节度大府之领小府，虽属相统，而疆界各殊。余尝修江南直隶《和州志》，具草初成，上于学使，以州辖含山一县，志但详州而略于县，且多意见不合，往返驳诘，志事中废。然余尝推论其事，详州略县，于例是也。盖文墨之事，无论精粗大小，各有题目，古人所谓文质相宣，题目即质之谓也。如考试诗文命题，诗文稍不如题，即非佳文。修书亦如是也。如修统部通志，必集所部府州而成，然统部自有统部志例，非但集诸府州志可称通志，亦非分折统部之文即可散为府州志也。诸府之志，又有府志一定义例，既非可以上分通志而成，亦不可以下合州县属志而成。苟通志及府州县志，可以互相分合为书，则天下亦安用此重见叠出之缀旒为哉？至直隶之州，其体视府，为其辖诸县也。其志不得视府志例，以府境皆州县境，州县既各有志，府志自应于州县志外，别审详略之宜。直隶之州，除属县外，别有本州之境，义与县境无异，如以府志之例载属县事，而以县志之法载本州事，则详略不伦。如皆用府志之例，则于州境太疏，如皆用县志之例，则于属县重复。惟于疆域沿革，备载属县，以见州境之全。其余门类，一切皆存州去县，以见专治之界度。古人制度，方伯国史，未必具属国之文，节度大府，未必兼属郡之载。此亦拟于相体裁之得当者矣。"(《章氏遗书》卷六《方志略例》)

第五节　修志应明之六要

实斋谓纂志者，无论何人何志，均须明此六要，即"乘二便，尽三长，去五难，除八忌而立四体，以归四要"(《文史通义·外篇三·修志十议》)。今将以上所陈，列表如左 (表据《修志十议》)。

二便	三长	五难	八忌	四体	四要
地近则易核	识足以断凡例	清晰天度	条理混杂	纪	简
		考衷古界	详略失体		
时近则迹真	明足以决去取	调剂众议	偏尚文辞	谱	严
		广征藏书	妆点名胜		
	公足以绝请托	预杜是非	擅翻旧案	考	核
			浮记功绩		
			泥古不变	传	雅
			贪载传奇		

昔者刘知幾著《史通》谓史家须有才、学、识，然三者得一不易，而兼三尤难。章氏谓："史所贵者义也，而所具者事也，所凭者文也。……非识无以断其义，非才无以善其文，非学无以练其事。……记诵以为学也，辞采以为才也，击断以为识也。"（《文史通义·内篇三·史德》）此外章氏又加史德："德者何？谓著书者之心术也。"（同上）是史家非才、学、识、德四者兼长不能胜其所职。修方志者亦史职也，自须并具四长。章氏所言二便非关史家，姑不必论。若三长中之识也；明也，即史识也；公也，即史德也；去五难，须有学；归四要，须有才。若以才、学、识、德四长之人，职司修志，自能立四体而除八忌。故史家志家之修养，自非易易，文人之不可与修史，慨乎章氏之言也。

第六节　修志之十议

实斋有《修志十议》以呈天门胡明府，乃百余年来修志家所奉为矩矱者也。兹条晰如左。

一、议职掌。提调专主决断是非，总裁专主笔削文辞，投牒者叙而不议，参阅者议而不断，庶各不相侵，事有专责。

二、议考证。邑志虽小，体例无所不备。考核不厌精详，折衷务祈尽善。所有应用之书，自省府邻境诸志而外，如《二十二史》《三楚文献录》《一统志》《御纂方舆路程图》

《大清会典》《赋役全书》之属，俱须加意采访。他若邑绅所撰野乘、私记、文编、稗史、家谱、图牒之类，凡可资搜讨者，亦须出示征收，博观约取。其六曹案牍、律令、文移，有关政教典故、风土利弊者，概令录出副本，一体送馆，以凭详慎诠次。庶能巨细无遗，永垂信史。

三、议征信。邑志尤重人物，取舍贵辨真伪。凡旧志人物列传，例应有改无削。新志人物，一凭本家子孙列状投柜，核实无虚，送馆立传。此俱无可议者。但所送行状，务有可纪之实，详悉开列，以备采择，乃准收录。如开送名宦，必详曾任何职，实兴何利，实除何弊，实于何事有益国计民生，乃为合例。如但云清廉勤慎，慈惠严明，全无实征，但作计荐考语体者，概不收受。又如卓行亦必开列行如何卓，文苑亦必开列著有何书，见推士林，儒林亦必核其有功何经、何等著作有关名教，孝友亦必开明于何事见其能孝、能友。品虽毋论庸奇偏全，要有真迹，便易采访。否则行皆曾、史，学皆程、朱，文皆马、班，品皆夷、惠，鱼鱼鹿鹿，何以辨真伪哉？至前志所收人物，果有遗漏，或生平大节，载不尽详，亦准其与新收人物一例开送，核实增补。

四、议征文。人物之次，艺文为要。近世志艺文者，类辑诗、文、记、序，其体直如文选。而一邑著述目录，作者源流始末，俱无稽考，非志体也。今拟更定凡例，一访班《志》、刘《略》。标分部汇，删芜撷秀，跋其端委，自勒一考，可为他日馆阁校雠取材，斯则有裨文献耳。但艺文入志，例取盖棺论定。现存之人，虽有著作，例不入志。此仍《御纂续考》馆成法，不同近日志乘，掇拾诗文，可取一时题咏，广登尺幅者也。凡本朝前代学士文人，果有卓然成家，可垂不朽之业，无论经、史、子、集，方技、杂流，释门、道藏，图画、谱牒、帖括、训诂，均得净录副本，投柜送馆，以凭核纂。然所送之书，须属其见其闻。即未刻行，亦必论定成集者，方准收录。倘系钞撮稿本，畸零篇页者论定之书，概不入编，庶乎循名责实之意。惟旧志原有目录，而藏书至今散逸者，仍准入志，而于目录之下，注一"亡"字以别之。

五、议传例。史传之作，例取盖棺论定，不为生人立传。……至宋人，遂多为生人作传，其实非史法也。邑志列传，全用史例，凡现存之人，例不入传。惟妇人守节，已邀旌典，或虽未旌奖，而年例已符，操守粹白者，统得破格录入。盖妇人从一而终，既无他志，其一生责任已毕，可无更俟没身。而此等单寒之家，不必尽如文苑、卓行之出入搢绅，或在穷乡僻壤，子孙困于无力，以及偶格成例，今日不予表章，恐后此修志，不免遗漏，故搜求至汲汲也。至去任之官，苟一时政绩卓然可传，舆论交推，更无拟议者，虽未经没身论定，于法亦得立传。盖志为此县而作，为宰有功此县……安得没其现施事迹？且其人已去，即无谀颂之嫌，而隔越方州，亦无遥访其人存否之例。惟其人现居本县，或现升本省上官及有统辖者，仍不立传。所以远迎合之嫌，杜是非之议耳。其例得立传人物，投递行状，务取平生大节合史例者，详慎开载。纤琐叮饳，凡属浮文，俱宜刊去。其有事涉怪诞，义非惩创，或托神鬼，或称奇梦者，虽有所凭，亦不收录，庶免凫履羊鸣之诮。

六、议书法。典故作考，人物作传，二体去取，均须断制尽善，有体有要，乃属不刊之书，可为后人取法。如考体但重政教典礼、民风土俗，而浮夸形胜、附会景物者，在所当略。其有古迹胜概确乎可凭，名人题咏卓然可纪者，亦从小书分注之例，酌量附入正考之下。所以厘正史体，别于稗乘耳。……列传亦以名宦、乡贤、忠孝、节义、儒林、卓行为重，文苑、方技有长可见者次之。如职官而无可纪之迹，科目而无可著之业，于法均不得立传。盖志属信史，非如宪纲册籍，一以爵秩衣冠为序者也。其不应立传者，官师另立历任年谱，邑绅另有科甲年谱，年经月纬之下，但著姓名，不得更有浮辞填入。即其中有应立传者，亦不必更于谱内注明"有传"字样，以昭画一。若如近日通行之例，则纪官者，既有《职官志》以载受事年月，又有《名宦志》以载历任政绩，而于他事有见于生祠碑颂、政绩序记者，又收入《艺文志》。记邑绅者，既有《科目志》，又有《人物志》，亦分及第年分与一生行业为两志，而其行业有见于志、铭、传、诔者，则又收入《艺文志》。一人之事，叠见三四门类，于是或于此处注传见某志字样，纷错事实，倒乱体裁，烦碎莫此为甚。今日修志，尤当首为厘定，一破俗例者也。

七、议援引。史志引用成文，期明史实，非尚文辞。苟于事实有关，即胥吏文移，亦所采录，况止此者乎？苟于事实无关，虽班、扬述作，亦所不取，况下此者乎？但旧志艺文所录文辞，今悉散隶本人本事之下，则篇次繁简不伦，收入考、传方幅之内，其势不无删润。如恐嫌似剿袭，则于本文之上，仍标作者姓名，以明其所自而已。至标题之法，一仿《史》《汉》之例。《史》《汉》引用周、秦诸子，凡寻常删改字句，更不识别，直标"其辞曰"三字领起。惟大有删改，不更仍其篇幅者，始用"其略曰"三字别之。若贾长沙诸疏是也。今所援引，一皆仿此。然诸文体中，各有应得援引之处，独诗赋一体，应用之处甚少，惟《地理考》内名胜条中，分注之下，可载少许，以证灵杰。他若抒写性灵、风云月露之作，果系佳构，自应别具行稿，或入专主选文之书，不应搀入史志之内，方为得体。且古来十五《国风》、十二《国语》，并行不悖，未闻可以令为一书。则志中盛选诗词，亦俗例之不可不亟改者。倘风俗篇中，有必须征引歌谣之处，又不在其例。是又即《左》《国》引谚征谣之义也。

八、议裁制。取艺文应载一切文辞，各归本人本事，俱无可议。惟应载传、志、行状诸体，今俱删去，仍取其文，裁入列传，则有难处者三焉。一则法所不应立传，与传所不应尽载者，当日碑铭传述，或因文辞为重，不无滥收。二则志中列传，方幅无多，而原传或有洋洋大篇，全录原文则繁简不伦，删去事迹则召怨取讥。三则取用成文，缀入本考、本传，原属文中援引之体，故可标作者姓名及"其辞曰"三字，以归征引之体。今若即取旧传，裁为新传，则一体连编，未便更著作者姓名。譬班史作《司马迁传》，全用《史记·自序》，则以"迁之自序云尔"一句，标清宾主。盖史公《自序》，原非本传，故得以此句识别之耳。若孝武以前纪传，全用《史记》成文者，更不识别。则以纪即此纪，传即此传，赞即此赞，其体更不容标"司马迁曰"字样也。今若遽同此例，则近来少见此种体裁，必有剿袭雷同之谤。此三端者，决无他法可处，惟有大书分注之例，可以两全。盖取彼旧传，就今志义例，裁为新传，而于法所应删之事，未便遽删者，亦与作为双行小字并作者姓氏及删润之故，一体附注本文之下。庶几旧志征实之文，不尽刊落，而新志谨严之体，又不相妨矣。其原文不甚散漫，尚合谨严之例者，一仍其旧，以见本非好为更张也。

九、议标题。近行志乘，去取失伦，芜陋不足观采者，不特文无体要，即其标题，先已不得史法也。如采典故而作考，则天文、地理、礼仪、食货数大端，本足以该一切细目。而今人每好分析，于是天文则分星野、占候为两志，于地理又分疆域、山川为数篇，连编累牍，动分几十门类。夫《史》《汉》八书、十志之例具在，曷尝如是之繁碎哉？如访人物而立传，则名宦、乡贤、儒林、卓行数端，本不足以该古今人类。而今人每好合并，于是得一逸才，不问其行业如何超卓，而先拟其有何色目可归；得一全才，不问其学行如何兼至，而先拟其归何门类为重。牴牾牵强，以类括之。夫历史合传、独传之文具在，曷尝必首标其色目哉？所以然者，良由典故证据诸文，不隶本考而隶《艺文志》，则事无原委，不得不散著焉，以藏其苟简之羞。行状碑版诸文，不隶本传而隶《艺文志》，则人无全传，不得不强合焉，以足其款目之数。故志体坏于标题不得史法，标题坏于艺文不合史例。而艺文不合史例之原则，则又原于创修郡县志时，误仿名山图志之广载诗文也。夫志州县与志名山不同，彼以形胜景物为主，描摩宛肖为工，崖巅之碑、壁阴之记，以及雷电鬼怪之迹、洞天符检之文，与夫古今名流游览登眺之作，收无孑遗，即征奥博，盖原无所用史法也。若夫州县志乘，即当时一国之书，民人社稷，政教典故，所用甚广，岂可与彼一例？而有明以来，相沿不改。故州县志乘，虽有彼善于此，而卒鲜卓然独裁定史例、可垂法式者。今日尤当一破夙习，以还正史体裁者也。

十、议外编。《二十一史》中，纪、表、志、传四体而外，《晋书》有载记，《五代史》有附录，《辽史》有国语解，至本朝纂修《明史》，亦于年表之外又有图式。所用虽各不同，要皆例以义起，期于无遗无滥者也。邑志猥并错杂，使同稗野小说，固非正体。若遽以国史简严之例处之，又非广收以备约取之意。凡事属琐屑而不可或遗者，如一产三男、人寿百岁、神仙踪迹、科第盛事，一切新奇可喜之传，虽非史体所重，亦难遽议刊落。当于正传之后，用杂著体，零星纪录，或名外编，或名杂记，另成一体，使纤夥钉饳，先有门类可

归,正以厘清正载之体裁也。谣歌谚语、巷谈街说,苟有可观,皆用此律。(《文史通义·外篇三》)①②

---

① 除此十议外,另有《答甄秀才》前、后两书,亦可互参,并刊在《文史通义·外篇三》。
② 章氏十议,一乃权限之划分,二乃志料之搜集,三乃志料之审定,四乃《艺文志》之体例,五乃入传人物之标准,六乃书事之慎别,七乃引书之规例,八乃节引成书或成文之规例,九乃分目之意见,十乃丛谈之内容。修志得此十议,略可足用矣。至其得失,当于下章评之。

第四章 章学诚之志例驳议

第一节　书籍部次之泥古

章氏治史，特重书籍部次之法，于省县方志之艺文考，亦颇沾沾此道，故其言曰："夫人口孳生，犹稽版籍。水土所产，犹列职方。况乎典籍文章，为学术源流之所自出，治功事绪之所流传，不于州县志书，为之部次条别，治其要删，其何以使一方文献无所阙失耶？"（《文史通义·外篇一·和州志艺文书序例》）惟章氏于部次之法，不赞《隋书·经籍志》之四部分法，而欲上同六典，中抗《七略》，是殆不知进化之原则者也。况章氏所纂《〈天门县志〉艺文考序》，亦系采摭诸家，别为四类：曰经，曰史，曰子，曰集，乃于《〈和州志〉艺文书序例》，则力反斯法，其言曰："三代之盛，法具于书，书守之官。天下之衡业，皆出于官师之掌，故道艺于此焉齐，德行于此焉通，天下所以以同文为治。而《周官》六篇，皆古人所以即守官而存师法者也……三代而后，文字不隶于职司，于是官府章程，师儒习业，分而为二……书既散在天下，无所统宗，于是著录部次之法，出而治之，亦势之所不容已。然自有著录以来，学者视为纪数簿籍，求能推究同文为治，而存六典识职之遗者，惟刘向、刘歆所为《七略》《别录》之书而已。故其分别九流，论次诸子，必云出于古者某官之掌，其流而为某家之学，失而为某事之敝，条宣究极，櫽括无遗。学者苟能循流而溯源，虽曲艺小数，诐辞邪说，皆可返而通乎大道。而治其说者，亦得以自辨其力之至与不至焉。有其守之莫或流也，有其趋之莫或歧也。言语文章，胥归识职，则师法可复而古学可兴，岂不盛哉？……夫欲辨古书正伪，以几于知言，几于多闻择善，则必深明官师之掌，而后悉流别之故，竟末流之失。是刘氏著录，所以为学术绝续之几也。不能究官师之掌，将无以条流别之故，而因以不知末流之失，则天下学术，无所宗师。……六典亡而为《七略》，是官失其守也。《七略》亡而为四部，是师失其传也。《周官》之籍富矣，保章天文，职方地理，虞衡理物，巫祝交神，各守成书以布治法，即各精其业以传学术，不特师氏、保氏所谓六艺《诗》《书》之文也。司空篇亡，刘歆取《考工记》补之，非补之也。考工当为司空官属，其所谓记，即冬官之典籍，犹《仪礼》十七篇为春官之典籍，《司马法》百五十篇为夏官之典籍，皆幸而获传后世者也。当日典籍具存，而三百六十之篇，即以官秩为之部次，文章安得散也？衰周而后，官制不行，而书籍散亡，千百之中，存十一矣。就十一之仅存，而欲复三百六十之部次，非凿则漏，势有难行，故不得已而裁为《七略》尔。其云盖出古者某官之掌，盖之为言，犹疑辞也，欲人深思而旷然自得于官师掌故之原也。故曰六典亡而为《七略》，官失其守也。虽然，官师失业，处士著书，虽曰法无统，要其本旨，皆欲推其所学，可以见于当世施行。其文虽连缀而指趣可约也，其说虽谲诡而驳杂不出也。故老、庄、申、韩、名、墨、纵横，汉初诸儒犹有治其业者，是师传未失之明验也。师传未亡，则文字必有所本。凡有所本，无不出于古人官守，刘氏所以易于条其别也。魏、晋之间，专门之学渐亡，文章之士以著作为荣华，诗、赋、章、表、铭、箴、颂、诔，因事结构，命意各殊。其旨非儒非墨，其言时离时合，裒而次之，谓之文集。流别之不可分者一也。文章无本，斯求助于词采。纂组经传，摘抉子史，譬医师之聚毒以待，应时取给。选青妃紫，不主一家，谓之类书。流别之不可分者二也。学术既无专门，斯读书不能精一，删略诸家，取便省览。其始不过备一时之捷给，未尝有意留青，继乃积渐相沿，后学传为津逮。分之则其本书具在，合之则非一家之言，纷然杂出，谓之书钞。流别之不可分者三也。会心不足，求之文貌，指摘句调工拙，品节宫商抑扬。俗师小儒，奉为模楷，裁经节传，摘比词章，一例丹铅，谓之评选。流别之不可分者四也。凡此四者，并由师法不立，学无专门，末俗支离，不知古人大体，下流所趋，实繁且炽。其书既不能悉付丙丁，惟有强编甲乙，而欲执《七略》之旧法，部末世之文章，比于枘凿，方圆岂能有合？故曰《七略》流而为四部，是师失其传也。若谓史籍浩繁，《春秋》附庸，蔚成大国。名墨寥落，小宗支别，再世失传。以谓《七略》之势，不得不变而为四部，是又浅之乎论著录之道者矣。闻以部次治书籍，未闻以书籍乱部次者也。汉初诸子百家，浩无统摄，官礼之意亡矣。刘氏承西京之敝，而能推究古者官师合一之故，著为条贯，以溯其源，则治之未尝不精也。魏、晋之间，文集类书，无所统系，专门传授之业微矣。而荀、李诸家（荀勖、李充），不能推究《七略》源流。至于王、阮诸家（王检、阮孝绪），相去愈远。其后方技、兵书，合于子部，而文集自为专门，类书列于诸子，唐人四部之书，乃为后代著录不祧之成法，而天下学术，益纷然而无复纲纪矣。……夫诸子百家，非出官守，而刘氏推为官守之流别，则文集非诸子百家，而著录之书又何不可治以诸子别家之识职乎？夫集体虽曰繁赜，要当先定作集之人。人之性情，必有所近。得其性情本趣，则诗赋之所寄托，论辨之所引喻，纪叙之所宗尚，掇其大旨，略其枝叶，古人所谓一家之言。如儒、墨、名、法之中，必有得其流别者矣。存录其文集本名，论次其源流所自，附其目于刘氏部次之后，而别白其至与不至焉，以为后学辨途之津逮，则卮言无所附丽，文集之弊，可以稍歇。庶几言有物而行有恒，将由《七略》传家而窥六典遗则乎？家法既专，其无根驳杂、类钞评选之属，可以不烦而自治。是著录之道，通于教法，何可遽以数纪部目之属，轻言编次哉？但学者不先有以窥乎天地之纯，识古人之大体，而遽欲部次群言，辨章流别，将有希几于一言之是而不可得者。是以著录之家，好言四部，而惮闻《七略》也。"章氏关于此类议论尚多，兹不具引。总之，簿次书籍，当用《七略》以窥六典，而不当用四部，则其根本主张也。宁知时代愈进，学术愈杂，欲仍以古法部次，岂能足用耶？六典源流久亡，兹不具论，而刘氏论次诸子，分别九流推其出于某官，流为某家，本已不当矣。考古人论次学术，绝无此法。如庄子云："不侈于后世，不靡于万物，不晖于数度，以绳墨自矫，而备世之急。古之道术，有在于是者，墨翟、禽滑厘闻其风而悦之……不累于俗，不饰于物，不苟于人，不忮于众，愿天下之安宁以活民命，人我之养毕足而止，以此白心。古之道术，有在于是者，宋钘、尹文闻其风而悦之……公而不党，易而无私，决然无主，趣物而不两。不顾于虑，不谋于知，于物无择，与之俱往。古之道术，有在于是者，彭蒙、田骈、慎到闻其风而悦之……以本为精，以物为粗，以有积为不足，澹然独与神明居。古之道术，有在于是者，老聃闻其风而悦之……寂寞无形，变化无常，死与生与，天地并与，神明往与，芒乎何之，忽乎何适，万物毕罗，莫足以归。古之道术，有在于是者，庄周闻其风而悦之。"（《天下篇》）荀子云："纵情性，安恣睢，禽兽之行，不足以合文通治……是它嚣、魏牟也。忍情性，綦溪利跂，苟以分异人为高，不足以合大众，明大分……是陈仲、史䲡也。不知壹天下，建国家之权称，上功用，大俭约，而僈差等，曾不足以容辨异，县君臣……是墨翟、宋钘也。尚法而无法，下修而好作，上则取听于上，下则取从于俗，终日言成文典，及纠察之，则倜然无所归宿，不可以经国定分……是慎到、田骈也。不法先王，不是礼义，而好治怪说，玩琦辞，甚察而不惠，辩而无用，多事而寡功，不可以为治纲……是惠施、邓析也。"（《非十二子篇》）按二子所论，皆胪其学说而不著其所出。庄子所举，有墨、法、道、名、小说五家，而以宋、尹并论，田、慎并论，反以老子、关尹、庄周分属。荀子所举，有道、墨、法三家，而以墨、宋并论，则东周以论学为宗，不强追源分派也明矣。至司马谈乃有六家之说（见《史记·自序》），其实误矣。谈所举六家之名，最不当者莫如道。夫凡一学术，各自有道，此由上引《庄子·天下篇》言即可证明。老子云："有物混成，先天地生。寂兮寥兮，独立而不改，周行而不殆，可以为天下母。吾不知其名，字之曰道。"（二十五章）是老子于宇宙万物之外，别立一道。然道并不足以概老子思想，况其他各家亦各有其所谓道者耶？此其不当一。至于名，更为误谬。名者，治学之方法也。老子有无名之论，孔子有正名之论，荀子有正名之篇，公孙龙有名实之论，尹文子有刑名之论，墨子之《经》上下、《经说》上下，庄子之《齐物论》，皆其名学也。印度之因明法（今佛经相宗一门，有《因明论疏》诸书），亦佛家之名学也。凡成一种学说，皆有名学以组织之，安能独立名家耶？此其不当二。（以上论名之不当）况诸子有非流派所可律者。孔子，儒家也，然问礼于老子，则兼明道家之学；作《易》以言阴阳，则兼阴阳之学；言慎法度，则兼明法家之学。此儒名之不足以包括者也。慎到以法家学黄老道德之术，申子本黄老而主刑名，韩非喜刑名法术而归本黄老。此又法道诸家之名，不足以包括者也。诸如此类，不胜枚举。（以上论实之不当）是皆学贵贯通，无取墨守，强分派别，固难有当也。别流固误，探源亦谬。刘歆《七略》于司马六家之外，更增纵横、杂、农、小说四家，班固《艺文志》本之，而云："儒家者流，盖出于司徒之官。道家者流，盖出于史官。阴阳家者流，盖出于羲和之官。法家者流，盖出于理官。名家者流，盖出于礼官。墨家者流，盖出于清庙之守。纵横家者流，盖出于行人之官。杂家者流，盖出于议官。农家者流，盖出于农稷之官。小说家者流，盖出于稗官。"盖之云者，刘氏亦未敢定。彼以司徒掌邦教，儒家亦以经设教，遂谓出自司徒，岂知司徒所掌之教，非尽关六经也。又以老子为柱下史，遂谓出于史官。其实老子学说，与史官所掌，非尽相同也。墨者之学，岂清庙之守所能出？纵横之名，岂行人之官所能见？若以某学与某官略有牵纠，即可定其出于某官，则《王制》言太史典礼，而班《志》言名家出于礼官，则名家又可出于史官矣。《韩诗外传》云太子既冠，成人免于师傅，则有司过之史。是教育之事兼掌于史，与司徒联职，则儒家亦可出于史官矣。且如第一章第二节所举，史官设置最早，后之"事"也，"吏"也，古为一字，作𠭥，即由𠭥加一而成。故一切官吏，皆出自史官。刘氏若更远推，则九流皆可出于史官矣①，是乌乎可。关于此点，章氏亦曾深知，故其言曰："夫诸子百家，非出官守，而刘氏推为官守之流别，则文集非诸子百家著录之书，又何不可治以诸子百家之识职乎？"（见前）诸子百家，非出官守，刘氏推为官守之流别，已为大误。若文集非诸子百家，而著录家再推为诸子百家之识职，岂不更误？章氏明知一误，但以其古而复劝人以再误，天下安有是理？且章氏所修省县各志，亦知刘氏推源别流之法，未能强用，故《天门县志》既分四部，而《湖北通志》又恐类例不全，未分部次（见《章氏遗书》卷十四《湖北通志凡例》）。章氏大声疾呼之主张，个人亦未能用，可以休矣。方今世界大同，学说类广，即以《隋志》四部论次书籍类别，亦不足用，况六典九流更为久不能行之故法耶？②

第二节　前代诏诰列入文征之不当

章氏《湖北通志·凡例》云："志为国史取裁，而守土之吏承奉诏条，所以布而施者，如师儒之奉圣经，为规为律，不容以稍忽焉。故皇言冠全志之首，其前代诏诰则录于《文

---

① 参观拙著《中国史纲》卷一第七篇第三章第三节甲。
② 《艺文志》部次书籍，应分若干门类，当随地而定，兹先不述。

第四章　章学诚之志例驳议

征》。"（《章氏遗书》卷十四）章氏之意，盖所以内本朝而外前代，故以前代诏诰列入《文征》。若以章氏所处时代言之，似有可原。但以志例史法绳之，似有未当。盖无论前代本朝，凡属诏令，论实并为史料，依例皆属皇言，岂能此入纪类，彼列《文征》，畸轻畸重，自滥编体耶？章氏之言曰："两汉以后，学少专家，而文人有集。集者，非经而有义解，非史而有传记，非子而有论说，无专门之长而有偶至之诣，是以尚选辑焉。志家往往选辑诗文为《艺文志》，不知艺文仿于班固，乃群籍之著录，而方志不知取法，猥选诗文，亦失古人分别之义。今取传记、论记、诗赋、箴铭之属，别次甲、乙、丙、丁，上、下八集，以为《文征》，所以俟采风也。"（《为毕制府撰〈湖北通志〉序》）其《永清县志·文征》则分奏议、征实、论说、诗赋四目，而《和州志》之《文征》亦分四目，特改征实为征述，论说为论著，名异而实仍同。即依章氏所拟《文征》子目，将置前代诏诰于何类？且章氏谓"《文征》义本十五《国风》"（《为毕制府撰〈湖北通志〉序》），"所以俟采风也"（见前）。诏诰出自中朝，当非《国风》可拟，更何足采？故其入前代诏诰于《文征》，实为自滥体例。果如章氏拟目，仍以同入皇言为是也。

第三节　艺文不志生人著作之不当

章氏特主《艺文志》不收诗文及其他钞撮稿本，畸零篇页，及无从序跋论定之品。其论至是。无论经、史、子、集、方技、杂流、释门、道藏、图画、谱牒、帖括、训诂，但系卓然成家、可垂不朽之作，均可列入。而别有征文，以救艺文之遗落。其例甚严，其理至当，千古不移之定论也。然能否志入艺文，须视作品而定。至作者之身分如何，生死如何，固可不问，以其毫无关系也。且同为一人作品，此可选，彼或落刊，以内容价值不同也。修志者，但悬定格以求之，合则留，不合则去。至去留者之真正价值如何，又待他日之公评，所当顾者，不滥自定体例而已。然章氏之言曰："艺文入志，例取盖棺论定。现存之人，虽有著作，例不入志。此系御纂《续考》馆成法，不同近日志乘，掇拾诗文，可取一时题咏，广登尺幅者也。"（见前章所引之《修志十议》。）近日志乘，掇拾诗文，广登尺幅，自其谬处。然收现存人物作品，则固非误也。倘系人登列传，须俟盖棺论定，虽非至当，尚有道理可言。若其著作之应否列入艺文，与作者生死渺不相关，何亦取盖棺论定，岂生人作品不克臻善，必须盖棺，始成名著耶？使章氏生于今日而更修志，则艺文一门将无现代作品。盖以坊间所售作品累万，要皆人存自印，人亡则息，欲求旧本，亦皆变作故纸，修志者更于何处觅之？此虽戏语，乃属实情。章氏通人，不拘往轨，于此又遵成例耶？御纂《续考》馆不收生人作品，亦非正当。然以幅员广包，搜罗致富，尚有理由可言。若乃省县方志，何必效此？凡为学人，但求其当不当，不问其例不例。倘修方志皆当一本故例，则实斋本人将无地以自容矣。即其独创之掌故、文征，又何处以求例耶？故章氏"艺文入志，例取盖棺论定"之说可以休矣，可以休矣！

第四节　生人不得立传之商榷

　　章氏主张艺文入志，尚须盖棺论定，则"史传之作，例取盖棺论定，不为生人立传"（见前章所引之《修志十议》），固所当然。不过，章氏于此有例外焉。妇人守节，已邀旌典，或虽未旌而年例已符、操守粹白者，统得破格录入。其例外一，而其所持理由有二：妇人从一而终，既无他志，一生责任已毕，可无更俟没身，此其一。此等妇人，往往出自寒家，穷乡僻壤，子孙困于无力，或至偶格成例，今日不予表章，后必遗漏，此其二。以上理由甚充，无愧卓识。去任之官，苟一时政绩卓然可传，舆论交推，更无拟议者，虽未没身，亦可立传。其例外二，而其所持理由亦二：志为此方而作，为官有功此方，则甘棠可留。虽或缘故被劾，及乡论未详，亦与其在此方现施实绩无关，此其一。其人已去，即无谀颂之嫌，而隔越方州，亦无遥访其人存否之例，此其二。以上理由尤足，自属名家。不幸章氏于例外之中又有例外，即此方去任之官，甘棠留荫，遗爱在民，如蜀郡之慕文翁，南阳之思邵父，本可立传无疑，然其人不幸现居曾官之土，或现升本省上官及有统辖者，又不立传，其理由乃以"远迎合之嫌，杜是非之议"（见前章所引之《修志十议》）。窃谓如此例外，大可不必。章氏对史家，一则曰须于才、学、识外，更重史德。德者何？著书者之心术也（见前章所引之《文史通义·内篇·史德》）。再则曰"公足以绝请托"（见前章所引之《修志十议》）。以如此史家而任纂志，尚何迎合可嫌？章氏对志材，一则曰："所采事状，须开曾任何职，实行何利，实除何敝，实于何事有益民生，乃为合例。"再则曰："务取生平大节合史例者，详慎开载，凡属浮文，俱宜刊去。"（均见前章所引之《修志十议》。）以是严励方法，搜得该官政绩，事必征实，誉不虚传，纵为立传，人皆歆然，尚何是非可杜？然则章氏此议，宁非过虑？倘皆过虑，则第一例外之节妇，亦须盖棺论定。盖若二十守节，年至五十，无论已旌未奖，苟其身清品白，章例准予入传。不幸入传之后，节妇忽又改嫁，或又暗通情人，此例实属不鲜。倘遇此事，章氏又将何解？故凡事适可而止，无须太过也。余意非特循吏现存，无论在官在籍，均可立传，即地方人物现存者，如卓行中能指出行如何卓，文苑中能指出文如何优，儒林中能指出有功何经，见推士林，孝友中能指出敬事父兄，歆服乡党，如此人物，虽未盖棺，亦可暂定。以地方修志，不易轻举，远者百年，近亦数十。此类人事，最易失传，必其已没，始准开状送馆，则年远事荒，反难稽察。未若其人尚在，易于询征也。且若人得立传，则其言行，衡以长情，益当粹励，以求有终，不至晚节再变。即不幸而再变，他年续志，仍可补书污点，并非已成即补救无法也。往者地方志书所以别于正史者，即在正史所书，瑕瑜互见，而地方志乘，则专载循良。贪官污吏、土豪劣绅，则仅摒而不录，绝不记载其恶。是乃有奖无惩，但褒不贬，社会真象不得其全。既属地方史乘，胡可若是其偏？故此后方志改良，此乃一大关键，其理后当详论。兹但驳实斋现存人物不得立传之不当，他姑存略可也。

第五节　门目不得过多之不当

章氏讥近行志乘，不特文无体要，即其标题，先已不得史法。如采典故而作考，则天文、地理、礼仪、食货数大端，本足该一切细目，而今人每好分析，于天文则分星野、占候为两志，于地理又分疆域、山川为数篇，连编累牍，动分几十门类。夫《史》《汉》八书十志之例具在，曷当如是繁碎哉？（见前章所引之《修志十议》）夫章氏讥近行方志之去取失伦，芜陋非当，文无体要，事不征实，则诚是也。若谓标题过多，遂云不得史法，此则大不然也。章氏好古特深，故于《艺文志》之书籍部次，乃欲祖述六典，宪章九流，其他一切，均有古优于今之定见，故即标题一道，亦觉《史》《汉》邃简，方志必当取法。岂知时代迈进，人事靡杂，政治如此，社会如此，乃至宇宙间一切进化现象，靡不如此，范以古法，岂能葳事？即如章氏所举地理，不但疆域、山川，不嫌其琐，即地质、土壤等目，前所无者，今日科学进化，亦必须加。又如食货，《史》《汉》及其他正史，均标此目。章氏《湖北通志》亦寥寥数千言，即尽食货一志。倘在今日，赋税、捐征，名目繁浩，非特省志子目必详，即属县乘，亦非仅标食货即可清析者。更如掌故，前有吏、户、礼、兵、刑、工六目，即已概括无遗，今则政治组织特备，典章法则益繁，倍以六目，亦难详尽。其他各门，罔不若此。若仍《史》《汉》故典，几于南辕北辙，况《史》本八书，《汉》乃十志，礼、乐、律、历，《史》尚四分，《汉书》作志，则更两合，既已两合，反多二志，岂非时代演进、标目须增之明证？章氏于此，何又昧昧耶？纂志之道固多，而门目标题，则为首要。余意标题界限须清，内包必当，期于史实无遗，不厌门目加详。居今日而欲作一完全省或县志，门目应如何分，自当专拟于后。兹但评章氏主张古法之不当，无多论也。

第六节　帝后不应入志之不当

章氏谓历代帝后，不应列入方志，故云："历代帝王后妃，史尊纪传，不藉方志。修方志者，遇帝王后妃故里，表明其说可也。列帝王于人物，载后妃于列女，非惟名分混淆，且思王者天下为家，于一县乎何有？"（见第二章引《书〈武功志〉

后》）又云："方志诸家，于前代帝王后妃，但当著其出处（即遇帝后故里，表明其说可也），不可列为人物，此说前人亦屡议之，而其说讫不能定。其实列人物者，谬也。……既以前代帝王后妃列于人物，则修京兆志者，当以本朝帝后入人物矣。此不问而知其不可。"（见第二章引《书〈灵寿县志〉后》）其实京兆志之取喻大误。盖以方志所列历代帝后，乃系指其故乡，绝非以京师所在为定也。如列清代各帝于人物，须在白山黑水之地，方为得体。若其既帝以后，诚如章氏所言，王者天下为家，即不得专指京师矣。且京师随时可迁，奉天亦可，北京亦可，西安亦曾作临时首都，帝王籍贯，岂可随时变易耶？诚如章氏所言，凡曾为京官者，皆得为京兆人物矣。盖其官于是，居于是，甚至数代不归故里，与帝王之恒居首都有何分别？然历代正史大臣本传，皆各书其故乡，未闻以京师人物目之也。故章氏此喻，实乃不伦。且虽贵为帝王，尊居后妃，亦自不失为人物，亦自各有其故里，方志列为人物，于理于例，皆属正当。不过标题时，帝王仍标帝王，后妃仍标后妃，亦如仕宦、卓行之标目，于例均可。不过于帝后名下，倘有相传特殊史实，则当纂载。特殊史实既终，下注此外另见某正史某本纪或列传。倘无特殊史实，则于名籍之下直注事见某正史某本纪或列传即足，不必更录正史原文，以免多赘篇幅。倘修志之方，仅有帝后一二，则悉录正史原文，亦无不可。要须酌量情形，不拘成见。况正史中，对于后妃故乡，往往亦有差误。姑举一例：前余总纂《绥远通志》时，因该省新设，向无通志，且各县有志者，亦仅十之二三。故已往人物事绩，非搜罗正史及有关各书不可。按隋文帝文献后为独孤信之第七女、独孤罗及陀之姊妹。《北周书》列传第八信传谓信为云中人，又云："其先以良家子镇武川，遂家焉。"而《隋书》列传四十四罗及陀传云："均为信子，云中人。"按，云中、武川皆在今绥远境，而文献后之当为云中人，即今之绥远人无疑。然《隋书》列传三十六后传谓后为河南洛阳人。岂有后父及兄弟为云中人，而后独能为洛阳人之理？故后传误其籍贯无疑。因《北周书》及《隋书》均谓信及其子为云中人，则后传既无说明理由，而即谓后为洛阳人，实难取信后世。诸如此类，正史有谬，方志亦可辨改，是正有补于正史者。总之，帝后亦应同列于方志人物中，例固当定无疑也。

第七节　列传断自元明之不当

"方志人物本为史传之遗，而方志载事，间补正史之缺，故正史所不取者。方志或宜详述，若其人已详正史，而方志更宜收入。盖一国之善士，必为一乡之善士。"（拙著《绥远通志·叙例》）而实斋则云："方志之于人物，但当补史之缺，参史之错，详史之略，续史之无，方为有功纪载。如史传人物，本已昭如日月，志乘又为之传，岂其人身依日月而犹借光于灯火耶？前人采录史传节略为人物志，是方志义当详于正史，而今反取其详者而略之也。"（《章氏遗书·修〈湖北通志〉驳陈增议》）又云："方志家言，搜罗文献，将以备史氏之要删。史之所具，已揭日星，复于方志表扬，岂朝典借重于外乘耶？"（《章氏遗书·〈湖北通志〉序传》）又云："人物详录史传，参以状志诸文，虽于考订有余，亦嫌裁断不足，何则？史传日积，后复追前，架屋叠床，伊于何底？故方志诸家，例宜详近略远。古人见于史传，不藉方志表扬。假如楚国世家，屈原列传，陆贾儒术，季布高风，载于班、马之书，今日岂能损益？"（《章氏遗书·湖北文征序例》）陈增驳章氏曰："本志列传，断自元明。自宋以前，名臣、循吏、儒林、文苑、隐逸，彪炳史册者，皆阙而不书。又如明代名臣显著者，如杨涟、熊廷弼，皆不为之立传，但于《文征》内录取正史全传而已。于本志列传，则拟于司马贞所讥，有身无首。于文征，则猥取正史全传，考《文征》叙例自云：仿《文选》《文粹》。而昭明之书，止有史论、史述赞二类，未尝录取全传。《文苑英华》所录传者，如《毛颖传》《梓人传》之类，皆游戏之作，与正史列传迥乎不侔。至宋以后，乃有将《左》《国》《史》《汉》叙事节入文钞者，降经史为总集，昔人讥之久矣。作者如此，岂非自乱其例乎？今宜取周、汉、唐、宋以来名臣列传载于《文征》者，悉皆改入本志。而分传合传，按时世依类编入，则不至于详略失均。且使前贤后裔，读是志者，不至数典而忘其祖也。"（《章氏遗书》引之）按章氏修《湖北通志》，系受知于鄂抚毕沅。毕因入觐，小人即谗章落职。陈熷，其主要人也。陈之史学，远不及于章氏，驳议均多未当，独此条甚合志例。然章氏则偏持己见，并云："如谓一方数典，不得不具渊源，则表列姓名，足以知其人之出处。史传全文，自可以意举矣。"（《〈湖北通志〉序传》）岂知方志自有本职，虽可补史之缺，非专为补史而作，亦犹章氏所谓"省、府、州志，自有志例，非但集诸府、州志可称通志，亦非分析统部通志之文，即可散为府、州志也"（《章氏遗书·方志辨体》）。章氏于此，自觉未完，故列元、明以前人名于人表，别录史籍诸人于《文征》。量既未省，而人事两分，岂非无病呻吟？且即章氏所举楚世家，屈原、陆贾、季布诸列传，虽载于马、班之书，若旁征博引，损或未能，益何不可？盖征马、班同时作品及本人著述，可增正多，岂非方志列传应有之事？何得谓今日不能损益耶？故章氏此议，诚不若陈熷较当也。

第八节　政略以人为主之不当

章氏独创政略一门，其理由已详前章。《〈湖北通志〉政略叙例》本为卓见，因驳陈熷"政下加绩字议"，复说明云："今按政略，即他志之名宦传也。因名宦与人物同名，为传嫌无宾主之别。且此系政事为主，不顾其人生平，体与人物列传本殊，故改其名曰略。而政之著者，又不一端。故分经济、循良、捍御、师儒为四篇，是略之为言，乃书之一体。与纪、表、图、考、传等五类相似，恐略字之义欠明，不得已而加一政字。政、略二字，原是空名，其经济、循良等略，方是分别标目。犹传字亦是空名，至张甲、李乙等传，方是分别标目等耳。又乡贤载人行事，事以人传，故须题名。名宦止载政绩，乃人以政传，不得谓政以人传也。且凡史志诸书，分体有一字名者，纪、表、传、志、谱、略、图、考之类是也。有二字名者，本纪、年表、世家、列传之类是也。此外实无三字定一体者。如又增一绩字，于名未称，于实亦与分经济等目相重复。"（《章氏遗书·驳陈增议》）政下加绩字，固可不必。但章氏既知人以政传，又分经济等四名，实亦人以政传之拟议，何以于每门中，又系按人立传，岂非自滥体例？无怪乎陈增驳之云："四门中除师儒一门专录学政教职外，其三门中，分别未清。或有宜入循良却列在经济者，或有宜入捍御却列在循良者，诸如此类，错杂甚多。甚至一人一事，经济门已见，循良门又见，或经济门已见，捍御门又见，皆由门类未经划然，故有重复之弊。"（《章氏遗书》引之）实则既以政重，复见自不能免。但依章氏之法，此门立传，彼门又立传，一人两传、三传，则属不妥。未若以事为主，此人事宜叙经济者，则经济门叙之；宜属捍御者，则捍御门叙之。虽三见亦不为病，况门类分清，此弊亦易免除，是在编者之脑筋清晰否耳。总之，既以政绩类分，又为人名立传，此乃章氏不当，无可为讳者也。

第九节　志分多体之不必

方志体例，各有不同。标体之下，恒加志、考、略、传等名。章氏所修省、州、县志，虽异于众，然亦分体类若干。第三章已详引，兹不细述。"然全书既已名志，分目不应再用斯名。若考，若略，更无定义。文献可考，山川自亦可考。政事可略，人物自亦可略。传之由来虽久，然记事记人，原能通用。记事出于左氏，记人原于司马，而《史记·龟策》《货殖》等传亦间记事。是其应用，靡有定途。故清代志书标目，不分考、略、记传，统曰志者甚多，如《康熙安平县志》《雍正深泽县志》《乾隆涞水县志》《同治元城县志》及《光绪顺天府志》等，皆是也。分目名志，原非不当，然志统全书，何必再赘？故《乾隆宣化府志》《热河志》《同治深州风土记》及《民国冀县志》，但标名目，如山川、建置、田赋、人物等，而不加志、略、传、纪等字，最为简当。"（拙著《绥远通志·序例》。）章氏详分，虽非不当，要可不必也。

第五章 修志之辅助学识

第一节 总 说

方志者，一方之史，前已屡言。论其本身，亦自有其进化。最早为口碑时代，盖文字未生，端赖辗转相传，今日野蛮民族仍保此法。次为史传时代，即以韵文编述史实，如我国之《毛诗·生民》《长发》《殷武》《公刘》等，希腊之《奥地赛》(Odyssey)、《伊利雅》(Iliad) 二诗，及日耳曼之《尼比隆颜》(Nibelugenlied) 一歌，皆是也。次为说部时代，即所纪虽为史实，内容未必悉真，如吾国之《穆天子传》《竹书纪年》，希腊之希罗多德史 (Herodotu's Work)，及俄罗斯之年斯多 (Nestor)，及日本之《源氏》《竹取诸物语》等，皆是也。次为史鉴时代，即取史事以达其寓褒贬、别善恶之微旨，如吾国《春秋》及希腊破利比 (Polybius) 之《大历史》等皆是也。至近世始进化而为史学时代，即以史为科学，排比史实而整理之，以阐明其因果，德语谓之 Genetische

Geschicht，他国尚无专名。且亦在猛进之中，尚未完成其为科学也。① 此五阶段，各国之史皆曾经之，而各时代学者，对于史之观念，亦各不同，大别之可分为下列十种，即文艺史观②、宗教史观、道德史观、政治史观、哲学史观、伟人史观、科学史观、社会史观、唯物史观及地理史观等③。但至今已进至"综合文化史观"，亦即本书第一章第一节所谓之"史的定义"。盖"人类进化现象"即"人类综合文化"也。本书志在如何纂修方志，故对各种史观无详释之必要。但方志即史，史观既进至综合文化时代，如何而能达此目的，此为修志者应有之觉悟。史既为记载并研究人类进化现象之学，广义言之，非一切科学知识具备者，不能为功，即不能作志。狭义言之，但备以下各种知识，即可执笔矣。

第二节　地理学

历史之于地理，犹肉体之于精神。肉体强，精神乃健。地理宜，历史乃昌。同为国家，埃及、巴比伦、印度、中国，何以文明独盛？以有河流故也。同为希腊、雅典、斯巴达，

---

① 详见拙著《中国史纲》卷一第一篇第三章。
② 由史迁《报任安书》中即可知其惧文采不能表彰后世，故作《史记》也。
③ 详见中山久四郎《东洋史研究法》第五章。

尚文尚武，重商重农，何各不同？以前者地多临海，后者地多广陆故也。秘鲁、墨西哥，陆地相接，以无河海之介，故反不通于上古。波斯、希腊，海隔其间，以有舟楫之便，故早接触其文明。此外人类活动条件受制于地质、土壤、山岳、河海者，举不胜烦。要之，此等问题非地理学，无以解答其关锁。故史地相关，在在重要。但地理学范围亦广，普通为自然地理学、政治地理学、历史地理学（即沿革地理）、人类地理学、生物地理学、经济地理学、交通地理学、聚落地理学及地名地理学，而对史特别重要者，则为历史地理学、人类地理学以及政治地理学等三科焉。

第三节　人类学

所谓史既以叙述人类为主，而人类学当然不能漠视。自达尔文（Darwin）《种源论》（Origin of Species）出世后，进化之说大明于世。然推原厥始，一元多元，为说不一。多元分法依皮肤、言语、毛发，又复不一。然无论根据何种分法，各种亦有各自特性。特性不同，行为亦异，其所产生之史，亦因以异，故史与人类学，关系亦甚密切。人类学大别为二：一曰体质人类学，一曰文化人类学。前者以人为动物界之一种，乃研究其形态、生活技能及心理作用等，除人类一部分外，与史学关系极鲜。后者乃研究人类之集团生活，如习惯、常规、言语、宗教、民族、土俗等，皆包括于此中，故文化人类学之有关于史者，至广且大。① 而斯科本身，亦尚在继续发展中，其有关于上古及记录以前之时代尤重，故莫礼逊（J. L. Myres）氏云："历史与人类学，可称为姊妹学。"② 其有裨于治史，可想见矣。

第四节　社会学

史也者，人类之事实录。社会者，人类之活动场。无社会，则人类无所寄。无人类，则历史无所述。历史为社会之写照，社会为历史之源渊。社会、历史，关系如斯，则社会学与历史，其必相辅为用，自可见矣。社会学之思维，自古

---

① 兹将人类学之分类及内容大概列表如左以明其与史之关系

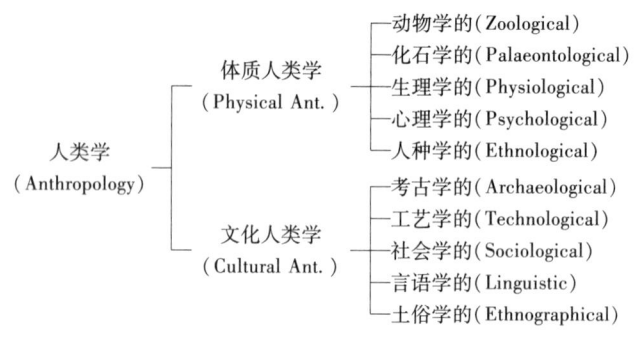

```
                           ┌─ 动物学的（Zoological）
                           ├─ 化石学的（Palaeontological）
              体质人类学    ├─ 生理学的（Physiological）
             （Physical Ant.）├─ 心理学的（Psychological）
  人类学   ─┤                └─ 人种学的（Ethnological）
（Anthropology） │           ┌─ 考古学的（Archaeological）
                │           ├─ 工艺学的（Technological）
              文化人类学    ├─ 社会学的（Sociological）
            （Cultural Ant.）├─ 言语学的（Linguistic）
                             └─ 土俗学的（Ethnographical）
```

② 余见西村真次引之，见所著《人类文化学》第一章第一节，氏又著《体质人类学》。以上两书皆简而得要，为治史学必读之书。

有之。然其成为科学，则固始自近世。社会学者，"确立关于社会理法"之学也。人类之生活于地球也，无论大小，均各有其集团。社会者，即此集团也。社会学，即"就人类集团，自纵的方面考其发生之过程，横的方面考其成立之过程，于此所得各种社会形态中，依科学理法而树立各种普遍及抽象的法则"者也。其与史学不同之点，则在此学乃于各种社会形态中，研究其共同原则，而史学则有空间、时间之限制，但以人类生活为对象而研究之，此则史学与社会学共同之点也。更进而言之，历史乃敷陈事实，而社会学则解答事实之所以。① 例如有娇氏感神龙首而生炎帝，姜嫄履大人迹而生后稷，此在历史则但记其事而已足，社会学则非明其理不为功。盖上古穴居野处，茹毛饮血，草昧时代，皆知有母，不知有父，男女相遇便可野合，此在社会学上，证以世界各种民族集团，罔不如是，故可得一公理大法，即"草昧时代，人皆知母而不知父"。吾国古史，则造于东周以后伦理完成时代，特念先哲开辟草昧之功，不忍言其私生，遂云"感神龙首""履大人迹"。有娇与姜嫄，不能谓其必有，即有之，而炎帝、后稷亦系私生。龙首、大人，纯系神话。吾人近因社会学之发达，故敢依其公例而断定。数十年前云，胡可得耶？如此，则社会学之有裨于史，非浅鲜也。

---

① 即社会学上应有之问题。

第五节　年代学

年代学，乃计算时间之学也。历史与时间，关系密切，尽人皆知，故年代学之有裨于史，自无待论。年代学可分为理论及应用二种，前者即以天文学而考定时间者也。例如历史上所述大事记者，忽忘载其年、月、日、时，代远难究，此为大憾。若证以天文，即可得其确定年月。若夫波斯希腊战事，西史上古之大事也。波斯王泽耳士（Xerxes）亲率大军进至特莫丕里（Thermopylae），斯巴达王留尼达（Leonidas）誓死力战，波斯军不能进。后有奸人引道，波军遂由径路长驱直入。留尼达及部下五百人皆死之，后人立石其地，以追念之云："凡尔行道，归告国人，我等以死报国，量不辱命。"①此乃西史绝大之事，而有名史家希罗多德竟忘书其年月，以致后人甚难考察。幸同时于无意之中，于泽耳士之出征，载有关于星学上之一事，可为考究此事年代之资料。希氏史中有云："黑勒斯邦之浮桥既作，军益前进及至撒底（Sadis）。已届隆冬，及得工事竣报。又值春初，始向阿白达司（Abgdus）行军。是时天朗气清，日光四照，乃进行之际，太阳忽失光，俾昼作夜。"①观此纪时，即可推算。考此日食，系

---

① 以上两事均载于希罗多德的《历史》（Herodotu's Work）中。

在春初，则当为纪元前四百八十年左右。盖此时期，见于小亚西亚之日食，皆既者仅有二次：一在四百八十八年之九月一日，一在四百六十三年之四月三十日。然此二次，皆非春初，且与四百八十年相距亦太远，故可知非是。更考之希氏纪事，亦非全黑，仅云几成暗夜，则其所失者或不至既。于是更求其次，此项凡日食之甚者，亦有二次：一即四百七十八年之二月十七日，一即四百八十一年之四月十九日。此二次中，必居其一，已无可疑，唯后者在四月十九日，与春初不合，则当为前者。由此可知特莫丕里之战必在前四百七十八年，已成完案。使非以日食考察，则兹事终不能明。后者即研究各时代、各民族、各宗教及各国之纪年法，以及其相互换算法也。例如希腊有其纪元法，各个间应有其换算法，此在研究世界史，自属重要。若夫编纂方志，固无大须，然在吾国，亦有各种纪时法之不同，即上古之三统历与四分历，亦自有异。倘不明悉，则上古年代无从推算。故理论年代学与应用年代学，均须研究也。

第六节　考古学

考古学，最近数十年中始大发达。此学当分为史前（即有文字以前）及史后两期。史前时代，既无记录。吾人研究人类文明全恃考古上之发现，故人类学者极重视之。即史后时期（即有文字以后）有赖于古物之辅助者，亦正不鲜。如借古代建筑可知其当时工业美术，更借古代器具可知其当时风尚手艺，又借古代俑物可知其当时衣冠习俗。若合某时代之一切骨董，可鉴其时代之社会状态。古物之有裨于史志，更应于后章列举详释。兹但论关系如是之重，修志者如于考古学无充分知识，则绝难胜兹重任也。

第七节　古文学

古文书学，即以科学方法而研究古代文字之学也。此学直接关于史之资料，与其他书籍相互辅助，同供史事，非若其他科学，史家仅用其原理与方法也。本书志在阐明修志方法，故此门不举外国文字，但依中国言之，可分二类：一则研究各字之形体，可知造字时之社会种种；二则研究合文之载事，可补刻文时之史实若干。此其研究方法也。若依古文书之实质而分，又可别为下列四种：一甲骨，二吉金，三印章，四石刻。吾国殷周史料，若尽信古书，误谬特多。近十年中，罗振玉、王国维以下诸家，对于殷周史料发明若干新证，补正几许史实，悉资甲骨、吉金文字。且重要人物，莫如古帝，而先公先王，于殷代王氏考出数人。重要史料，若如《尚书》。而虞、夏、商《书》及《洪范》，著者证其晚出。① 倘

---

① 拙著《今文尚书正伪》上下两册，考定今文之虞、夏、商《书》全部及周书《洪范》。除《盘庚》较早，或在东周初年外，余皆战国末年作品。

无甲骨金文等字，绝难如斯大成也。秦汉以及各朝印章出土者，先后累万，不过前此诸家，但刊印谱，不究史实。迄后资此，一可补正历代人物，二可考订列朝官制。① 取精用宏，裨益不少。至石刻中，如碑也，志也，磨崖也，造象也，既可研究各时代书法之变迁，又可补正各正史人物之遗落。② 诸如此类，裨于史志特多，详列用途，当于后章。兹但述其关系如是，幸勿忽焉。

第八节　古泉学

货币之在经济史上，为最要资料，固无待论。即在政治文化史上，亦有至大价值。兹分述其关系如下。由古泉之实质，无论其为皮、贝、铜、铁、金、银，均得推知当时工业发达之程度，金融流动之远近，以及经济穷裕之概况等。此关于实质者也。由古泉上所附之年号尊称，能推知其团体及民间通用之文字等。此关于文字者也。由古泉上之花样，得推知其当时之国徽、族徽，更由古泉上之肖像，得推当时王室出于如何人种，并由铸造年代，得知当时君主之服饰及武器。

---

① 印章官名，有不见于正史职官等志者，几十之三四，故可补正史职官之遗漏。今年一月，曾见《万印楼印谱》，实则仅七千余方，而官印不过数百方，重者尤多。吾友朔县苏象乾体仁藏印千方，官印十之二三，较万印楼精者颇多。近著《晚学斋印谱》行将出世，皆重要资料也。

② 历史墓志出土者，多可补正史列传之遗误。

此关于图画方面者也。自第三者言之，吾国古泉向无肖像，似不必举。然自民国以来，孙文、袁世凯、黎元洪诸大总统，皆曾造像于银币，且其银质之优劣，重量之差等，已有考究之必要。泉虽不古，行且数十年矣。修方志者，亦当视为不可忽之资料也。且某国古泉，发现于某地，即可证某国政治经济势力，曾推广于某地，国内某省之于某省亦然①，否则彼时于某地，至少亦有通商互惠之往来。此关于流行方面者也。世界邮政发展，仅始近代，然此后邮票之有裨史志，亦将与古泉有若干同等之效焉。

第九节　言语学

言语学者，研究一般语言及单独语言之学也。倘欲深研史学，仅恃译本，不能有当，势非藉言语学以助之，不为功焉。然史籍甚广，欲知世界各语，事不可能。故学者仅及直接有关之民族语言而研究之，则已可矣。如此，则修方志者，限于中国各省固无语言学可言也。然吾国民族，有汉、满、蒙、回、藏、苗之不同。譬如欲修察绥志，则蒙古语不

---

① 例如民国十七至十九年（1928—1930），山西省银行之钞票遍及于冀察绥之全部，及豫之北部，适与阎锡山之政治势力相合。十九年后，则除晋省而外，仅及于绥远一省，冀察则虽一元晋钞亦无，此可知阎氏之政治势力，仅及绥远耳。

可不通；欲编西康志，则西藏语不可不通；欲纂云、桂志，则苗民言语又不可不通。故语言学于方志，亦非无关也，明矣。世界上除印第安人专以身段表示谈话外，其余均以言语。言语者，即以若干有节音联络而成，所谓语汇（Multitude of language）、方言（Dialects）、俗语（Idiom）、国语（Vernacular Form）者，皆有节音也。世界人类语言可分三类：一、单缀语（Monosyllabie），即孤立语（Isolating language）。此种语言，最优秀者，即为我国汉语。字义虽变，字形不变。如"大"有时为名辞，有时为动词或形容辞。其在文章，则以位置不同而异义；其在语言，则以高低不同而异意。总之，"大"之为"大"，形不变也。二、胶着语（Agglutinative language）。此种语以蒙古及土耳其为较优秀。恒以字之语尾，变化字之义意。如土耳其语谓"绳"为Arkan，若语尾加tchi，则变为Arkantchi，即"造绳人"之义；若加ly，则变为Arkanly，即"持绳人"之义。故某字若变其义意，须于语头语尾有所变更也。三、曲折语（Inflectional language）。此种以印度欧罗巴人为较优秀，其变化恒在语根之中或语尾。例如Mlch为语根，加二a于中，则变为Malach，即"彼即位"意；加a，u，于中及尾部，则变为Malchu，即"彼等即位"意。故某字若变其义意，可加音于语根或尾，不必定限于语头或语尾也。但此三种语群，亦有不甚纯洁者，如印度支那民族、西藏民族，本用孤立语，而又有胶着语的性质；英吉利本为曲折语，而又有单缀语之倾向，未能一概论之也。且吾人研究史学，须通其语言，厥用有二：一、可直读其文史，前已言之；二、既知其言语属于何类，借此考察其民族之来源与支派。吾国汉族以外，尚有若干民族，修志者，于此岂可忽乎？

第十节 谱系学

谱系学，亦名家乘，即所以记世族统系者也。《史记·十二诸侯年表》开章第一曰"读《春秋历谱牒》"，其作三代世表，亦谓三代年纪不可考，盖取之谱牒。刘知幾《史通·表历篇》亦云，谱起于周代。吾国谱系发达之早，已可概见。其于方志，关系尤重。一人之家世、家风及其历祖历宗之思想，与其个人甚有关系。《学记》云："良冶之子，必学为裘。良弓之子，必学为箕。"以其所见闻者习，故不劳而能。古之文学家、艺术家、政治家，由个人本身发展者，固不鲜，而受祖、父之遗传者，什居七八。故由谱系学，可以推知一人学术之来历。此其关于个人方面者。史乘所载，往往因争王位而起战争，虽各国亲族制度不同，而其所为谱系则一。既因争位而战，必有可争之理。治史必明其谱系，始可下一批评。如英国蔷薇战争、英法百年战争，均属谱系纠葛不清。故明谱系学，可以推史乘上战争之一部原因。此其关于国家方面者。以论修志，则前者关系较大焉。

第十一节　心理学

心理学有关于史志，可分三项如下：一、个人心理。同为人类，则皆有固有之意志。《诗》云："民之秉彝，好是懿德。"即其证也。所以由身集家、由家成国者，亦本是理。除少数出类拔萃之人外，心理大抵不甚相远。研究史志，不明心理学，则不能考察当时人物动作之原因。二、社会心理。亦称时代心理，即一时代中各个人所平均之心理也。但此心理，随时变化，变化既多，则新时代又生矣。故一切政治社会之革新，均本此理。如是，不明心理学，不能考察时代革命之原因。三、国民心理。则于变迁之中，永保其不变之常态，而所谓国民性是也。此种心理，多限于物理条件之下。例如中国人之心理，大陆的，好大而保守；日本人之心理，岛国的，好美而喜模仿。无论何时，均不变更。吾国各省县亦有同一情形，风俗习惯皆与国民心理攸关。凡此皆与史志有密切关系，不明心理学，不能探其原因。由上所述，无论个人、社会、国民，其行为之推察，非明心理学不能有当。故美国行为派心理学家瓦得生（Watson）氏云："心理学之目的，在根据有系统之观察与实验，以求绾束人类动作之原理与定则。"①

---

① 见 Watson's Psychology, chap. Ⅰ.

由瓦氏之言，更可证明心理学与史志之关系矣。

第十二节　经济学

往者经济未成科学，故与史之关系亦不明了。自亚丹·斯密以来，经济学大形发展。然其有关于史，尚未证明。自马克斯氏，始主张人类社会之动作，完全限于物质条件之下，即所谓唯物史观者也。马克斯云："人类社会生活的发展，有一定的、必要的、不为其意志所管辖的条件，有生产的条件，与其物质的生产力的发展的阶级相当。这些生产条件的总和，造成社会的经济组织，造成法律制度的真实基础，并且有些社会的意识正与之相当。物质的生产方法限定一般社会的、政治的及精神的生活现象，不是人的意识限定他的生存，是人的生存限定它的意识。"① 又云："我们相信，自己可应命而往的职业，常常不能到手。在我们预定自己在社会中诸种关系之前，此等关系，已有几分开始存在了。"② 按此，虽马氏幼时言语，实与上段末二句大意相同也。

---

①　见马氏《政治经济之批评》（*Zur Kritik der Politischen Ökonomie*）。
②　见墨尔林《马克斯传》之麟爪（*Splitter Zur Biographie von Karl Marx*）。愚见李季《马克思传》卷上引之。

第十三节　法政学

史为政治之母，政治由史而生，故政治学与史关系至重。英之史家福礼门（F. A. Freeman）有云："史为以往之政治，政治即现在之史。"席黎（S. J. Seeley）亦云："无政治学之史，是为无果；无史之政治学，是为无因。"观两氏之言，则史与政治学之关系即可想见。中央政治，固有其变迁；而省县政治，亦有其沿革。不明政治学则不能阐明其所以然，故政治学之有关于史志，亦非浅鲜。各代各有其法律。民国以来，约法、宪法以及民、刑各法，朝颁夕改，条律靡繁，为期虽短，各省皆曾奉行，倘不明其大概，修志时必有难着笔者。例如各级法院之编制，民、刑诉讼之判词，此在通志，前者皆应记录，后者亦应统计。然对于各级法院，历年受理民、刑各件之详晰分类统计，倘无法律知识，并此最低限度之表格，亦难编拟，矧论其他？是法律学之有关史志不亚政治，故不惮烦而列举其关系也。

第十四节　其他科学

以上十三门为治史之必要辅科，亦即修志之补充知识。

此外，有治史或可无须而修志必须皆具之科学，请并言其理由。盖往者省县各志，对于物产虽略记录，然多语焉不详，至于农工商矿各业，则绝笔不载。以章实斋之卓见，其自拟之《湖北通志·食货志》，除包括以上各门外，而并载赋税、商埠等事，然仅寥寥三数千言，聊胜于无已耳。实则所应载者，未及十分之一。居今日而修志，虽不能尽采马氏唯物史观之说，忽视其它人类生活之原动力，然农、工、商、矿各业为社会生产消费之总观，所谓社会经济之源流，并在于此，自须分记合述。故商学、农学、动物学、植物学、矿物学，以及工厂组织管理等法，银行簿记统计等学，必须完备，始能以科学名辞解释产物，更以科学方法分析载明，俾阅者一览而知某省某县之社会、经济、生活状况等等，始不失为科学的方志。著者甚望各省以至各县各镇皆能如是修志，勿尽译日本之《支那省别全志》而自夸其详实也。

第六章 余对方志内容之三增

第一节　应增记录以前之史实

史之定义，就狭义言之，当始于人类发生，故当研究人类之进化现象。人类进化现象，即莱耳（F. Müller Lyer）氏所谓文明"包括知识、能力、习惯、生活、物质上与精神上种种进步与成绩。易言之，即人类发生以来所有努力之结果"①。然今各国有文字时代之史，多至六千年，是吾人所知渺乎微矣。吾国古籍谓："天地开辟至春秋获麟之岁，凡二百二十六万七千年，分为十纪。其一曰九头纪，二曰五龙纪，三曰摄提纪，四曰合洛纪，五曰连通纪，六曰叙命纪，七曰循蜚纪，八曰因提纪，九曰禅通纪，十曰疏仡纪。"（见《春秋元命苞》）庄氏所谓"容成氏、大庭氏、伯皇氏、中央氏、栗

---

①　均见氏所著英译本《社会进化史》（*The History of Social Development*, chap. Ⅰ.）

陆氏、骊畜氏、轩辕氏、赫胥氏、尊卢氏、祝融氏、伏羲氏、神农氏"（见《庄子·胠箧篇》）又有凡蓬（见《庄子·人间世》）、狶韦（见《庄子·大宗师》），注皆云，古之帝王。宋儒罗泌《路史》于十纪之前，又有初三皇、中三皇，语虽荒唐，然固知皇帝以前史期甚长。德人莱耳（Franz Carl Müller-Lyer）云："人类史者，不过地球史上最短而最晚之一章也。"① 美人鲁滨孙（James Harvey Robinson）又云："人类经过实录，假定分装十册，册有千页。吾人所知，尚不足末页所载。盖自亚西里亚（Asyria）、埃及（Egypt）以降，不过史中至小一部耳。"② 以氏之言观之，则文字以先史期特长，西洋谓此时代为史前时代（Pre-historical Era）。其所谓史，系专指有纪录时代而言，故云史前时代。今既以有人类，即有史为定义，是此时代亦在史中，故曰记录以前之人类史。西洋考古学家分此时代为三大期：曰石器时代，曰铜器时代，曰铁器时代。③ 石器时代又有新旧之分。类此学说，吾国亦有风胡子对楚王曰："时各有使然。轩辕、神农、赫胥之时，以石为兵，断树木为宫室。"此即旧石器时代也。"然至黄帝之时，以玉为兵，以伐树木为宫室凿地。"此即新石器时代也。"禹穴之时，以铜为兵，以凿伊阙，通龙门，决江导河，东注于东海。天下

---

① 均见氏所著英译本《社会进化史》卷一（*The History of Social Development*, chap. Ⅰ.）

② 见 Robinson and Beard: Development of Western Europe, vol. Ⅱ, p. 408.

③ 见 E. A. Parkyn: Prehistoric Art, Introduction.

治平，治为宫室。"此即铜器时代也。"当此之时，作铁兵，威服三军。天下闻之，莫敢不服。此亦铁兵之神。"（见《越绝外传·记宝剑》）此即铁器时代也。其所论列，与西洋所云固有时间远近之不同，但其进化思想实合今之学说也。①

即在今日，仍有若干野蛮民族，其生活仍为茹毛饮血，居穴处野。而我辈文明国家，村落、城市、商品、农产、铁道、工厂、教会、学校、图书馆、博物院、市场、议会、医院、监狱、总统、委员等等，如此大相悬殊之现象似若进化上一起点与一终点，但无以前之野蛮绝无今日之文明。故今日作史，无论为一国的，一省的，一小组织的，不能专注意于有记录时代，而须兼讨记录以前的人类。至所据何料，如何方法，则当详于志料调查章，兹从略焉。

第二节　应增社会经济之资料

往者省、县各志内容所收者，人事方面，大约不外官吏政绩、绅士行为、寡妇贞操，以及地方学者之著述或吟咏，读之仅知极少一部史实，社会经济若何毫不顾及。若在现代修志仍如已往故调，则以不修为愈。盖现代无论何事，均须普遍的、多数的，始为合理。况我政府号称国民，党部号称

---

① 参观拙著《记录以前之人类史略》。

国民，而一切措施当然普益国民。但以修志言之，部颁志例，何曾一条于现代史潮有所关联？省县修志，令急如麻。若依斯例，恐无一志有当。社会经济，在今日应为全志骨干。吾人之衣食住行、商工各业，经过先民若干努力，始有今之文明。修志者自应将以上各事追述经过，至少亦须将现代社会经济全部编入。例如吾人食之经过，有游猎及捕鱼时代、牧畜时代、农业时代；衣之经过，有自然装束时代、民族装束时代、时式装束时代；住之经过，有原始露天时代、茅屋时代、房屋时代、石屋时代；工具经过，有石器时代、木器时代、陶器时代、金属时代及磁器时代、电器时代；商业经过，有物物交易时代、货币交易时代，及信用或符号货币（即纸币）交易时代，① 均须自古迄今而详述之，则国民经济始能毕现其形式。而政府之历年苛捐杂税，亦必分列无遗，则今日之到处民穷、农村破产，始借以表现。倘政府有意挽救，尚可借鉴。不然，仍做其"附设农村复兴委员会于行政院，借以位置若干招牌学者，即可自欺欺人"之酣梦焉。

第三节　应增贪劣官绅之事实

方志者，一方之史，前已屡述。吾国纯史之作，始于《春

---

① 参观各种社会学、人类学，即可知其梗概。陶孟和等所译莱耳氏之《社会进化史》最好，商务印书馆出版。

秋》。董生云："夫《春秋》，上明三王之道，下辨人事之纪，别嫌疑，明是非，定犹豫，善善恶恶，贤贤贱不肖，存亡国，继绝世……"（太史公《史记·自序》引）《春秋》固未必合于史道，然可见其尚重是非善恶、贤与不肖，故《史记》以绍《春秋》自负，亦本斯旨。① 更观以下《二十四史》，名臣如张良、文天祥等，固自有传；而恶臣如秦桧、和珅等，亦皆有传。忠义、循吏固有传，而二臣、酷吏亦有传。史也者，人类活动之总载，固不能限于片面。但吾国自有方志以来，对曾官厥土者，仅记其善政，或名宦绩（如《同治畿辅通志》等），或曰名宦（如《乾隆盛京通志》等），或改政略（如章学诚《湖北通志稿》），或传政迹（如《宣统山东通志》），要皆循良干练之员，而贪官污吏不问也。对本地人物，则分先贤、方技、列女、释道、流寓等目（如《光绪顺天府志》等）。更详者，又分乡贤、忠烈、孝友、义行、仕宦、儒行、文学、隐逸、艺术、方外、列女（如《光绪山西通志》），或分理学、儒林、忠烈、孝义、文苑、隐逸、列女、流寓、仙释、方技、艺文（《雍正河南通志》），亦皆贤良、学艺、贞烈之辈，而劣绅土豪不问也。一方之志，既为一方之史，而乃人事偏狭，有善无恶，云乎可尽厥职？故今后作志，无论其为官为绅，凡与兹土民生民智有关之善恶事实，一律同载，方合史例。至其方法如何，当详于后，而理由如何，更无赘论之必要矣。

---

① 《史记·自序》云："孔子卒后至于今五百岁，有能绍明世，正《易传》，继《春秋》，本《诗》《书》《礼》《乐》之际？意在斯乎！意在斯乎！小子何敢让焉。"

第七章　余对方志内容之拟目及序例

第一节　拟　目

方志种类，旧有省府、直隶州以至厅、州、县、镇各区域之不同。范围既异，志目亦各有其特殊之点。迄于今日，行政区域变更较简，仅有省、县与市之分，县之范围较小于省，然亦皆具体而微。故省志所含门类，县志亦大部应有。此外，市应有志者，如天津、上海、北平、广州、汉口、青岛等，除市内繁荣之市区以外，亦各有其近郊，故地理以及产业各门，有时亦与省、县各志相仿，同应记载。其他各门，市与省县更无大别。故余但拟省志细目，而市县各志无须分列，裁酌取用，智者自能。至于各门中应有更详子目，理固当然。如卷七《党社》，党有若干，社有若干，且东林，亦党也；国民，亦党也；复社，亦社也；同善，亦社也。又如卷九《议会》，属于省者，资议局，亦议会也；省议会，亦议会也。属于县者，参事会，亦议会也；议事会，亦议会也。此则概括言之，不能列举，且各省情形，各有相同，亦各有不同，余之此目，未能更详者，理由亦即在此。盖更详反难通用也。其目如左。

摄影

古迹类

名物类

古物类

金石类

特产类

其他类

附图

疆域图

沿革图（每朝一幅，或数朝合一幅，须视疆域变更之程度而定）

山川图

分县图

水利图

省城平面图

各县城平面图

各名市平面图（如天津、汉口之类）

物产分布图

矿产分布图

其他应附图

卷一　地理

疆域

沿革（附表）

山脉

河流

气候（附温度、雨量、节气各表）

地蕴

土质

港湾

卷二 建置

关隘

城市

津梁

衙署（附表）

馆会

街衢

学校

公共场所（如公园、剧院、图书馆、博物院等）

医院

卷三 胜迹

故都

故城（附表）

宫殿

陵墓

庙祠（附表 凡庙、观、寺、庵以及公祠私祠，均属之）

名胜

卷四　民族

汉族

满族

蒙族

回族

藏族

苗族

户口

卷五　爵职

封爵（附表）

职官（附表）

卷六　政治

财政　田赋　盐榷　杂税（附收支表）　银行　货币

交通　驿站　邮电　铁路　汽车路　车驼路　水路　空路

建设　水利（附渠表）　工厂（附地点、种类表）　其他

教育　学校教育（附表）　社会教育（附表）　留学（附表）

垦务　历年放垦之经过（附表）　放垦后已耕地之数目（附表）　放垦后未耕地之数目（附表）　未放垦地之数目（附表）

军政　省防之布置　驻军之沿革

警政　保甲　警察

司法　历代司法情形　司法独立时期　地方习惯法

监狱

　　自治　县自治　市自治　村镇自治　民团

　　储恤　仓储　养育　官渡　义园

　　选政　国会议员之选举　省会议员之选举　其他类似之选举

　　卷七　党社

　　会社

　　政党

　　卷八　法团

　　农会　工会　商会　教育会　律师公会　其他法团

　　卷九　议会

　　省议会　县议会　市议会

　　卷十　产业

　　农业（附农产物价表）

　　工业（附工业物价表）

　　商业（附商品物价表）

　　矿业（附矿产物价表）

　　渔业（附水产物价表）

　　林业（附树材价格表）

　　野产（附山产物价表）

　　牧业（附牲畜价格表）

　　卷十一　礼俗

　　冠

婚

丧

祭

祀

卜

筮

命

相

卷十二　生活

衣饰

饮食

居处

娱乐

语言（附汉、满、蒙、回、藏、苗重要语言表）

歌谣（附各地歌谣表）

卷十三　宗教

道教

佛教

喇嘛教

摩诃末教

基督教

多神教

卷十四　人物

仕宦

文苑

理学

忠义

德行

孝友

贞烈

方技

侨寓

隐逸

科第（附表）

议员（附表）

革命

劣绅

方外

游人（附表）

卷十五　学艺

学术　本省人之著作　省外人有关本省之著作　国外人有关本省之著作

艺术　书法　绘画　雕刻

卷十六　古物

龟甲之属

吉金之属

陶器之属（瓦器附）

石刻之属（古玉附）

磁器之属

卷十七　前事

巡幸

恩遇

军事

天灾

人祸

征发

怪异

其他

卷十八　掌故

典则

陋规

卷十九　文征

散文

韵文

第二节　序　例

余之方志拟目，已如上节。然其理由，亦须说明。凡旧曰省、县方志通行各门，无须更加申说。凡对旧志有所改革，或应时代要求而新增各门，则为序例如左。

一、按部颁《修志事例》，地方名胜、古迹、金石拓片，以及公家私家所藏各种古物，在历史上有重要价值者，均应制影片编入。故各志应尽力搜求，分别数种，共为一卷，以资鉴证。

一、古者图书并重，相为表里。各志舆图，应用测绘专员，分别测定，精制疆域（即部定省行政区域图）山川、分县（即部定各县行政区域图）水利、省县市城平面图，并博考古史，精制沿革图，别为一卷，以资观览。

一、方志体例，各有不同。标目之下，恒加志、考、略、传等名，全书既已名志，分目不应再用斯名。若考，若略，更无定义。文献可考，山川自亦可考。政事可略，人物自亦可略。传之由来虽久，然记事记人，原能通用。记事出于左氏，记人原于史迁，而《史记》龟策、货殖等传，亦间记事，是其应用，靡有定途。故清代志书标目不分考、略、记、传，统曰志者甚多。如《康熙安平县志》《雍正深泽县志》《乾隆涞水县志》《同治元城县志》及《光绪顺天府志》等，皆是也。分目名志，原非不当，然志通全书，何必再赘？故《乾隆宣化府志》《热河志》《同治深州风土记》及《民国冀县志》，但标名目如山川、建置、田赋、人物等，而不加志、略、传、记等字，最为合理。本目仿之，分卷目十九，子目百余。子目之下，更列细目。往者省、府、州、县各志，少者数门，多不三十。迩者世运演进，人事日增。倘求地理史事，详述无遗，势必分门别类，阐明原尾、沿革。非敢务多，理应如是。

一、旧志卷首，类有诏谕、宸章、皇言、天德等述，虽云专制表现，要亦间关史迹。本目于历代诏令，依其性质，择要分属各门。倘系规章条例，则以录之掌故。借资考证，虽非专载，固不遗漏也。

一、旧志疆域分界，概用星野。今则经纬分明，且较准确。今志开方辨位，即用经纬。盖天道远而人道迩也。

一、各省有汉、满、蒙、回各族杂居之地，如绥远等省是也。其本源同化之迹，均应详征。特设民族一门，述其经过。至户口一项，旧志多属田赋，然清代迄今，粮不计丁，罔关财政，用附于此，以便计算。

一、旧志名宦、乡人往往一例同编，几无宾主轻重之别，故章学诚《湖北通志·序例》名宦改称政略。盖乡人包括全体，学行文艺，无所不取。而名宦则地非久居，官不世禄，蜀郡之慕文翁，南阳之思邵父，取其有造斯邦，兴利除弊也。即或未仕之先，乡评未协，移官之后，晚节不终，无关斯土之行，当在不论之列。故实斋易名政略，自是独见。然既知人以政传，自应以政为主，摘其设施，分隶各政。实斋不明此法，虽分经济、循良、捍御、师儒四篇，仍系以人为主，按名立传，是乃知其一而昧其二。故本目以名宦要迹、贪官虐政，均分述卷六各政之中。尚虞未备，则于卷五职官附表，每人之下，增设事略一格，以补其缺。庶几甘棠留荫，循迹靡遗，而苛征劣政亦可分见矣。

一、民国成立，政党纷兴，北伐完成而中国国民党统一宇内。关于已往组织发达，理应详述。而满清代明，吾族秘密结社，图复河山者甚多，如复社哥老之类，均当记溯无遗，故同载于卷七党社之中。而卷八之增列法团，尤为近世特点，此虽旧志所无，而今则应增设者也。

一、旧志物产一门，载入地理，或并工商各业，另编食货。然工业出产、商品交换，物产二字未能概括，而农工商业、渔樵畜牧，食货一志，又难稽详。考民业、物产，生活所系，晚近史家，叙述特多。本目卷十产业一门，于各种职业概情、产业名值，分别详考。庶几民生实况，巨细靡遗矣。

一、礼俗、宗教二门，旧志所有，本目分别细述，用显民风。

一、卷十二生活一门，旧志不载，即或连叙于风俗，亦多语焉不详。本目特设此门，与产业互相表里。至言语多为交际媒介，歌谣可作生活写真，故亦并载此门焉。

一、方志人物，本为史传之遗，而方志载事间补正史之缺，故正史所不取者，方志或宜详述。若其人已详正史，而方志更宜收入。盖一国之善士，必为一乡之善士。然实斋《湖北通志》驳议，反谓方志于人物，但当补史之缺，详史之略，续史之无。故其立传，断自元明。岂知方志自有本职，虽可补史之缺，非专为补缺而作，亦犹实斋《方志辨体》所谓省、府、州志，自有志例，非但集诸府、州志可称通志，亦非分析统部通志之文即可散为府、州志也。实斋于此，自觉未完，故列元明以前人名于人表，别录史籍诸人列传于文征，量既未省而人事两分，岂非无病呻吟？故今日修志，于人物仅见正史者，应录正史原文，并见正史以及各籍，或但见各籍者，则为集传。宁蹈芜漫滟之讥，不贻疏漏残缺之戚。

一、见存人物，旧志除名宦选举及节妇外，例不列入。然志传人物，贵在学行。苟其文有专长，行能卓异，虽未盖棺，不妨论定。盖志书修补，短隔数十，长且百年，见存不载，久或湮没。梁宽之传庞母（《三国志》庞淯母赵娥为父报仇杀人，注引皇甫《烈女传》云"故黄门侍郎安定梁宽为其作传"），李翱之传杨妇（李为杨烈妇作传，时杨尚存），良有以也。倘惧立传以后，学理有变，晚岁行更，乡评未协，则后人修志，仍可续改。故本目主张于见存人物，亦立传焉。

一、旧志"选举"另立一门，或列一表。若其地选人过多，固宜如是。倘在边省，进士、举贡，有清以还寥寥数十，入民国后议士无多，即可别为科第、议员两项，统于人物。其科第以后游宦有迹者，则为立传。若但第无闻者，仅列于表。议员亦同此例。但若内地各省，别为一卷亦非不可，县志似可仿本目焉。

一、"游人"一项，旧志所无。然历代以还，各地闻人远游他省者，既非奉命参与军政，又非滞在曾作久居。职官、侨寓，皆不能入。用别此项，一以志名士行迹，可资参考；

一以志要人远来，事关军国，择其显者，为立短传，余则列表以见焉。

一、旧志表章妇行，特传列女。刘向开先，范史绍后。顾所载妇德，非仅贞孝、节烈。迄于方志，厥途斯隘，实则内行多方，何必只此？凡安常处顺而不以贞孝、节烈当其变者，有如淑媛相夫，贤母训子，哲妇持家，闺秀文墨，一节之善，岂无可取？故实斋《高邮沈氏家谱·叙例》不志列女，改云内传，所以广阃范，表内行也。今世界进化，男女罔分，法律既已平等，史传何庸性别？故本目但设人物，不分列女。凡妇德、懿行，依类传述，名虽不存，而实则仍旧也。

一、记人以类相次，而不拘于时代。同一类者，仍以时为经，以地为纬。人之行事，不尽一端，择其大者，分别归类。其他所为，亦附载成完璧焉。

一、卷十五"学艺"一门，双方并重。注录省内外学者作品，应依《四库全书》，别为经、史、子、集四部，编例提要，以资参考。艺术则分书、画、雕刻，并依上例述之。按旧志标题"艺文"，依章炳麟说："以有文字，著于竹帛，故谓之文。"则文可概四部。然阮元谓："沉思翰藻，始名之为文。"则又必诗歌、散文之美者，始得为文。故本目易文为学，含义较确，盖四部之书皆可谓之学也。

一、卷十七"前事"所载，乃不属于各门，而又非恒见之事，即部颁《修志事例》之大事记也。恩遇则属免赋放赈，巡幸专指皇帝莅临，军事乃志行军过境，天灾则记水旱饥寒，人患则属兵燹匪扰。以外如强民充兵，以及一切车驼力役等，则并归征发，以见民难。至怪异一项，则科学不能解，而又实有其事者，录之以待研究焉。

一、簿书案牍，虽非雅裁，府史所职，《周官》不废。然曹司吏典之程，委职陋规之琐，详于政门，则嫌芜秽；摈于编外，又惧缺遗。用于志后，仿实斋《湖北通志》例，别设掌故一门，所以昭典例，备参证也。

一、中山先生《民族主义》第一讲，谓民族构成的要素有五："当中最大的力是血统，次大的力是生活，第三大的力是语言，第四个力是宗教，第五个力是风俗、习惯。"本目之四、十一、十二及十三诸卷，即本此意，以著人民构成之要素焉。

一、旧志除沿革、职官、封爵、人物、选举以外，余不列表。且仿正史，表别为卷。然方志所述，不外地理、史事、人物等项，均可酌量作表。本目每卷皆列详表若干，随附本文之后，非敢立异，取便检查也。

一、本目卷十五"学艺"，但录书目，不著诗文。实斋《方志立三书议》主于志书之外，别作掌故，仿律令典例之体。本目已从其说，别立斯门。文征仿《文选》《文苑》之体，所以收一方之诗文也。本目亦从其说，别立文征于掌故之后，以辅学艺之遗。然有经要之篇，亦可仿之班《书》，分入人物传中，不必尽入文征也。

一、旧志多立"民族"一门，盖仿《周官》遗意。古者奠系世，乃掌于小史。杜子春曰："奠系世为帝系、诸侯卿大夫世本之属。"然则比伍小民，其世系之牒，不隶小史可知也。孟子曰："所谓故国者，非谓有乔木之谓也，有世臣之谓也。"官吏贵，故统详系世之牒；小民贱，故仅登户口之书。后世小史失掌，私牒乃兴。州县之志，遂本世谱而志氏族，所以重世臣，矜阀阅也。岂知豪门贵胄，妄自立名，若江左王、谢诸家，但有官勋，即标列传，史臣秉笔，莫能裁抑，甚至李必陇西、刘必沛国，但求资望，不问世功，谱牒之弊，由来远矣。而方志因之，往往累牍连篇，多表氏族。岂知史述人事何必偏于门阀？人若入史，亦当有其卓行。若庸人俗子，但出清门，即当记录，是失史志之职矣。本目分传人物，特载殊异，地方贤达，自应入选。不列氏族，即原斯意也。

一、《说文》云："史，记事者也。"意在敷陈，不尚论断。故史迁序引断语，俱称"太史公曰"云云，所以别于史文也。班固作赞，范晔撰论，各史仿之，散而又韵，虽曰无妨实事，究属史末赘文。此明祖纂修《元史》，谕书但据实，勿加论赞也。若乃是尧舜而非纣桀，崇王道而斥霸功，或则褒善而贬恶，好正而嫉邪，儒者侈谓道以文见，史家可曰事以辞违。况史公述封禅之惑于鬼神，平准之算及商贩，后世但观其书，孝武秕政立见，是非自在人心，遑劳史家论断。故今日修志，但取文以载事，不尚私评。若夫推原因果，探讨学术，则非此不明，又当别论者矣。

一、以今人而述古史，贵在考据援引。方志，史裁也。关于现实,当资调查。若征往事,有赖书档。班固《汉书》,孝武以前多原迁《史》。虽曰陈陈相因,识者不讥剽窃。然征引前书,必标所出,故史记赞秦,全用贾生三论,则以"善哉贾生推言"引起。《汉书》迁传全用《史记·自序》,则以"迁之自序云尔"作收,或遇文有蔓长,须加删略者,则以"其略曰"领起。往例俱在,本可沿袭。特以征引过多,殊觉费字,故志书若引原文,则加引号,节录则加省略号,并用小字,夹注原书。若并见各书,则注其最初者。例如《史》《汉》同载,注马而不注班。最初之书既佚,则标其所引者。例如《七略》既亡而见于《汉书·艺文志》者,皆是也。此固慎言之法,征引之例也。

第八章 修志之先决问题

第一节　疆域沿革志必先考定之理由

本书第七章以前，但论志为何学，志负何责，往日方志均有如何缺点，今日方志又当如何改修。其性质本为通论，不必限于何省何县。本章以后，当论方志资料如何搜集，如何辨别，如何整理，以及其他编纂等法。其性质乃为专论，倘再不别省县，则所举资料漫无限制，方志特点未能表明。若并国内各省应备资料而并举之，则又无异欲著中国通史，且以下再论搜集、辨别以及整理诸章，亦须依资料为准。如此，则本书下半非"方志学"，而为国史研究法矣，是乌乎可？故自本章起，即举一省为例，以下再论方法，庶几裨益实际，读者举一反三，自可参用有余。然任举何省，必须先考其省之疆域、沿革。例如今试作《绥远省志》，调查今日资料，专员分赴各县，依类采访，固无境界之误。然其在汉为何郡，在元为何路，在明为何边，在清为何道，此须先行考定，然后查阅古书，方知某人当属绥远，某事当在绥远，否则一切问题均无着落，是固显而易见者。故修方志者，必先考定此方疆域、沿革，此所谓修志之先决问题也。以下即举《绥远省志》为例。至本书必以绥远为例者，其理由有三：一则绥远向无省志，可无旧志之拘束；一则绥远民族、宗教向称复杂，资料门类较多，搜集较难，若依绥省志书编修方法，施于其他省县，自可足用；一则著者民十四五年顷，曾一长绥远教厅，而民二十至今又总纂《绥远省志》，实地经验较多。有此三由，故举《绥远省志》为例也。

第二节　例上　绥远全省疆域沿革志

往者地理沿革，起自唐虞，皆依《禹贡》为据。然《禹贡》乃托古之作，不足为证（见拙著《今文尚书正伪·禹贡正伪》）。今欲考古代绥远地理，当起殷时。殷时除陕西北部及宁夏一部外，今绥远伊克昭盟之地，皆为鬼方、吕方、土方所据。考其牧境，当达河岸。

王国维《观堂集林·鬼方昆夷猃狁考》云：言鬼方地理者，古无定说。毛《传》云："鬼方，远方也。"不实指其地。后世诸家，有以为在北者，干宝《易》注云："鬼方，北方国也"（见李鼎祚《周易集解》引）；有以为在西者，宋衷《世本》注云："鬼方，于汉则先零羌是也"

(《文选》扬雄《赵充国颂》注引）；有以为在南者，如《黄氏日钞》以为鬼方即荆楚，近人邹汉勋考红崖刻字，谓为殷高宗伐鬼方所作，以为在贵州是也；有以为中国者，李黼平《毛诗䌷义》谓"鬼"与"九"字通，《殷本纪》命"西伯昌、九侯、鄂侯为三公"，徐广曰："九侯亦作鬼侯，邺县有鬼侯城是也"。唯《竹书纪年》称王季伐西落鬼戎（见《后汉书·西羌传》及章怀太子注），可知其地尚在岐周之西。今征之古器物，则小盂鼎虽纪盂伐鬼方事，亦不及地理上之一字。然大、小两盂鼎，皆出今陕西郿县礼村沟岸间，其地西北接岐山县境，当为盂之封地。大盂鼎纪王遣盂就国之事，在成王二十三祀，小盂鼎纪盂伐鬼方献俘受锡之事，在成王二十五祀，则伐鬼方事，在盂就国之后，鬼方之地，自当与盂之封地相近。而岐山郿县以东即为丰镐，其南又限以终南、太一，唯其西汧、渭之间乃西戎出入之道。汉之郁夷县，正在其间。又西逾陇坻，则为戎地，张衡所谓"陇坻之险，隔阂华戎"者也。由此观之，鬼方地必在汧、陇之间，或更在其西，盖无疑义。虽游牧之族，非有定居，然殷周间之鬼方，必在此地无疑。然其全境，犹当环周之西北二垂而控其东北。梁伯戈虽仅有"魑方蠻"及"梁伯作"数字可辨，然自为梁伯伐鬼方时所铸。而梁伯之国，杜预谓在冯翊夏阳县。《史记·秦本纪》：惠文王十年，更名少梁为夏阳。《汉志》亦云："夏阳，故少梁。"其地在今陕西韩城县，又在宗周之东，其北亦为鬼方境，故有争战之事。据此二器，则鬼方之地，实由宗周之西而包其东北，与以后昆夷、猃狁地正同。此鬼方疆域之略可考见者也。《易》称"高宗伐鬼方，三年克之"，《纪年》称"王季伐西落鬼戎，俘其二十翟王"，观此二事，鬼方非小部落可知。而小盂鼎所纪献俘之数，尤为详悉，虽字多残缺，犹得窥其大概。其文曰："王□盂以□□伐鬾方□□□□□□二人□貮□□□貮孚人万手八十一人孚□□□匹□车□两孚牛□百□□□牛羊廿八羊"，又"执兽一人□□百卅七貮□□□□孚□□四匹孚车两"云云。铭中"鬼方"下第三字仅存下半"口"字，以下文"执兽一人"在"貮"前例之，当为"兽"字之泐。兽者，疑"首"字之假借字。下文第九、第十两行间，尚有"折兽"二字，殆即《易》所云"有嘉折首"，他器所云"折首执讯"矣。貮即"馘"字。虢季子白盘"桓桓子白，献馘于王"，其字从戈、从爪，诸家释俘，或释馘。今此字从或、从爪，其为"馘"字无疑。……然俘人之数至万三千余，则兽馘之数亦可知矣。此在宗周之初，自为大捷，而《书》阙不纪。当成王全盛之时，鬼方尚如此，则其强大可知。此鬼方事实之略可考者也。

依王氏说，则鬼方部落至大，其南境实达宗周之西而包其东，其北当不仅汧、陇之间。盖凡今陕北及宁夏东南，皆其游牧之境。其在周初，为患甚大，已如王氏所考。然在殷时,《易》既有高宗伐鬼方事,而卜辞亦曾记载(安阳新出骨片),卒见为患亦不鲜。然鬼方之外,为大敌者尚有土方、吕方,卜辞屡见。关于二国之纪载,其最详者,则《殷虚书契菁华》有三事焉:一、癸巳卜,𣪊贞:旬亡囚?王固曰:"𡆥𢛳(有祟),其𡆥(有)来娭,三至。"五日丁酉,允𡆥来娭自西沚䢒告曰:"土方征于我东啚,□二邑,吕方亦牧我西啚田。"(二叶)二、四日庚申,亦有来娭自北,子𤴓告曰:"昔甲辰。"方征于𢕎,俘人十𡆥(又)五人。五日戊申,亦征,俘人十𡆥(又)六人。六月在□。(五叶)三、王固曰:"𡆥𢛳,其𡆥来娭,三至。"九日辛卯,允𡆥来娭自北𢕎敏婴告曰:"土方牧我田十人。"(六叶)由上三事可知土方、吕方皆在殷之北,土方偏东,吕方偏西,来娭即巡逻边卒,沚𢕎及子𤴓皆殷臣也。且鬼、吕、土,古者相近,而鬼方、土方、吕方,又皆在殷之西北。盖皆同种之游牧民族,而为患于殷亦同。其牧境确地虽不可考,要当达于伊盟河岸,可想见也。

其在西周,则鬼方变名为昆夷,又变为獯鬻、猃狁,其实皆一种也。

鬼方之名,《易》《诗》作"鬼",然古金文作"𩵋",或作"魃"。盂鼎曰:"王□盂以□伐𩵋方。"(吴氏摹本"𩵋"字半泐,作"𩵋",然第八行有"𩵋"字。"鬼"字之首又稍磨泐。合观二字用笔位置,知确是"𩵋"字也。)其字从鬼、从戈。又梁伯戈云："魃方䜌（即蛮字）。"其字从鬼、从攴。二字不同，然皆为古文"畏"字。案：大盂鼎"畏天畏"，二"畏"字上作畀，下作畀。毛公鼎"愍天疾畏，敬念王畏"，二"畏"字皆作愢，皆从鬼、从卜者。尚盘"畏"字作叟则从甶（《说文》："甶，鬼头也。"）从攴。卜与攴同音，又攴字之所从，当为攴之省字。而或从卜，在"鬼"字之右；或从攴，在"鬼"字之左；或从攴，在鬼头之下，此古文变化之通例，不碍其为一字也。从戈之威，亦即"魃"字。凡从攴、从戈，皆有"击"意，故古文往往相通。如"薄伐猃狁"之"薄"，今《毛诗》作"薄"。薄者，迫也。而虢季子白盘之"博伐"从干，不嬰敦之"𦥑戟"从戈，师袁敦之"𦥑乃众"则又从卜。《书》之"外薄四海"，其义亦为迫，而《释文》引一本作"敷"。《诗·常武》之"铺敦淮濆"，《释文》引《韩诗》，"铺"作"敷"，《后汉书·冯绲传》亦引作"敷敦"，即"戟𦥑"，则字亦从攴。可知，从卜、从攴、从戈，皆可相通，则"威"字亦"畏"字也。其中畀、威二字，见于周初之器，为字尤古。其后，从卜之字，变而作"魃"；从戈之字，变而作"威"。古"威"字从戈、从女，邿公华、邿公轻二钟皆然。虢叔钟作𢦓，𢦓亦戈形之变，而鬼、女二字，皆象人跪形，形极相似，故变而从女。上虞罗氏所藏古钵，有"墊亡𢦏钵"，亡𢦏，即亡畏。此威、威、畏三字相关之证也。魃字又变作𢦦，王孙遗诸钟之"畏婴（即畏忌）趡趡"，沇儿钟之"盩于畏义"（即"淑于威仪"），皆如此作，既从卜，又从攴，则稍赘矣。由此观之，则𢦦、魃二字确为"畏"字，鬼方之名当作"畏方"。《毛诗传》："鬼方，远方也。"畏、远双声，故以声为训也。汉人始以魃为"鬼"字。张平子《东京赋》"况魃蜮与毕方"，薛综不识"魃"字，以《说文》之"魃"字释之，不知"魃蜮"用《小雅》"为鬼为蜮"语，尤为明白，决非指小儿鬼之"魃"。是周时"畏"字，汉人已用为"鬼"字，故《庄子·天地篇》之"门无畏"（《释文》："门无鬼"，司马本作"无畏"），郭象本作"门无鬼"。又《杂篇》之"徐无鬼"，亦当为"徐无畏"之误也。……

混夷之名，亦见于周初之书。《大雅·緜》之诗曰："混夷駾矣。"《说文解字》"马"部引作"昆夷"，"口"部引作"犬夷"，而《孟子》及《毛诗·采薇序》作"昆"，《史记·匈奴传》作"绲"，《尚书大传》则作"畎夷"。颜师古《汉书·匈奴传》注云："畎，音工犬反"，昆、混、绲并工本反，四字声皆相近。（《礼记》"衮"亦作"卷"，工是本工犬二音相通之证。）余谓皆畏与鬼之阳声。又变而为"荤粥"（《史记·五帝本纪》及《三王世家》），为"薰育"（《史记·周本纪》），为"薰鬻"（《孟子》），又变而为"猃狁"，亦皆畏、鬼二字之遗。畏之为鬼，混（胡本反，或胡泽反）之为昆、为绲、为畎、为犬，古喉牙同音也；畏之为混，鬼之为昆、为绳、为昖、为犬，古阴阳对转也。混、昆与荤、薰，非独同部，亦同母之字（古音喉牙不分）。猃狁自系一语之变，亦即一族之称，自音韵学上证之有余矣。然征之旧说，则颇不同。鬼方、混夷，古人无混而一之者。至混夷与獯鬻、猃狁，则又画然分而为二。《孟子》言"太王事獯鬻，文王事昆夷"，《诗序》言"文王之时，西有昆夷之患，北有猃狁之难"，《逸周书序》亦谓"文王立，西距昆夷，北备猃狁"。然《孟子》以獯鬻、昆夷并举，乃由行文避复之故。据《緜》诗本文，则太王所事正是混夷。此诗自一章至七章皆言太王迁都筑室之事，八章云："柞棫拔矣，行道兑矣，混夷骇矣，维其喙矣。"亦当言太王定都之后，伐木开道，混夷畏其强而惊走也。太王所喙者既为混夷，则前此所事者亦当为混夷。《孟子》易以獯鬻者，以下文云"文王事昆夷"，故以异名同实之獯鬻代之，临文之道不得不尔也。此古书之不可泥者一也。《诗序》所言，亦由误解经语。案《出车》诗云："赫赫南仲，猃狁于襄。"又云："赫赫南仲，薄伐西戎。"既云"猃狁"，复云"西戎"，郑君注《尚书大传》据之，遂云：南仲一行，并平二寇。序《诗》者之意，殆亦以"昆夷"当经之"西戎"，与郑君同。不知"西戎"即"猃狁"，互言之以谐韵，与《孟子》之昆夷、獯鬻错举，正与《出车》诗同。此古书之不可泥者二也。然则旧说以昆夷与獯鬻、猃狁为二，盖无所据。昆夷之地，自太王之迁自北而南观之，则必从豳北入寇。又《史记》谓"自陇以西有绵诸、绲戎、翟、獂之戎"，杨恽亦谓"安定山谷之间，昆夷旧壤"，则其地又环岐周之西，与上所考鬼方疆域若合符节。而自殷之武丁，迄于周之成王，鬼方国大民众，常为西北患，不容太王、文王之时绝不为寇，而别有他族介居其间。后世猃狁所据之地，亦与昆夷略同。故自史事及地理观之，"混夷"之为"畏夷"之异名，又为猃狁之祖先，盖无可疑，不独有音韵上之证据也。獯鬻、猃狁，皆宗周以前之称，而当时书、器均不见"獯鬻"二字，其见于传记者，以《孟子》为最古。《史记·五帝本纪》称"黄帝北逐荤粥"，《匈奴传》亦云："唐虞以上，有山戎、猃狁、荤粥居于北蛮。"晋灼曰："尧时曰荤粥。"皆后世追纪之辞，不足为据，犹伊尹《四方令》《周书·王会解》并有"匈奴"，非事实也。然以理势度之，尚当为猃狁以前之称。荤、薰之音同于混、昆，而猃字，其声虽同，其韵已变，合"猃狁"二字乃得"薰"音，其名或当在"薰鬻"之后也。《诗》"猃狁"之"猃"，《释文》云："本或作玁，音险。"《史记》以降，亦多作猃狁。古金文如兮甲盘、虢季子白盘作厰狁，不嬰敦作厰允，又作歔允，歔即厰之异文。《说文》"厂"部："厰，崟也。一曰地名。从厂，敢声。"案：厰、崟二字连文，厰崟即《穀梁传》之"嚴唫"（僖三十八年）《公羊传》作

"嵚巖",则颠倒其文。孙愐《唐韵》:"厰,鱼音反。"则以为厰即唸字。然则厰字之用为"厰峜"之"厰"者,一变而作巖,再变而作险(古巖、险同字。《尚书序》及《墨子·尚贤篇》之"傅巖",《史记》作"傅险"。《左氏传》"制,巖邑也","子罕不立乎巖墙之下","巖"即"险"字。《广韵》:"巖,险也。") 其用为"厰允"之"厰"者,一变而作狁,再变而作险。自其最后之字,厰自当读险,不当读鱼音反,陆音是也。此字之音与畏、混、荤、獯异部,其变化唯可于双声求之。殆先有獯音,而后有"猃狁"之二合音也。然则旧说之先"獯鬻"而后"猃狁",或非无据矣。以猃狁侵周之情形考之,则其牧地仍与鬼方同。自陕西直达伊盟及宁夏东南,或更稍远。

　　猃狁地理,旧无确考。唯其出入之地,则见于《诗》及周器者较多。其见于《诗·小雅》者,曰焦获,《传》曰:焦获,周地接于猃狁者。《正义》曰:《释地云》"周有焦获"。郭璞曰:"今扶风池阳县瓠中是也。其泽薮在瓠中,而薮外犹焦获,所以接于猃狁也。"孙炎曰:"周,岐周也。以焦获继岐周言之,则于镐京为西北也。"王氏曰,《汉书·沟洫志》曰:"韩水工郑国说秦,令凿泾水,中山西邸瓠口为渠。"班彪《北征赋》曰:"夕宿瓠谷之元宫。"注曰:"瓠谷,在长安西。"《寰宇记》曰:"焦获薮,在京兆府泾阳县北外十数里,亦名瓠口。"右曾案《淮南坠形训》"九薮,秦之阳纡",高诱曰:"在冯翊池阳，一名具圃。"纡，亦作陓，读如胡。获、瓠音同，陓则声之转也。《史记》犬戎弑幽王遂取周之焦获，盖薮饶水草，故屡为戎夷所据。《明一统志》曰："焦获泽，在西安府泾阳县西北。(《方舆纪要》云："在中山西，中山在县西北七十里。")池阳废县，在三原县西北二十里，汉时遗址略存。(《长安志》："池阳旧城，南去泾阳县二十八里。")戴震《毛郑诗考正》云："既整其众，处于焦获，乃'侵镐及方，至于泾阳'，则焦获在外，镐、方、泾阳在内。下章言'薄伐猃狁，至于太原'，卒章言'来归自镐'，则焦获、镐、方在太原、泾阳之间。王师逐之至太原后，仍军于镐，平定然后归也。泾阳，今平凉府平凉县西南。太原，即安定郡高平，今平凉府固原州。"曰："泾阳"，《笺》曰："来侵至泾水之北，言大恣也。"《通典》曰："今泾原州地，泾水之阳。"《郡县志》曰："原州平凉县，本汉泾阳县地，今县西四十里泾阳故城是也。泾水源出百泉县西南泾谷。"右曾案：六国时，秦有泾阳君，盖封此地。平凉县，今为平凉府治。泾州在府东百五十里，自平凉府治东南，至西安府六百五十里。曰："镐"，《笺》曰："北方地名。"《正义》曰：镐、方，虽在焦获之下，不必先焦获，乃侵镐、方。王基曰：据下章云"来归自镐，我行永久"，言吉甫自镐来归，犹《春秋》"公至自晋""公至自楚"也。故刘向曰："千里之镐，犹以为远。"镐去京师千里，长安、洛阳代为帝都，而沛阴有长安乡，汉中有洛县，皆与京师同名者也。右曾案："侵镐及方"，溯其始也。"至于泾阳"，言其终也。诗人言昔文王缮朔方为塞，狁犹于襄，今乃整齐处周之焦、获，以建牙帐。盖其始侵镐及方，窥伺塞下，非一日矣。侵寻不禁，乃至侵及泾阳，深入内地，所以不得已而非时出师也。《史记》：赵武灵王筑长城，自代并阴山，至高阙为塞。《汉书》：元朔二年，卫青渡西河至高阙，破匈奴。五年，大将军青伐匈奴，出朔方高阙。《水经注》：河水自窳浑县东屈而东流，径高阙南。阙口有城，跨山结局，（谓）之高阙戍。刘昭曰：高阙北距大碛口三百里。《史记正义》称"《地理志》云：朔方临戎县北，有连山，险于长城，其山中断，两峰俱峻，名为高阙"。镐，通作鄗。高阙，其即镐与（光武改鄗为高邑。《秦本纪》"滈池君"，滈，读若高）？《方舆纪要》曰：临戎城，在废夏州西北。夏州，周一千三四百里也。刘向欲言其近，故约举千里耳。曰方，曰朔方。《传》曰："方，朔方，近狁犹之国也。"朔方，北方也。《笺》曰："筑城于朔方，为垒以御北狄之难。"《六月》，《笺》曰："镐也，方也，皆北方地名。"《郡县志》曰："夏州朔方县，什贲故城在县治北，即汉朔方县之故城也，《诗》所谓'城彼朔方'是也。汉武帝元朔二年，收河南地，置朔方、五原郡，使苏建筑朔方城。什贲之号，盖蕃语也。"右曾案：朔方，汉县，属朔方郡。唐为夏州治，元废。今榆林府西北二百里废夏州城是也。

(《乾隆府厅州县志》曰："汉朔方城，在鄂尔多斯右翼后旗界内。")案《尧典》朔方与嵎夷南西为四表，盖唐虞之盛过于汉之舆地，迨三代之衰，戎狄入居中夏，文王攘之，宣王又攘之，纪于诗歌，伊洛之间，交乎戎迹，其外无论矣。《史记》赵武灵王攘北地至燕、代，西至云中九原。其后赵益衰，匈奴强，遂入居河南。秦始皇三十三年，使蒙恬斥逐匈奴，收河南地，为四十四县，筑长城，因地形用制险塞。楚汉之际，匈奴复炽，南渡河，大为边患。元朔二年，遣卫青等渡西河，历高阙，复收河南地，立朔方郡。高阙，即镐也（说详后）。其地三面据大河之险，为北顾之屏藩，饶水草，宜畜牧，又有盐池之利。主父偃言于武帝曰："河南地肥饶，外阻河，蒙恬城之以逐匈奴，内省转输戍漕，广中国边备之本。"后汉顺帝时，羌乱，西河、上郡、朔方皆残破。虞诩上疏曰："三郡沃野千里，水草丰美，土宜产牧，宜复营城邑，事耕屯。"唐郭子仪亦云："朔方，国之北门，西御羌戎，北虞猃狁。"由是观之，中国之变计，猃狁之窥伺，恒在朔方。夷夏之强弱，关中之安危，恒视朔方之得失。南仲城朔方而猃狁于襄，蒙恬、卫青取河南而匈奴衰弱，唐筑三受降城而西鄙安息，明失河套而陕西之患亟，其明征也。曰"太原"，《正义》曰："王肃云：'宣王亲伐猃狁，出镐京而还，使吉甫迫伐追逐，乃至于太原。'"则毛意上四章说王亲行，下二章说遣吉甫行也。王氏曰：《后汉·西羌传》云："穆王迁戎于太原。夷王命虢公率六师伐太原之戎，至于俞泉。宣王遣兵伐太原戎，不克。"《周语》："宣王料民于太原。"右曾案：《地理志》曰：五原郡，本秦九原郡。武帝元朔二年更名。《太康地理志》曰：自北地郡北行九百里，得五原塞。《通典》曰：汉五原县城，榆林县西（榆林，唐胜州治）。《日知录》曰：《诗》太原，今之平凉。《禹贡锥指》曰：汉安定郡治高平县，后废。元魏改置曰平高。唐为原州治，广德元年，没吐蕃，节度使马璘表置行原州于灵县之百里城。贞元十九年，徙治平凉县，西去故州一百六十里，今固原州也。废县在州西南四十。平凉，乃古泾阳，在固原之东，狁允侵及泾阳而薄伐之，自凉逐之出塞，不穷迫也。考固原于汉，但名高平，无原之号。至元魏始置原州，且经以镐、方并言，明镐与方相近。上言"至于太原"，下言"来归自镐"，明太原又与镐相近。狁允自焦、获而至泾阳，兵锋猋忽，蹂躏五六百里。自吉甫逐之自汉阳，至高平才百数十里，安得有武功之盛，即以为镐在高平，与子政所云"千里之镐"亦不合也。

是此六者，昔儒考证虽多，要皆不合，惟王国维说最当。其《鬼方昆夷狁狁考》云：

狁狁出入之地，（中略）见于不嬰敦者，曰西俞，曰䝞，曰高陵；见于兮甲盘者，曰𨞪鸗；见于虢季子白盘者，曰洛之阳。此十一地中，方与朔方、䝞与洛当为一地，故得九地。九地之中，唯泾阳与洛阳（此雍州浸之洛，非豫州之伊雒），以水得名，今尚可实指其地。而泾水自西北而东南，洛水自北而南，泾流各千里，但曰泾阳、曰洛之阳，语意亦颇广漠也。欲定其地，非综此九地考之不可。案：猃狁之寇周也，及泾水之北；而周之伐猃狁也，在洛水之阳，则猃狁出入，当在泾、洛之间。而泾、洛二水，其上游悬隔千里，至其下流入渭之处，乃始相近，则泾阳、洛阳，皆当在二水下游。泾阳既在泾水下游，则焦、获亦当在泾水下游之北。（陈氏启源《毛诗·稽古编》："《诗》数猃狁之恶，故先言焦、获。见其纵兵深入，迫处内地，继又追本其始，自远而来。故言镐与方，纪其外侵所经也；言泾阳，纪其内侵所极也。"《正义》亦云："镐、方虽在焦、获之下，不必先焦、获，乃侵镐、方。"其说均是也。）郭璞《尔雅注》以为在池阳瓠中者是也。不嬰敦之高陵，亦当即《汉志》冯翊之高陵县，其地西接池阳，亦在泾水之委。然先儒多以汉时泾阳县属安定郡，在泾水发源之处，疑《诗》之泾阳亦当在彼，不知秦时亦有泾阳，在泾水下游。案《史记·秦始皇本纪》云："肃灵公居泾阳。"考秦自德公以降都雍，灵公始居泾阳，灵公子献公之世又徙栎阳，则泾阳一地当在雍与栎阳之间。而栎阳（汉之万年县）西界高陵，距泾水入渭之处不远，则灵公所居之泾阳自当在泾水下游，决非汉安定郡之泾阳也。又《穰侯列传》云"秦昭王同母弟曰高陵君、泾阳君"，盖一封高陵、一封泾阳。

二君受封之年，史所不纪，然当在昭王即位、宣太后执政之初。时义渠未灭，汉安定郡之泾阳县介在边裔，太后决不封其爱子于此，且与高陵君同封，亦当同壤。后昭襄王十六年，封公子市（即泾阳君。《史记·秦本纪》索隐云："泾阳君名市。"《穰侯列传》索隐乃云"名显"，误也。）宛、公子悝（即高陵君）邓，为诸侯。宛、邓二地相接，则前所食泾阳、高陵二地，亦当相接。然则秦之泾阳，当为今日之泾阳县（汉之池阳县），而非汉之泾阳。以秦之泾阳之非汉之泾阳，益知周之泾阳之非汉泾阳矣。此三地者，皆在泾北。自此而东北，则至洛水。虢季子白盘云："搏伐厰允，于洛之阳。"兮甲盘（世称兮田盘）云："王初各伐厰允于䛬䱷。"䛬䱷，亦在洛水东北。䛬字虽不可识，然必为从网，䛬声之字。䱷，则古文鱼字。《周礼·天官》："敺人"，《释文》："敺，本或作敆。"䱷、敆同字，知䱷、鱼亦一字矣。古鱼、吾同音，故往往假䱷、敺为吾。齐子仲姜镈云"保䱷兄弟，保䱷子姓"，即"保吾兄弟，保吾子姓"也。沇儿钟云"敺以宴以喜"，即"吾以宴以喜"也。敦煌本隶古定《商书》"鱼家旄孙于荒"，日本古写本《周书》"鱼有民有命"，皆假鱼为吾。《史记·河渠书》："功无已时兮吾山平。""吾山"亦即"鱼山"也。古鱼、吾同音，衙从吾声，亦读如吾。"䛬䱷"与春秋之"彭衙"为对音，䛬、彭声相近，䱷、衙则同母兼同部字也。《史记·秦本纪》："武公元年，伐彭戏氏。"

《正义》曰："戎号也。盖同州彭衙故城是也。""戏"盖"虏"之讹字矣。彭衙一地，于汉为左冯翊衙县，正在洛水东北，方、镐、太原亦当于此间求之。然则宣王之用兵于猃狁也，其初在泾水之北，《六月》第三章是也；其继也，在洛水之阳，《六月》四章及兮甲盘、虢季子白盘是也。而洛水东北以往，即是西河，太原一地，当在河东。《禹贡》："壶口治梁及岐；既修太原，至于岳阳。"郑注、孔传均以太原为即汉之太原郡。然禹治冀州，水实自西而东，疑壶口、梁、岐而往，至霍太山，其地皆谓之太原。《左·昭元年传》："宣汾、洮，障大泽，以处太原。"则太原之地，奄有汾、洮二水，其地当即汉之河东郡，非汉之太原郡矣。疑太原之名，古代盖兼汉太原、西河、河东三郡地，而秦人置郡，晋阳诸县遂专其名。以古书所纪太原地望证之，亦无不合。《后汉书·西羌传》："穆王西伐犬戎，取其五王，王遂迁戎于太原。"此事当出真本《竹书纪年》。（案：范书《西羌传序》大都取材于《国语》《史记》《纪年》三书，此节白鹿、白狼事，本《国语》《史记》，则取材五王及迁戎太原事，当出《纪年》。章怀太子注虽不引《纪年》为证，然郭璞《穆天子传》注引《纪年》"取其五王以东"，则迁戎太原事必本《纪年》无疑。）穆王所迁者，盖即五王之众。郭璞引《纪年》云"取其五王以东"，则所迁之地，亦当在东。《穆天子传》："天子至于雷首，犬戎胡觞天子于雷水之阿。"此犬戎既迁后事。案：雷首山在河东蒲坂县

（今蒲州），《纪年》与《穆传》所纪若果不谬，则太原在河东可知。后人或东傅之于晋阳，西傅之于平凉，皆与史事及地理不合者也。凡此八地，均在宗周东北，唯西俞一地，则在宗周之西。不嬰敦云："白氏曰：'不嬰驭方，厰允广伐西俞，王命余羞追于西，余来归献禽。今余命女御追于䂊，女以我车宕伐厰允于高陵。'"盖此时狁狁东、西两道入寇，故既追于西，归而复东追于洛。时西寇虽去，而东方之寇已深入，故未及至洛而与之战于泾北之高陵也。是西俞之地，实在周西，与《尔雅》之北陵、西隃，《赵策》《赵世家》之圣分、先俞，皆不相涉。周西之地以俞、隃、榆名者颇多，皆一字一音之偶合，讫不能指为何地。然由"羞追于西"一语，可知狁狁自宗周之东北而包其西，与鬼方、昆夷之地，全相符合也。

若依《穆天子传》，在西周时，绥远境内有䣙人之邦及河宗之邦，穆至西王母之邦，曾经其境，受其朝贡。然依事度理，西周时代，宗朝权力尚未能达于今之绥远、宁、甘诸省。穆王西游，当非实情，盖属周末地理学者之侈谈，未足深信。

按《穆天子传》中，其记载有关于今之绥远境者如下，皆其西向，自犬戎之邦以至河宗之邦之记事也。文云：

甲午，天子西征，乃绝隃之关隥。

乙亥，至于焉居、禺知之平。

辛丑，天子西征，至于䣙人。河宗之子孙䣙柏絮且逆天子于智之□，先（按先即献字意）豹皮十，良马二六，

第八章　修志之先决问题

天子使井利受之。

癸酉（酉当作卯），天子舍于漆泽，乃西钓于河，以观□智之□。

甲辰，天子猎于渗泽。于是得白狐玄狢焉，以祭于河宗。

丙午，天子饮于河之阿。天子属六师之人于鄹邦之南，渗泽之上。

戊寅（寅当作申），天子西征，骛行至于阳纡之山。河伯无夷之所都居，是惟河宗氏。河宗柏夭逆天子燕然之山。

劳用束帛加璧，先白□，天子使郘父受之。

癸丑，天子大朝于燕□（按当为然字）之山，河水之阿。乃命井利、梁固聿将六师。

右第一条，乃述其西征路线起点（自犬戎境），与绥无关，不必详考。第二条之"焉居、禺知之平"之地名，据《汉书·地理志》云中郡桢陵县注曰："缘胡山在西北。西部都尉治。莽曰桢陆。"盖缘胡与焉居当为同一。董祐诚曰："缘胡山为今托克托城西北临于河之诸山，桢陵城当在托克托城之西南。"《太平寰宇记》谓在榆林西北者，非也。《水经注》卷三"河水又东过云中桢陵县南"，《注》曰："缘胡山"。郦道元于太和中，从北魏太祖北巡，亲所经涉，附加之曰："桢陵县在山南，王莽之桢陵也。北去云中一百二十里。县南六十里许，有东西大山。山西枕河，河水南流。"所谓"焉居、禺知之平"者，盖焉居地方、禺知氏所处之意味。《地理志》西河郡有鲵是县地名，当由禺知之声音转讹者。跨于黄河南屈部之两岸，想为禺知部落之所散处也。以上释"焉居禺知之平"者也。第三条之"辛丑，天子西征，至于䣝人"，此句下脱"之邦"二字。郭注："䣝，国名，音回肯切。"在其处求近似之古名。《水经注》有"芒干水"，在《地理志》作"荒干水"。《地理志》定襄郡武皋县注曰："荒干水出塞外，西至沙陵入河。西部都尉治。"又武进县注曰："白渠水出塞外，西至沙陵入河。西部都尉治。"与白渠水相邻。关于此两河之记载，前所引郦道元目击者，是其中之一部。今按《水经注》卷三："又东过云中桢陵县南，又东过沙南县北，从县东屈南过沙陵县西。"郦道元《注》记此两水之原委经过曰："大河东径咸阳县故城南，王莽之贲武也。河水屈而流，白渠水注之。水出塞外，西径定襄武进县故城北……又西径魏云中宫南……又西南径云中故城南故赵地……又西北径沙陵县故城南……其水西注沙陵县。又有芒干水，出塞外，南径钟山。山即阴山故郎中侯应言于汉曰阴山，东西千余里，单于之苑囿也……自孝武出师，攘之于漠北。匈奴失阴山，过之，未尝不哭谓此山也……又西南径白道南谷口……又西南径云中城北……又西塞水出怀朔镇东北芒中南流……西南入芒干水。芒干水又西南注沙陵湖，湖水西南入于河。河水南流入桢陵县西北，缘胡山，历沙南县东北两山、二县之间而出……"杨氏《前汉地理图》以白渠水与今之西拉乌苏河相当，西流于定襄郡之北界。芒干水（《汉书》之荒干水）接于其北之云中郡界而西流。后者之水源在今代哈泊之北，西流于归化城南之黑水河（按即商务印书馆《中华新区域地图》之大黑河）。赵一清《刊误》据《地理志》谓芒为荒之误。今按《地理志》唯举一回，而《水经注》反复有八回，其误语当起于前者。且郦氏为实践之记载，与《地理志》编纂而成，其根本上之价值已相悬隔。我以《水经注》芒干水之名为正，而不待踌躇。今所引注文有"塞水出怀朔镇东北芒中而南流"之语，是芒干水之河流其所以得名者，因经过芒中地方而起者甚明。故我以为郦人之邦，在今归化城附近，即在汉云中之地方，亘于阴山云丽之一带。以上释"郦人之邦"者也。第四条之"癸卯，舍于漆泽"，第五条之"甲辰，天子猎于渗泽"，与后穆王归途之"澡泽"盖同一地名，形近而误写为三，均为沼泽地之意。渗为本字，其他二字转讹。《大清一统志》卷一二四："在归化厅之沙陵湖，今名山黛湖。"想由渗泽之古音而转讹者也。近于此沼泽位置之河水，与穆王钓于西河，又祭河宗六师之人会于其上之记事，即在于中。与郦氏之沙陵湖一致，其附近当黄河东岸之孔道。即汉之云中，唐之东受降城，今之托克托城左右。以上释"漆泽""渗泽""澡泽"者也。第七条之"阳纡之山"，盖即阴山。虽然在周代，原呼此处为阳纡。其后至秦汉间，渐没于匈奴，至汉武帝时夺回。元朔二年，更名曰朔方、五原、云中三郡，而阳纡之名已不见于《汉书·地理志》中。据《史记·蒙恬列传》："秦已并天下，乃使蒙恬将三十万众，北逐戎狄，收河南，筑长城……于是渡河据阳山。"（《集解》徐广曰："五原西安阳县北，有阴山。阴山在河南，阳山在河北。"）郦道元引《始皇本纪》二十三年之文，于河水南屈径河目县之处北假山下，而注释之曰："地名也。自高阙以来，夹山带河，阳山以往，皆北假也。《史记》曰'秦使蒙恬将三十万，北击胡，度河取高阙，据阳山北假'中是也。"（今本《史记》脱据字，阳字误为陶。）则阳山当即此阳纡山，惟此可以认而已。郦氏以徐广于阳山与阴山颠倒其地位，疑所谓阳山在河北者，实当在河水之南；其谓阴山在河南者，实当河之北。虽然，现蒙古人称此一带曰黑日岭，观此事实，则住于此山脉北侧之民族，即因太阳被山掩蔽之意味而有此名称，故汉释之则曰阴山耳。至古所谓阳纡者，乃行于周代，两者同是河北之名而混用之。然因汉字之意义难解，终至举阳山之名称，完全忘却阳纡之地名。除《穆天子传》外，尚见于《逸周书》之《职方氏》曰："河内曰冀州，其山镇曰霍山，其泽薮曰阳纡，其川漳，其浸汾、潞。"是最有名者也。而郑注曰："阳纡所在未闻。"贾公彦疏亦无考说。至孙诒让《周礼正义》始博考群书，后在穆王西征之径路，从我所追迹之地点而发现之。因其为三千里之路程，又在冀州之外，不敢决定。据《尔雅》"十薮"曰："秦有阳陓"，《释文》曰："陓，本或作纡"，郭注曰："今在扶风汧县西"。又《吕氏春秋·有始览》"秦之阳华"，高注："在凤翔或华阴之西。"《淮南子·坠形训》云："秦之阳纡"，高注："在冯翊池阳，一名其圃。"又《修务训》曰："禹之为水，以身解于阳盱之河。"注曰："阳盱，盖在秦地。"惠士奇以高诱所注皆臆说，而论《中山经》"阳华之山"本《书》"阳纡之山"，皆同一地。于是孙氏曰"案：杨纡、杨跨、阳华、阳纡、阳盱，惠说以为一地，义似可通，惟所在地域，则舛互殊甚"云。孙氏更历举众说，谓无一足以当冀州薮泽之资格，终唾弃之曰"要之杨纡所在，汉时已不可考，故班、郑并阙而不言。而旧说多强为傅合，悉无碻证，谨从盖阙，以竢知者"云。今接《逸周书·职方解》序称是周穆王所作，而《穆天子传》亦有同样阳纡之名称，显是同一之土地矣。然孙氏疑《周书·职方氏》从《周官·大司马》下篇所钞出，又谓："今本《周书》殽杂，未必周史官之旧次，叙亦似后人所补作，孔晁强为之说不足据。"又曰："《穆传》之阳纡，在瀍水之西三千余里，已在要服之表，其非既薮，尤无疑义。"孙氏解"河内曰冀州"，谓周代黄河屈曲，成 S 字之形。而流于太行山之东麓时，界于西、南、东三面之河水，即今之山西省之意味。然据我之追夸，阴山之位置当在其西北隅，决不在冀州范围外。孙氏否认之，其唯一理由，谓在要服之外，而非据几何学的距离，附以严密之意义者，终不脱儒家偏见之误解耳。我对于《职方》《尔雅》所谓"阳纡之薮"，以为与穆王猎渗泽附近之地相当。阳纡，即阳山山脉之南麓所起之名称；而渗泽，乃今包头以西，河水数派所成，适于广大渔猎之沼泽地带之东端。以上释"阳纡"者也。至同条"燕然之山",当为阴山之一段。而临黄河者,观"癸丑,天子大朝于燕然之山,河水之阿"数语甚明,但秦汉之间,此山之名已失,故未见于《汉书·地理志》焉。以上释"燕然"者也。自此而西,由河套以达西夏昆仑,而至西王母之邦,《穆天子传》仍有详细记载。然以今地释之,则由五原以达宁夏、甘肃,与绥远无关,故不释焉。《穆天子传》乃战国末年所造,故其记载不能认为西周实况。但既有此说,未便遗漏,故详释其所载关于绥远境内之地名如右,仅可作战国时代地理学者之记载,无关西周。(《穆天子传》内容之真伪,商务印书馆出版之《先秦经籍考》下有《穆天子传考》一篇,可参阅之。)盖否认其说,则可,略之,则不可也。

故西周时代,绥远南部伊克昭盟一带为猃狁牧地。此由以上考征所得结论,他无从知焉。降及春秋,猃狁又变为戎狄。戎狄所居,即猃狁故地。其范围扩大于内地,固不必论于本篇。若绥远境内仍为戎狄所据,然必确指某地为某戎或某狄所居,是又无从考证也。

按王国维《鬼方昆夷猃狁考》云:

至猃狁之后裔如何,经、传所纪,自幽、平以后,至于春秋隐、桓之间,但有戎号;庄、闵以后,乃有狄号。戎与狄,皆中国语,非外族之本名。戎者,兵也。《书》称"诘尔戎兵",《诗》称"弓矢戎兵",其字从戈、从甲,本兵器之总称。引申之,则凡持兵器以侵盗者,亦谓之戎。狄者,远也,字本作逷。《书》称"逷矣西土之人"，《诗》称"舍尔介狄"，皆谓远也。后乃引申之为驱除之于远方之义。《鲁颂》之"狄彼东南"，敯狄钟之"敯狄不龏"，曾伯霥簠之"克狄淮夷"，皆是也。因之，凡种族之本居远方而当驱除者，亦谓之狄。且其字从犬，中含贱恶之意，故《说文》有"犬种"之说。其非外族所自名，而为中国人所知之名，甚为明白。故宣王以后有戎狄而无猃狁者，非猃狁种类，一旦灭绝或远徙他处之谓，反因猃狁荐食中国，为害尤甚。故不呼其本名而以中国之名呼之，其追纪其先世也，被以恶名。是故言昆戎则谓之犬戎，薰鬻、厥允则谓之猃狁，盖周室东迁以后事矣。考《诗》、《书》、古器，皆无犬戎事。犬戎之名，始见于《左传》《国语》《山海经》《竹书纪年》《穆天子传》等，皆春秋、战国以后呼昆夷之称，而獯鬻、猃狁亦被此名。《后汉书·西羌传》称："武乙暴虐，犬戎寇边，周古公逾梁山而迁于岐下。"是以獯鬻为犬戎也。《后汉书·西羌传》引《纪年》："魏王西征犬戎，取其五王，遂迁戎于太原。"又引："夷王命虢公帅六师伐太原之戎。"又引："宣王二十七年，王遣兵伐太原戎，不克。"而《诗》云："薄伐猃狁，至于太原。"太原一地，不容有二，则又以猃狁为犬戎也。由是观之，古之獯鬻、猃狁，后人皆被以犬戎之名，则攻幽王、灭宗周之犬戎，亦当即宣王时之猃狁。不然，猃狁当懿、宣之间仍世为患，乃一传至幽王时绝无所见，而灭宗周者乃出于他种族，此事理之必不可信者也。然则戎中最强大之犬戎既即猃狁，其余以戎名者，如汾、晋间诸戎，当即唐叔所受之怀姓九宗；又河南、山北之阴戎，伊川之陆浑戎，皆徙自州，所谓"允姓之奸居于瓜州"者，亦猃狁同族也。春秋庄、闵以后，戎号废而狄号兴，（《春秋》所书，闵、僖以后无单称戎者，唯云"某戎"或"某某之戎"而已。）而狄之姓氏见于《左传》者，实为隗姓。后世有谓赤狄隗姓、白狄厘姓者（《世本》），又有谓隗姓赤狄、犹姓白狄者（《潜夫论》），然秦汉以后之隗姓，皆出白狄故地。秦始皇时丞相隗状，虽不知其所出，当为秦人；汉隗嚣一族，则天水下成纪人；魏之隗僖（见《魏志·王肃传》），亦京兆人。则赤、白二狄，疑皆隗姓，皆鬼方、猃狁之后裔或同族也。及春秋中叶，赤狄诸国皆灭于晋，河南、山北诸戎亦多为晋所役属；白狄僻在西方，不与中国通，故戎、狄之称泯焉。尔后强国并起，外族不得逞于中国，其逃亡奔走复其故土者，或本在边裔未入中国者，战国辟土时，乃复与之相接。彼所自称，本无戎、狄之名，乃复以其本名呼之。于是胡与匈奴之名始见于战国之际，与数百年前之獯鬻、猃狁先后相应。其为同种，当司马氏作《匈奴传》时，盖已知之矣。

战国时，韩、赵、魏三分晋地。绥远初仍为胡人所据，与赵为邻。赵武灵王二十六年，北破林胡楼烦，筑长城，自代并阴山下,至高阙为塞(高阙在乌拉特旗西北山,黄河北流折东处,见《归绥道志》),而置云中、雁门、代郡(《史记·匈奴传》)。《史记·赵世家》又云,武灵王二十六年,"攘地北至燕、代,西至云中、九原",是绥远境之塞内,置云中、九原两郡,及雁门一部,而塞外仍为胡境也。

《大清一统志》云:"古云中,在阴山之南,黄河自西来折南流之处。即今归化城以西,托克托城地。""九原,在汉朔方之东北,云中之西,今套北黄河东流处也。"即此两城,可定两郡之地望。若其确界,则不可考矣。

若以《禹贡》,则绥远大部当属冀州;若依《周礼·职方》,则属并州。要皆战国时,仅有此说,非实情也。

《禹贡》及九州之不足信,已见前引《禹贡正伪》。兹举《禹贡》与《虞》《周·职方》《尔雅》《吕氏春秋》,而示九州之区划如左。

《禹贡》　(一)冀州　(二)兖州　(三)青州　(四)徐州　(五)扬州　(六)荆州　(七)豫州　(八)梁州　(九)雍州

《虞》　冀州　并州　幽州　兖州青州　营州　徐州　扬州　荆州　豫州　梁州　雍州

《周·职方》　(七)幽州　(八)冀州　(九)并州　(五)兖州　(四)青州——(一)扬州　(二)荆州　(三)豫州——(六)雍州

《尔雅》　（一）冀州　（八）幽州　（六）兖州（九）营州　（七）徐州　（五）扬州　（四）荆州（二）豫州——（三）雍州

《吕氏春秋》　（二）冀州　（九）幽州　（三）兖州（四）青州　（五）徐州　（六）扬州　（七）荆州（一）豫州——（八）雍州

若以五服九畿考之，绥远当为要服，夷畿。然此亦与九州同为周代学说，实际未必能如此也。

张曾《归绥识略》卷三《地部》云："周分天下为九畿，此当为夷畿要服地。"按《史记》说，《禹贡》"五服"云："天子之国以外五百里甸服，甸服外五百里侯服，侯服外五百里绥服，绥服外五百里要服，要服外五百里荒服。"汉释"五服"皆主此说，盖悉本于《禹贡》也。按《周官·职方氏》，则王畿千里外有侯、甸、采、卫、蛮、夷、镇、藩九服，服各五百里，共方万里。《国语·周语》祭公谋父所言"五服"与《禹贡》相同，而《荀子·正论》云："封内，甸服；封外，侯服；侯、卫，宾服；蛮夷，要服；戎、狄荒服。"是《禹贡》绥服，《荀子》则云宾服，此外相同。要之各说不同，足证即非国家定制也。

秦灭六国，统一天下。始皇二十六年，分天下为三十六郡（《史记·秦始皇本纪》说）。其在绥远境内者，有雁门郡一大部，云中郡全部。盖汉代未置朔方郡以前，河南地亦归九原

第八章　修志之先决问题

郡也。雁门、云中，为始皇二十六年置。至九原，则三十二年以后始置。

依《汉书·地理志》所纪郡国沿革，其称秦置者二十七，云中、雁门在内。其实此等郡乃得于赵，赵已设置，非秦始也。又称故秦某郡者八，九原在内。考九原郡之置，当在始皇三十三年前。《史记·始皇本纪》：三十三年，"略取陆梁地，为桂林、象郡、南海"。又前年，"使蒙恬发兵三十万人北击胡，略取河南地"。是年，又"西北斥逐匈奴，自榆中并河以东，属之阴山，以为三十四县"（《匈奴列传》作四十四县）。此三十四县者，优足以置一大郡。以地理准之，实即九原郡之地。三十五年，"除道，道九原，抵云阳"。自是，九原之名始见于史。故三十二年，始皇之碣石，归巡北边，自上郡入。至三十七年，始皇崩于沙丘，其丧乃从井陉抵九原，从直道至咸阳。明始皇三十二年以前，未有九原郡也。

其至汉时，郡县特详。*"绥远地望，须先求诸汉并州之四郡。最东曰定襄郡，高帝中置，郡治在成乐（即盛乐），即今和林格尔县。其南部，即今清水河县。其中部，自和林迤东，即今凉城。其北部，即今归绥县之东境也。"

----

*　按，以下引文全抄自民初张鼎彝《绥乘·疆域考上》。原文"云中之西曰朔方郡""朔方之北曰五原郡"不尽准确，作者改为"云中之西曰五原郡""五原之西曰朔方郡"。"四郡而外"一段文字作者亦有增补。

"《汉书·地理志》：定襄郡（高帝置。莽曰得降。属并州），县十二：成乐、桐过（莽曰椅桐）、都武（莽曰通德）、武进（白渠水出塞外，西至沙陵入河。西部都尉治。莽曰伐蛮）、襄阴、武皋（荒干水出塞外，西至沙陵入河。中部都尉治。莽曰永武）、骆（莽曰遮要）、定陶（莽曰迎符）、武城（莽曰桓旧）、武要（东部都尉治。莽曰厌胡）、定襄（莽曰著武）、复陆（莽曰闻武）。

"徐继畲《两汉沿边十郡考略》：汉定襄郡，在边墙外，即今归化城土默特各厅之地。汉时其地分定襄、云中两郡，大势定襄在迤东迤南，约即今宁远厅直北以西及清水河一带土默特游牧之地，其北境兼内蒙古之喀尔喀右翼、四子部落两部地。土默特境内有成乐、桐过、武进、定襄、武皋、武城六故城（按谓定襄兼及喀尔喀右翼及四子部落，其说非是，详后武川县下）。

"《山西通志》：定襄郡十二县，后汉并者其半，武都、安陶、复陆三县绝无可考，以地势论之，此三县与襄阴当在宁远以北，归化以东，察哈尔牧厂镶红镶蓝两旗界内矣。

"定襄之西曰云中郡汉仍秦置，其中部都尉治北舆，即今归绥县；其南部，即今托克托县，及准噶尔旗（即鄂尔多斯左翼前旗）之北境；其北部，即今萨拉齐县之东境也。

"《汉书》：云中郡（秦置。莽曰受降。属并州），县十一：云中（莽曰服远）、咸阳（莽曰贲武）、陶林（东部都尉治）、桢

第八章　修志之先决问题

陵（缘胡山在西北。西部都尉治。莽曰桢陵）、犊和、沙陵（莽曰希恩）、原阳、沙南、北舆（中部都尉治）、武泉（莽曰顺泉）、阳寿（莽曰常得）。

"《清一统志》：云中在阴山之南，黄河自西来折南流之处，即今归化城以西之地。桢陵与沙南县隔河相对，桢陵在河东岸，沙南在河西岸，即今鄂尔多斯左翼后旗之地，盖云中属县，亦有跨入河套者。（案：自《清一统志》以下诸书，俱以托县所辖之右翼前旗地误为后旗地，《山西通志》亦仍之，盖钦定之书，无人敢更正也。）

"云中之西曰五原郡，汉仍秦九原郡置。其西部，即今乌拉特中西两公地，在五原县北境；其东部，即今乌拉特东公及茂明安两部地，在固阳县境。

"《汉书》：五原郡（秦九原郡，武帝元朔二年更名。东部都尉治稠阳。莽曰获降。属并州），县十六：九原（莽曰成平）、固陵（莽曰固调）、五原（莽曰填河亭）、临沃（莽曰振武）、文国（莽曰繁聚）、河阴、蒲泽（属国都尉治）、南舆（莽曰南利）、武都（莽曰桓都）、宜梁、曼柏（莽曰延柏）、成宜（中部都尉治原高亭，西部都尉治田辟。有盐官。莽曰艾虏）、稠阳（北出石门障，得光禄城，又西北得支就城，又西北得头曼城，又西北得虖河城，又西得宿虏城。莽曰固阴）、莫䵣、西安阳（莽曰漳安）、河目。

"清《一统志》：五原所属曼柏县，亦在黄河北岸，惟河阴一县，在河南。徐继畬《考略》云：据此说，则河套内亦有五原郡地。

"五原之西曰朔方郡，武帝元朔中收新秦中地，置在河套内，南界长城，即今五原县之南境（杭锦旗地），包头县境（达拉特旗地），清水河县之西境（准噶尔旗地），东胜县之北境，以及鄂托克（即鄂尔多斯右翼中旗）、乌审（即鄂尔多斯右翼前旗）二旗境皆是也。

"《汉书》：朔方郡（武帝元朔二年开。西部都尉治窳浑。莽曰沟搜。属并州），县十：三封（武帝元狩三年城）、朔方（金连盐泽、青盐泽皆在南。莽曰武符）、修都、临河（莽曰临河）、呼遒、窳浑（有道西北鸡鹿塞。屠申泽在东。莽曰极武）、渠搜（中部都尉治。莽曰沟搜）、沃壄（武帝元狩三年城。有盐官。莽曰绥武）、广牧（东部都尉治。莽曰盐官）、临戎（武帝元朔五年城。莽曰推武）。

"徐继畲《两汉沿边十郡考略》：河套本新秦中地，汉入匈奴，武帝元朔二年收其地，置朔方郡，徙民十万以实之，领县十。故城在河套者五，在套西者三。前汉郡治三封在套西，后汉治戎在套内，修都、呼道二城亦在套内，特未详故所在耳。

"四郡而外，尚有雁门郡之沃阳（盐泽在东北，有长丞。西部都尉治。莽曰敬阳。在今和林格尔之东南隅）、强阴；西河郡之虎猛、增山、富昌、大成、美稷、平定六县，在今准噶尔旗之东南隅；上郡之白土、奢廷、高望、龟兹、雕施、桢林六县，在今郡王旗及乌审旗界内；代郡之且如，在今兴和之东南。

"徐继畬《两汉沿边十郡考略》：河套一土，东、西、北三面距河，南界长城，袤延数千里。其北境有五原郡地，东北境有云中郡地，东境有西河郡地，东南境有上郡地。又白土，在今河套内鄂尔多斯左翼中旗界。《山西通志》：和林格尔兼得雁门郡之沃阳县地。"

以上皆汉设治诸郡之在绥远者，然皆在阴山之南。此外，山北尚有大部，即今乌兰察布盟之大部，汉称之为塞外，盖皆没入匈奴矣。

"卢芳之乱，窃据边郡，光武兴，始置并州以领之，而郡县省并大半。今按《后汉书·郡国志》所纪，省云中郡之陶林、犊和、阳寿三县，而以定襄之成乐、武进、定襄三县隶云中，徙定襄郡治于雁门之善无，省都武、襄阴、武皋、安陶、武要、复陆六县，而以雁门之中陵县隶定襄，省五原郡之固陵、蒲泽、南舆、稒阳、莫𮥫、河目六县，其余十县，仍隶如故，省朔方郡之修都、临河、呼道、窳浑、渠搜五县，而以西河郡之大城县隶朔方，汉末荒废。"

"《后汉书》：五原郡（秦置为九原，武帝更名），十城：九原、五原、临沃、文国、河阴、武都、宜梁、曼柏、城宜、西安阳，北有阴山。又云中郡（秦置），十一城：云中、咸阳、箕陵、沙陵、沙南（案乌桓有兰池城。乌桓之围耿晔处）、北舆、武泉、原阳、定襄（故属定襄）、成乐（故属定襄）、武进（故属定襄）。又定襄郡（高帝置），五城：善无（故属雁门）、桐过、武城、骆、中陵（故属雁门）。又朔方郡（武帝置）六城：临戎、三封、朔方、沃野、广牧、大城（故属西河）。"

降及三国，地属魏治，然中原争战，无暇顾及边陲。且汉灵帝末，羌胡大扰定襄、云中、五原、朔方、上郡等五郡，并流徙分散（《三国·魏志》注引汉《魏志春秋》）。自云中五原以东，抵辽水，皆为鲜卑庭（《三国志·魏志》卷三十）。建安十八年，省并州入冀州，二十年，始集塞下荒地，郡置一县，领其民，合为新兴郡（在今山西忻县地，西晋仍之）。黄初元年，复置并州。二年，迁郡于岭南，自陉岭以北并弃之，以句注为塞（按句注山，在今代县西北二十五里）。

西晋时代，绥远荒废，仍如魏时，迄于末年（永嘉后），海内纷扰。

东晋时，五胡乱华。绥境或入石赵，或入苻秦，或入赫连夏，或入慕容燕，然皆一部，非全境也。石赵据朔方，置朔州（《晋书·地形志》）。苻秦据五原，仍为五原郡。赫连夏据统万（详见后），称夏，置大成，即今鄂尔多斯右翼一带是也。慕容燕盛时，北守云中以备代。（以上皆见《读史方舆纪要》）此两晋时代之可考者也。

> 按《读史方舆纪要》云：石勒置"并州于上党、朔州于代北"。张鼎彝《绥乘·疆域考上》云：五原郡，汉末没于匈奴，苻秦得其地，亦为五原郡。《读史方舆纪要》又云："勃勃盛时，南阻秦岭，东戍蒲津，西收秦、陇，北薄于河，置幽州大成（今在榆林卫东北）。"又云：

"慕容燕盛时，南至汝颍，东尽青齐，西抵崤黾，北守云中（燕自慕容隽以后，常戍云中备代）。"

"北魏初，都盛乐，后没于秦，道武兴而恢复旧域，以陉北为畿内地。太武帝始光中，置怀朔、武川、抚冥、柔玄四镇于云中北境，立朔州以统之，后改怀朔为朔州，而于旧朔州置云州。"（《绥乘·疆域考上》）

按《元和》《太平》二志并以朔州为孝文所置，而据《魏书》列传，司马楚之及子金龙、宝龙并以云中镇将兼朔州刺史。在世祖时，唐契子崇为盛乐太守，在高祖时，是州郡建置，皆不始于太和。或太和迁洛，不无小有更移，两书未详核也。故此但云"后改"，不敢云必为何年也。（至《魏书·地形志》谓朔州为孝昌中改，而云州当亦同时，此说更误矣。）

后又西取赫连夏地置为统万镇，太和中改置夏州及东夏州，此北魏四州之可考者。今地确界，各书无考。今依《山西通志》及杨守敬《历代舆地沿革险要图》考之，则约略如左。

朔州在今乌盟之乌拉特部北一带地，及其正南诸县地，当详考下。

《魏书·地形志》："朔州领郡五、县十三：大安郡，领县二，狄那、捍殊；广宁郡，领县二，石门、中川；神武郡，领县二，尖山、殊颓，太平郡，领县三，太平、太清、永宁；附化郡，领县四，附化、息泽、五原、广牧。"但依杨氏《隋地理志图》，隋代神武县在今山西神池县境，隋之神武县即由北魏神武郡改设者，故疑朔州之神武郡不在今绥远界内。

云州在今乌盟喀尔喀右翼四子部落、茂明安，及武川陶林一带地，及其正南诸县地，当详考下。

按北魏除上述四镇外，尚有御夷、怀荒二镇，共称六镇。除御夷在察哈尔境内不计外，怀荒则在柔玄、抚冥二镇之间，故此镇地亦当属云州。《魏书·地形志》：云州"领郡四县九：盛乐郡，领县二，归顺、还安；云中郡，领县二，延民、云阳；建安郡，领县二，永定、永乐；真兴郡，领县三，真兴、建义、南恩"。

东、西夏州究以何处为界？古今无确定之说，故无从分。即夏州疆域，近代讲古地理者，如李氏《地理今释》及杨氏《北魏地形志图》均移于陕西境内，独张氏《绥乘·疆域考》则力主魏之东、西夏州当在绥远境内，并以魏东夏州所属之朔方郡即汉朔方县故地，虽未能说明夏州确界，而地望即此可知。余据《读史方舆纪要》说亦同张意（见后按语），其地约在今鄂尔多斯境。即非夏州全部，亦必大部也。

按《绥乘》云："有魏建此二州或在真君，或在太和，正当国运鼎盛。南北两河之间，实全据而有之。其地本取自赫连夏，故州名仍夏，以彰武烈。其县本创自汉武帝，故县名仍汉，以省纷更。迨孝昌之乱，盗据为窟，人民避寇内徙，乃将每一县之人各成聚落，仍用旧县名以安集之，此侨治之所由来也。如李氏所释，则是徒循汉县旧名，而其地乃在千百里外。试思置县初意，果何所取？《魏书》于朔方下特书'汉武帝置'，已见即名即地矣。又曰'有贵塠泽'。考此泽不见他书，意即汉青盐泽之讹。盖青、贵字形相近，盐古省作卥，或省作塩，与塠形亦相近也。魏以赫连氏地建夏州，载籍言之屡矣。建东夏州，见《纲目质实》。"余按张说是也。考《读史方舆纪要》夏州城注云："在榆林镇西北二百里，东南至绥德州四百里。周之朔方，秦为上郡地，后没于匈奴。汉元朔二年逐匈奴，始置朔方郡。后汉末，废。晋乱，石勒并朔方，兼置朔州。义熙九年，赫连勃勃于朔方水北、黑水之南，筑城曰统万，遂都焉。宋元嘉初，勃勃名其四门，东曰招魏，南曰朝宋，西曰服凉，北曰平朔。后魏主焘始光三年，袭统万，大掠而还。明年，复袭统万，克之，因置统万镇。太和十一年，改置夏州。"此优足证夏州当在绥境，而《一统志》亦谓鄂尔多斯旗为北魏夏州北境。《魏书·地形志》："夏州领郡四、县九：化政郡，领县二，革融、岩绿；阐熙郡，领县二，山鹿、新囶；金明郡，领县三，永丰、启宁、广洛；代名郡，领县二，呼奠、渠搜。东夏州领郡四、县九：编城郡，领县二，广武、沃野（杨守敬《北魏地形志札记》云："此二汉之沃野县。波，为沃之俗字。"）；朔方郡，领县三，魏平、政和、朔方；定阳郡，领县二，临戎、临真；上郡，领县二，石城、因城。"按北魏既以州为最高地方区域，故郡望不必详考也。

除以上四州可考外，余地盖西为突厥，东为柔然（后改蠕蠕）出入之地焉。

北齐、北周两代均略有变动，然不可详考。至隋初，则绥远境内改置夏、丰、胜、云四州。大业初，改夏州为朔方郡，丰州为五原郡，胜州为榆林郡，云州为定襄郡。以外，有马邑郡一小部，亦在绥远境内。

朔方郡，今鄂尔多斯一带地。

《隋书·地理志》："朔方郡，统县三：岩绿、宁朔、长泽。"

五原郡，今大余太、五原及临河三县境，及杭锦旗一带地。

《隋书·地理志》："五原郡，统县三：九原、永丰、安化。"案《山西通志》谓汉五原郡在河北，顾氏《方舆纪要》以榆林之故丰州当之，乃隋以来之五原郡也。因指以为误，不知顾固有误，《通志》亦未深考也。隋开皇五年，始置丰州。大业初，改为五原郡。此五原在隋，所以有丰州之名也。至唐之五原，本盐川所改，亦曰盐州，在今陕西界内，去汉、隋之五原千有余里，岂可混而为一？唐既移五原之名于盐州，故将丰州复秦九原之名，名曰九原郡，此隋、唐五原绝不同也（参观《绥乘·疆域考上》)。汉、隋五原郡虽辖境不同,然隋、唐相差更远,故顾氏误小,《通志》误大也。

榆林郡,今归绥县西南部、托克托县全部、萨拉齐县东南部,及准噶尔旗一带地。

《隋书·地理志》:"榆林郡,统县三:榆林、富昌、金河。"

定襄郡,今归绥县东南部及和林格尔全县境。

《隋书·地理志》:"定襄郡,统县一:大利。"按杨氏《隋地理志图》以定襄郡之大利县,置于山西平鲁县东部,非。今从《绥乘》。

马邑郡之北部,即今清水河及东五县一带地。

《隋书·地理志》:"马邑郡,统县四:善阳、神武、云内、开阳。另有马邑郡,即旧置之朔州。《方舆纪要》谓汉定襄、雁门二郡地,后魏置朔州,北齐及隋、唐因之,亦曰马邑郡(《绥乘·疆域考上》引)。

按《纪要》说稍差。盖魏之朔州,辖及汉代定襄及雁门一部,绝非汉之定襄及雁门两郡地,即后魏朔州,此不得不辨者也。杨氏《隋地理志图》以马邑郡全属置于桑干河流域,以郡治置于今之山西朔县者,实太偏南耳。

除以上四郡外,北部乌盟大部均入东突厥境。

唐代绥远全境,除乌兰察布盟及东五县外,皆为关内道地(此道甚大,绥其一部)。初仍沿夏、丰、胜等州之制,以辖汉民。后平突厥，乃别置羁縻州以辖蕃户，其后又置宥州于南境。汉则以州统郡：曰夏州朔方郡，曰胜州榆林郡，曰丰州九原郡，曰宥州宁朔郡，曰麟州新秦郡。蕃则以府统州：曰定襄都督府，领州四；曰云中都督府，领州五。其后改云中曰单于大都护府，又以燕然都护府改为安北大都护府，又兼领县及羁縻州。蕃、汉分治，实为古今创举。又于丰州置三受降城以备不虞，唐末分入辽夏。

按《新唐书·地理志》："夏州朔方郡，县三：朔方、静德、宁朔。宥州宁朔郡，上。调露元年，于灵、夏南境以降突厥置鲁州、丽州、含州、塞州、依州、契州，以唐人为刺史，谓之六胡州。长安四年并为匦、长二州。神龙三年置兰池都督府，分六州为县。开元十年复置鲁州、丽州、契州、塞州。十年平康待宾，迁其人于河南及江、淮。十八年复置匦、长二州。二十六年还所迁胡户置宥州及延恩等县，其后侨治经略军。至德二载更郡曰怀德。乾元元年复故名。宝应后废。元和九年于经略军复置，距故州东北三百里。十五年徙治长泽，为吐蕃所破。长庆四年，节度使李祐复奏置。县二：延恩、长泽。麟州新秦郡，下都督府。开元十二年析胜州之连谷、银城置，十四年废，天宝元年复置。县三：新秦、连谷、银城。胜州榆林郡，下都督府。武德中没梁师都，师都平，复置。县二：榆林、河滨。丰州九原郡，下都督府。贞观四年以降突厥户置，不领县。十一年州废，地入灵州。二十三年复置。县二：九原、永丰。定襄都督府，领州四：阿德州、执失州、苏农州、拔延州。云中都督府，领州五：舍利州、阿史那州、绰州、思壁州、白登州。单于大都护府，本云中都护府，龙朔三年置，麟德元年更名，县一：金河。安北大都护府，本燕然都护府，龙朔三年曰瀚海都督府，总章二年更名，开元二年治中受降城，十年徙治丰胜二州之境，十二年徙治天德军。县二：阴山、通济。镇北大都护府，县二：大同、长宁。"

《方舆纪要》："安北都护府，属关内道。永徽初，薛延陀既灭，铁勒诸部回纥等皆内附，复讨擒突厥遗种车鼻可汗于金山。于是北荒悉为封内，因置燕然都护府，领狼山等羁縻府州共二十有七。龙朔二年，徙燕然都护府于回纥，更名瀚海，尽统碛以北州府。总章二年，又改为安北都护府。开元二年，徙治中受降城。……单于都护府，属关内道，亦永徽初置。领瀚海等羁縻府州十有五。龙朔二年，更名燕然曰瀚海，而徙瀚海都护府于云中城，更名曰云中都护，以碛为界，碛北州府皆隶瀚海，南隶云中。麟德初又改为单于大都护府。垂拱二年，罢为镇守使。开元二年，复曰单于大都护府。天宝初安北、单于二都护并属朔方郡。大历八年徙治振武军。"

《绥乘》唐代州郡军府城镇建置图，宥州、夏州辨云："唐宥、夏二州之在今陕西境内也，亦今地志家之言也。然如其言，唐之朔方在今陕西怀远县，考唐出朔方县为夏州州治，有盐池二。试问今之怀远何处有二盐池耶？唐之长泽在今陕西靖边县，考《唐书》长泽县有胡落盐池，《元和志》谓池在县北五百里，《清一统志》谓即杭锦旗之喀喇莽奈大盐池，试问陕西靖边县何处有此大盐池耶？大抵考唐时套地之建置，须以三受降城及三盐池为标准。《元和志》新宥州北至天德军六百里，天德军固在中、西二受降城之间也。中、西二受降城在今乌拉特界内，则自古所谓三受降城在黄河北岸者，必指北河，即五加河而言决非指南河而言，北河之南即鄂尔多斯界矣。即指北河而言，则自北河至鄂托克旗之中境适有六百余里，南至边墙尚有二百余里，可知宥州所治之长泽即在鄂旗中境无疑矣。《元和志》夏州西北至丰州七百五十里。朔方县，《唐书》谓朔方有盐池二，今考鄂托克旗东南境内有二大盐池，一周二十余里，即名大盐池；一周三十余里，名察彬达布素淖（达布素，蒙古语盐也），意即《唐书》所载之二盐池。惟以道里论之，北至丰州尚不止七百五十里，核以《元和志》之道里，朔方尚当在此二盐池之北，安能越边墙而至于怀远乎？可知夏州所治之朔方即在鄂旗东南境，又无疑矣。然则宥州为鄂旗西境及杭锦旗南旗，夏州为鄂旗东境及乌审全旗，皆显然有据者，故为辨之如此。"

此外乌盟西部为东突厥，东部为契丹。至于东五县地，

第八章 修志之先决问题

南界唐之河东道，西界单于大都护府。唐室既未设治，恐亦属契丹焉。

五代初，行政区域仍本唐时，惟中国变乱，故边地滋扰。绥远西北遂为回鹘所侵（《宋史·回鹘传》："本匈奴别种，在天德西北娑陵水上。"），余亦多被辽侵。唐天祐十三年（辽太祖神册元年）八月，拔朔州，擒节度使李嗣本，勒石纪功于奇塚南。冬十月癸未朔，乘胜而东。十一月，攻蔚、新、武、妫、儒五州，自代北至河曲，逾阴山，尽有其地，遂改武州为归化州，妫州为可汗州（见《辽史·太祖本纪上》）。迄晋高祖石敬瑭父事辽太祖借兵灭后唐后，乃以幽、涿、蓟、檀、顺、瀛、漠、蔚、朔、云、应、新、妫、儒、武、寰州入于契丹（见《新五代史·晋高祖本纪》），则诸州以北，当亦属之矣。

> 按十六州无胜、丰等名，而云、应、寰、朔俱在丰、胜以南，则其北先属契丹可知矣。

宋太宗时对燕、云诸州，虽曾回复，然以北诸州仍在辽境，惟绥边之丰州以王承美父子来降，曾属宋廷（见《宋史·王承美传》），但承美后又沦于辽。迩后绥地诸州偶得偶失，无久属者。

《归绥识略》卷三云："太宗平太原，命将潘美、杨业等出雁门，伐契丹，拔云、应、寰、朔四州。天德军都指挥王承美破契丹于丰州，得其地。后杨业战死，地复陷于契丹。徽宗时约金灭辽归燕、云九州，收复天德、云内诸城，置定边军。后金人败盟，约夏侵宋，地为夏据。未几，复为金所夺，乃徙丰州于府、州地方，名为宁、丰。宁宗时，蒙古元兴，取金丰、胜等州。理宗时，元约宋灭金，悉有其地。终宋之世，关外诸州旋得旋失，未久属焉。"

辽代绥远全境，除乌、伊两盟及东五县外，皆为西京道地。分置丰州，建应天军；云内州，建开远军。丰州之南置东胜州，东胜之南置宁边州。

《辽史·地理志》："丰州，天德军，节度使。秦为上郡北境，汉属五原郡。地碛卤，少田畴。自晋永嘉之乱，属赫连勃勃。后周置永丰镇。隋开皇中升永丰县，改丰州。大业七年为五原郡，义宁元年，太守张逊奏改归顺郡。唐武德元年为丰州总管府。六年省，迁民于白马县，遂废。贞观四年分灵州境，置丰州都督府，领蕃户。天宝初改九原郡。乾元元年复丰州，后入回鹘。会昌中克之，后唐改天德军。太祖神册五年攻下，更名应天军，复为州。有大盐泺、九十九泉、没越泺、古碛口、青冢——即王昭君墓。统县二：富民、振武。……云内州，开远军，下，节度。本中受降城地。辽初置代北云朔招讨司，改云内州。统县二：柔服、宁人。……东胜州，武兴军，下，刺史。隋开皇七年置胜州，大业五年改榆林郡。唐贞观五年于南河地置决胜州，故谓此为东胜州。天宝七年又为榆林郡。乾元元年复为胜州。太祖神册元年破振武军，胜州之民皆趋河东，州废。晋割代北来献，复置。统县二：榆林、河滨。……宁边州，镇西军，下，刺史。本唐隆镇，辽置。"

此外，乌兰察布盟及东五县地，不可详考，而伊克昭盟之鄂尔多斯等境，则为西夏出入之地。夏主元昊时略地东至胜州，北至丰州（此乃河套之丰州，在古五原郡或九原郡内，即隋唐时之丰州，非辽应天军之丰州也），北控大漠，置郡河北以备辽。

按《宋史·夏国志》云（择录，非原文也）：太平兴国七年，夏州留后李继捧始以银、夏、绥、宥四州来献，其族弟继迁复走地斥泽以叛，数寇边。寻请降，赐姓名赵保吉。至道二年，授以定难节度使，割夏、绥、银、宥、静五州与之。既而复叛，咸平五年，陷灵州，遂略有朔方地。天圣九年，赵元昊嗣立，益强，尽取河西地，据有夏、宁、绥、宥、静、灵、盐、胜、会、甘、凉、肃、瓜、沙等州，又增置洪、定、威、龙等州。及宝元初僭称帝，国号夏，都兴庆，阻河依贺兰山为固。庆历初，复陷丰州。是时元昊之地，东据河，西至玉门，北控大漠，延袤万里。

金时，绥远全境除伊盟西南大部仍属西夏、乌盟荒废外，余皆归西京路。盖金取辽地，升丰州为总管府，置天德尹，后仍为节镇州；省振武县为镇，别置天山县，立净州为丰州支郡；省云内州之宁人县为镇，别置云川县，隶州；省榆林河滨而置东胜县，为东胜州治；又置宁边县，为宁边州治。

《金史·地理志》："丰州，下，天德军节度使。辽尝更军名应天，寻复，金因之。皇统九年升为天德总管府，置西北招讨司，以天德尹领之。大定元年降为天德军节度使，兼丰州管内观察使，以元管部族直撒、军马公事，并隶西南路招讨司。县一、镇一：富民，镇一（振武）。净州，下，刺史。大定十八年，以天山县升，为丰州支郡，刺史兼权机察。北至界八十里。县一：天山。云内州，下，开远军节度使。天会七年徙奚第一、第三部来戍。县二、镇一：柔服，镇一（宁仁，旧县也，大定后废为镇）；云川。宁边州，下，刺史。国初置镇西军，贞祐三年隶岚州，四年二月升为防御。县一：宁边。东胜州，下，边，刺史。国初置武兴军，有古东胜城。县一、镇一：东胜，镇一（宁化）。"

元代绥远全境，皆为中书省之一部。其设置则废宁边州，并省丰州、云内、东胜三州所领之县，悉为下州，同隶大同路，惟净州仍治天山，别为净州路（依杨守敬《元地理志图》，净州路天山县在今四子部落西北）。

《元史·地理志》大同路，"领录事司一、县五、州八"，除不属绥省者外，其有关诸州如下：丰州，下。元为丰州。旧有录事司并富民县，元至元四年省入州。东胜州，下。元至元二年，省宁边州之半入焉。旧有东胜县及录事司，四年省入州。云内州，下。元初废云川，设录事司。至元四年，省司、县入州。仁宗延祐六年九月戊戌置云南县，隶云内州（《元史·仁宗纪三》）。净州路，下。领县一：天山。下。

明初套内及青山以北尽陷于蒙古。元太祖仲弟哈萨尔之后及太祖之后，分据青山以北，是为乌兰察布盟六旗。太祖十五世孙达延汗之后，尽据黄河以南，是为伊克昭盟七旗。终明之世不复内属，惟青山、黄河之间，明初尝置东胜五卫及玉林、云川、镇房、宣德四卫，不久亦废，旋为察哈尔小王子之族谙达所据，筑城于丰州滩，分部驻牧。隆庆中封顺义王，万历中名其城曰归化，是为西土默特。

《明史·地理志》"山西行都指挥使司"属云川卫："洪武二十六年二月置，属行都司。永乐元年二月徙治北直畿内，直隶后军都督府。宣德元年还旧治，仍属行都司。正统十四年徙治旧镇朔卫城，与大同左卫同治，而卫城遂虚。玉林卫：洪武二十六年二月置，属行都司。永乐元年二月徙治北直畿内，直隶后军都督府。宣德元年还旧治，仍属行都司。正统十四年徙治旧定边卫城，与大同右卫同治，而卫城遂虚。镇房卫：洪武二十六年二月置，属行都司。永乐元年二月徙治北直畿内，直隶后军都督府。宣德元年还旧治，仍属行都司。正统十四年徙治天成卫城，与天成卫同治，而卫城遂虚。……宣德卫：洪武中，县废。二十六年二月置宣德卫，后废。东胜卫：洪武四年正月，州废，置卫。二十五年八月分置东胜左、右、中、前、后五卫，属行都司。二十六年二月罢中、前、后三卫。永乐元年二月徙左卫于北直卢龙县，右卫于北直遵化县，直隶后军都督府。三月，置东胜中、前、后三千户所于怀仁等处守御，而卫城遂虚。正统三年九月，复置，后仍废。"

据《山西通志》《归绥识略》及《绥乘》诸书，均如上说。但依杨守敬《明地理志图》，则除东胜卫在绥境外，余四卫均置于长城以内今山西右玉县境。如是则东胜一卫辖境四，广占数县，而右玉一县境内反连置七卫。（依杨图，右玉境内尚有威远、定边及大同右卫三卫。）以明初边防之重，疏密恐不若是，故不据杨说也。

清天聪八年，太宗征察哈尔，土默特部众悉降，后编为二旗，领以左右翼都统及四副都统。其后青山北之喀尔喀右翼、四子部落、茂明安、乌拉特六旗，相继来庭，并设札萨克，锡号曰乌兰察布盟。黄河南之鄂尔多斯左右翼，前、中、后各三旗，亦设札萨克。后复增设前末旗，共七旗，锡号曰伊克昭盟。是为西二盟，各设盟长副盟长。雍正元年，设归化城理事同知，隶朔平府。乾隆元年，于城东北五里，建绥远城，四年，移右卫之建威将军驻焉，并辖土默特及西二盟。于是绥远全区之规模始具。又设绥远城理事同知，分地为五路，增设协理通判分管之。六年，设归绥道，驻城，以二同知及归化城、和林格尔、托克托、萨拉齐、清水河、善岱、昆都仑七协理通判来隶。二十五年，裁善岱、昆都仑二协理，

第八章 修志之先决问题

其五协理并改为理事通判厅。二十七年,复裁归化城通判,其左右翼都统副都统亦以次裁,留副都统一人驻归化城。同治四年,改萨拉齐通判为同知,连归、托、和、清四厅,是为口外五厅。光绪十年,以大同府分防丰镇厅之理事同知、朔平府分防宁远厅之理事通判来属,是为口外七厅。除绥远城理事同知仍故制外,余并改为抚民厅兼理事。二十九年,析丰镇厅之二道河,置兴和厅抚民同知,加理事衔,移太原府同知驻之。析萨拉齐厅之大佘太,附益以达拉特、杭锦、乌拉特等旗地,置五原厅抚民同知,加理事衔,移汾州府同知驻之。析归化厅之翁襄城,附益以四子部落、茂明安、达尔汉等旗地,置武川厅抚民同知,加理事衔,移泽州府同知驻之。其宁远厅通判改为同知,移蒲州府同知驻之。而析宁远厅之科布尔,置陶林厅抚民通判,加理事衔,即以宁远厅通判移驻之。三十年,于鄂尔多斯之坂素濠置东胜厅抚民通判,辖郡王旗及札萨克旗地一部,移汾州府碛口通判驻之。是为口外十二厅。民国元年,各厅皆改县。二年,与山西分治,是为特别行政区。又改宁远为凉城。三年,以丰镇、兴和、陶林、凉城四县隶察哈尔。八年七月,析武川及五原所属地,别设固阳设治局。十二年一月,正式改县。同年三月,析萨拉齐、五原、固阳、东胜四县各一部地,设包头设治局,十五年一月正式改县。十四年五月,析五原、固阳、包头三县各一部,设大佘太设治局。六月,析五原县北区,设临河设治局,十八年十月正式改县。二十年,改大佘太为安北设治局。而丰镇、兴和、陶林、凉城四县，亦于十八年一月绥远正式改省时，由察哈尔划出，仍归绥远。惟九年冬，于丰镇、陶林、兴和之间，新设集宁设治局，十一年正式改县，亦于同年同月划归绥远。至十九年秋，于伊盟鄂托克旗新设之沃野设治局，尚未得中央允准焉。（著者二十一年草《绥远疆域沿革志》时，尚未得中央允准，现已照准矣。）

第三节　例下　绥远各县疆域沿革志

自三代至今日绥远全省疆域沿革及历朝郡县州路建置变迁已详卷上。惟本省所属有县十六、设治局一，外有两盟十三旗，各该县局盟旗疆域沿革例须分详，始较确定。今以归绥为起，西抵临河，南至清水河，东迄兴和，外加乌、伊两盟，分述如左（但以下文中所见"上卷"即指"上节"而言）。

归绥县一等

归绥县在战国时，地当赵原阳邑之西南（按杨守敬《三秦疆域图》，原阳似在今陶林县）、秦并州界北之地，赵武灵王破林胡、楼烦，攘地至此，始置云中郡，今县应当北舆之西。秦始皇十三年受赵降，仍因之。按《周勃世家》有"定云中郡十二县"之说，是秦时云中郡领县十二，惟县名已无考，今县适当云中腹地。汉时云中郡所领十一县名虽可考，然今县究属汉代何县亦不能定，所可知者亦在云中郡部腹地耳。(按《绥乘·疆域考下》云："归绥县其南为云中郡之原阳北舆，其北为武泉，其东为定襄郡之武皋及定襄县地云云。"又《山西通志·归绥道七厅考》所云亦同《绥乘》，要皆不确，兹依杨守敬《前汉地理图说》。) 后汉光武中兴，置并州，今县境皆在并州界内，故当属并州，惟郡县略有省并，已见上卷，但今县境内之后汉县名亦不可考。降及三国，绥省地属魏治，然中原战争无暇顾及边陲，自云中、五原，东抵辽水，皆为鲜卑牧地。西晋时代荒废如故。东晋时五胡乱华，慕容燕盛时，北守云中以备代，故今县亦当为云中地。北魏时属云州 (《绥乘·疆域下》云："归绥在北魏属云州之白道。")，云中郡之延民县北部，盛乐郡之归顺、还安二县北部皆属之。隋初属胜州及云州，后胜州改置榆林郡，云州改置定襄郡，今县即榆林郡金河县东北部地及定襄郡大利县北部地是也。唐代仍属金河县，贞观中尝置云中都护府于北境，领突厥州五 (详见上卷)，隶单于大都护府。五代初辽建丰州，号应天军，寻改天德军，领富民、振武二县隶西京道。今县境或谓在振武县 (杨守敬《辽地理图》主此说)，或谓在富民县 (张鼎彝《绥乘》附《辽夏分疆图》主此说)，今从杨说，定为振武县。迄金丰州，仍治富民，但省振武为镇，属富民县，故今县当为富民中部。元隶大同路之丰州。明宣德元年复置丰州；正统十四年又废；嘉靖中蒙古西土默特谙达驻牧建城，后封顺义王，名其城曰归化。清因之，雍正元年设理事同知厅，驻西河，隶山西朔平府；乾隆初增设协理通判二，一驻城，一驻昆都仑，六年设归绥道，以厅及二协隶焉，二十五年裁协理，寻移同知驻城；光绪十年改为抚民同知厅，二十九年析县境北之翁滚城，置武川厅。民国元年改县，二年以绥远城之同知入焉，改名归绥县，四年又以北乡之可可以力，更划隶武川。

县治　归化城

面积　二万六千六百五十方里

四至　东　武川县　　　南　和林及托克托县

　　　西　萨拉齐县　　北　武川县

武川县 二等

武川县位于阴山之北，战国无考。秦时正当云中郡之北界，乃塞外边地也。汉时亦然，（按《绥乘·疆域考下》云：武川在汉皆为五原郡之九原、临沃、固陵、文国、蒲泽、南舆、武都、莫觐、固阳诸县地云云，实误，兹依杨守敬《前汉地理图》。）仅今县之东南角辖有汉云中郡北舆县西境之一小部耳。光武中兴，置并州，今绥境皆在并州界内，但今县大部在并州外，惟郡县略有省并，已见上卷，其境内县名仍如前汉。降及三国，地属魏治，然西自云中五原，东抵辽水，皆为鲜卑牧地。西晋时代荒废如旧。东晋时五胡乱华，慕容燕盛时，北守云中以备代，故今县东南角亦入云中。北魏时属云州武川镇，在今县境。而抚冥、柔玄、怀荒三镇断以地望，亦当同在今县境内，但郡县不可详考。隋初置胜州，后改榆林郡，今县在榆林郡北边外。唐属振武军北边外地。辽属丰州天德军北边外地，县南部界西京道。金属净州天山县南部（净州为丰州支郡）。元为中书省净州路天山县。明初陷于蒙古。清为茂明安喀尔喀右翼及四子部落地；光绪二十九年设武川厅，置通判，寄治归化城界。民国元年改县，设知事，四年以归绥县之可可以力更来隶而迁治焉，民国八年析县属之茂明安部隶于固阳。

县治　可可以力

面积　十二万二千四百方里

四至　东　陶林县　　　　南　归绥县

西　固阳县　　　　北　乌盟中公旗

萨拉齐县一等

今县位于阴山之南，战国无考。在秦为云中郡西部地，汉属云中郡西部及五原郡东南部，五原郡之曼柏、南舆、武都三县属之。光武中兴，置并州，今绥境皆在并州界内，故今县亦属并州，惟郡县略有省并，已见上卷，即五原郡之南舆（《汉·地理志》作南兴）县，后汉省，他如前汉。降及三国，地属魏治，然西自云中、五原，东抵辽水，皆为鲜卑牧地。西晋时代荒废如魏。东晋时五胡乱华，慕容燕盛时，北守云中以备代，故本县西部当入云中。北魏时属朔州，广陵郡之中川县在其境内。隋初属胜州，继改榆林郡，今县在榆林郡金河县之西部，及榆林县之西南部。唐属金河县西部，调露初置云中守捉城于单于府西北二百七十里，即今县治也。辽时今县北境属丰州天德军，为振武县西部地（此杨守敬《辽地理图说》，若依张鼎彝《绥乘》附《辽夏分界图》，则本县应在宁人县，非是），而今县南境且入东胜州武兴军之榆林县境焉。金时省振武为镇，入富民县，故今县北部当为富民县西南部地；省榆林、河滨而置东胜县，为东胜州治，故今县南部当在东胜县境。元时今县北部隶大同路之丰州西南部，而今县南部当隶大同路之东胜州境。明入于蒙古。清乾隆初设萨拉齐及善岱二协理通判，六年隶归绥道，二十五年改理事厅，裁善岱协理并入；同治四年改设同知；光绪十年改为抚民同知厅，二十九年析县西之大佘太，别隶五原厅。民国元年改县。

县治　萨拉齐城

面积　五万四千八百方里

四至　东　归绥及托克托县　　南　陕西府谷县
　　　西　包头县　　　　　　北　固阳及武川县

固阳县三等

固阳亦位阴山之北，战国无考。在秦乃九原郡外东北塞地，亦即云中郡外西北塞地。汉改九原为五原，故当为五原郡外东北塞地，亦即云中郡外西北塞地也。光武中兴，置并州，今绥境皆在并州界内，惟今县在并州外，惟郡县略有省并已见上卷，其境内县名亦不可考。降及三国，地属魏治，

第八章 修志之先决问题

西至云中、五原，东抵辽水，皆为鲜卑牧地。西晋时代荒废如故。北魏时属朔州，大安郡之狋那全部属之。隋初置丰州，后改五原郡，今县在五原郡东北，榆林郡西北界外。唐代不可详考，依杨守敬《唐地理志图》，当为镇北大都护府所在地，今县或为该府所领之大同、长宁二县境，但未必耳。辽金时今且西南属云内州开运军北境，县东南属丰州天德军北境，至县名则难确定。元时县西南仍属大同路之云内州北境，而东南则属丰州北境。明入蒙古。清属乌兰察布盟之茂明安部及乌拉特东公旗地。民国初属武川五原二县境地，八年八月设固阳设治局，十二年一月改县。

县治　固阳城

面积　三万五千二百方里

四至　东　武川县　　　　南　萨拉齐及包头县
　　　西　安北设治局　　北　茂明安旗

包头县—等

战国无考。秦属并州塞外九原郡东部地。汉属云中郡极西部及五原郡东部地，云中郡之咸阳，五原郡稒阳、临沃、九原等县属之。杨守敬《汉代地理志图》谓云中郡之犊和县无考，而《山西通志》谓在萨拉齐厅界内，萨县西部，今归包头，则汉之犊和或在今县境之东部焉。光武中兴，置并州，今绥省境皆在并州界内，故今县亦属并州，惟郡县略有省并，已见卷上，即前汉五原郡之稒阳县、云中郡之犊和县，后汉皆省，余如前汉。降及三国，地属魏治，然西至云中、五原，东抵辽水，皆为鲜卑牧地。西晋时代仍归荒废。东晋时五胡乱华，苻秦据五原，仍为五原郡，故今县东部当入五原郡；慕容燕盛时，北守云中以备代，故今县境极西部亦当入云中。北魏时当属朔州广宁郡之石门县地。隋初今县东部属胜州，继改榆林郡，当在榆林郡极西，约为金河、榆林两县极西端地；西部属丰州，继改五原郡，当在五原郡极东，约为安化县东北部地。唐仍为丰州九原郡东北部地，约当通济县东部，中受降城即在县之西境濒河一带（依杨守敬《图》当在安北设治局，非是），隶安北大都护府（详见卷上）。辽时今县北部当为云内州开远军南境。（按云内州，辖柔服、宁人二县，但二县境依杨守敬《辽地理图》均在今安北设治局境。依张鼎彝《辽夏分疆图》，柔服在萨、包二县间，而宁人在绥、萨二县间，两说相差太远。盖以杨失之西，张失之东，云内州约占今包头县及安北设治局辖境。柔服、宁人二县，确境不可考，故今县亦难定耳。）金时省宁人县为镇，别置云川县，隶云内州。但二县确境仍无考。故金时今县北部仍当为云内州南部地，今县南部（即黄河南）辽当为榆林县西境。金当为东胜县西境，盖金时省榆林、河滨两县而为东胜县也。元时北部仍为大同路之云内州南部地，而南部则为东胜州西境也。明时入于蒙古。清为萨拉齐、东胜二厅及乌兰察布盟之一部（即达拉旗、乌拉特三公旗之一部及土默特一小部）。民国十二年三月筹办设治，十一月成立包头设治局，由萨拉齐、五原、固阳及东胜四县划地归之，十五年一月正式改县。

县治　包头

面积　九千七百六十六方里

四至　东　萨拉齐县　　　　南　东胜县

　　　西　伊盟杭锦旗　　　北　固阳县及安北设治局

安北设治局 尚未分等

赵武灵王时地为北假，秦属九原郡东北部。汉属五原郡东北部，五原郡之五原、河目、宜梁、成宜、西安阳等县属之。光武中兴，置并州，今绥境皆在并州界内，故今县亦属并州，惟郡县略有省并，已见卷上，即前汉五原郡之河目县，后汉省，余如前汉。降及三国，地属魏治，然西自云中、五原，东抵辽水，皆归鲜卑。西晋时代仍属荒废。东晋时五胡乱华，苻秦据五原，仍为五原郡，故今局境东北部当入五原郡。北魏时属朔州，大安郡之捍殊县及附化郡之附化县全部属之。隋初属丰州，继改五原郡，今县即五原郡永丰县之东部也。唐时约为丰州九原郡永丰东部境，而安北大都护府所领之通济县亦或在今局境，但未敢定耳。辽、金为云内州开远军北境。元为大同路之云内州北境。明入蒙古。清为乌兰察布盟之乌拉特旗及达拉特旗一部，后属五原厅。民国属五原县，迄十四年五月由五原分出别置大佘太设治局，二十年七月改安北设治局。

局治　大佘太

面积　三万三千六百方里

四至	东	固阳县		南	包头县
	西	五原县及伊盟杭锦旗		北	乌盟中公旗

五原县二等

战国无考。秦时今县北部为九原郡，南部河套为新秦中地。汉初入匈奴，武帝元朔二年收河套地，置朔方郡，依秦九原郡改置五原郡。今之五原县仅余河套中朔方郡之东部及五原郡之西北角而已，西部已归临河，东北部旧东部都尉治地，亦已划归安北设治局及固阳县地，故汉县名之在今县境者不可考得。光武中兴，置并州，今绥境皆在并州界内，故今县亦属并州，惟郡县略有省并，已见卷上，其境内东汉县名亦不可考。降及三国，地属魏治，然西自云中、五原，东抵辽水，皆归鲜卑。西晋时代荒废如魏。东晋时五胡乱华，石赵据朔方置朔州，故今县东部亦当入朔州境内；而苻秦亦曾据五原，仍为五原郡，故今县西北部亦当入五原郡。北魏时属朔州，附化郡息泽、广牧两县地属之。隋初属丰州，继改五原郡，今县即五原郡之永丰县西部也。唐为丰州九原郡属，但郡辖之九原、永丰两县仍如隋旧，今县仍为永丰县西部（依杨《图》，永丰在河南伊盟境，非是）。辽时地陷入西夏，金时亦为夏宇。元为中书省，属何路待考（依张鼎彝《绥乘》附图，似属宁夏路）。明入于蒙古鄂尔多斯部。清顺治五年于套外封蒙古图巴为乌拉特后翼旗镇国公，图巴从子谔班为前翼旗镇国公，图巴从孙巴克巴海为中旗辅国公；迄光绪二十九年置五原厅抚民同知，加理事衔，以乌兰察布盟乌拉特三公旗地及右翼后旗地与左翼后旗之西境隶焉。民国元年改县。

  县治 兴隆长

  面积 八万一千四百方里

  四至 东 安北设治局 南 伊盟杭锦旗

     西 临河县   北 乌盟西公旗

临河县三等

  战国无考。秦并州北界外之塞地。汉属朔方郡中北部，朔方郡之临河县即在境内。光武中兴，置并州，今绥境皆在并州界内，故今县亦属并州，惟郡县略有省并，已见上卷，即前汉朔方郡之临河，后汉已省。降及三国，地属魏治，然西至云中、五原，东抵辽水，皆属鲜卑。西晋时代荒废如故。东晋之季，五胡乱华，石赵据朔方置朔州，故今县中北部当入朔州。北魏时属朔州，附化郡之五原县全境属之。隋初属丰州，继改五原郡，今县即五原郡之九原县全部地。唐仍为丰州九原郡之九原县地，西受降城即在今县东北濒河地，属安北大都护府（详见卷上）。辽时地陷于夏，入金仍为夏宇。元为中书省，属何路待考（依张鼎彝《绥乘》附图，似属宁夏路）。明时入于蒙古。清为乌兰察布盟之乌拉特西公旗及达拉特旗各一部，后属五原厅。民国为五原县一部，迄十四年六月由五原北区划出，别置临河设治局，十八年十月正式改县。

县治　临河

面积　三万方里

四至　东　五原县　　　南　伊盟杭锦旗

　　　西　阿善额鲁特旗　北　乌盟西公旗

和林格尔县 三等

战国无考。秦属并州，位长城外。汉属定襄郡之中部偏南地，但雁门郡之沃阳（西部都尉治）县北部亦属之（《绥乘·疆域考》下云，和林格尔县为盛乐、武进二县南境者非是，盖二县当在今托克托县境也。兹依杨守敬《汉地理志图》）。光武中兴，置并州，今绥境皆在并州界内，故今县亦属并州，其境内县名仍如前汉，并无变更。降及三国，地属魏治，然西自云中五原，东抵辽水，皆归鲜卑。西晋时代荒废如故。北魏属云州，盛乐郡之归顺、还安两县南部地在其境内。隋初属云州，后改定襄郡，今县属定襄郡之大利县中南部地。唐贞观四年平突厥，分其部，左置定襄都督府，右置云中都督府，仍于此置云中州及定襄郡；麟德元年更名云中都护府，为单于大都护府来治焉；垂拱二年府废为镇守使所领，开元复故；天宝四年置金河县于府内，隶朔方节度使；乾元元年置振武军节度使领都护府；天祐十三年入于辽（参观《山西通志·归绥道考》）。此今县城及其辖境在唐之沿革也。今县应在金河东南部，辽属天德军丰州，或谓在富民县西南部（杨守敬《辽地理志图》），或谓在振武县境（张鼎彝《绥乘·辽夏分疆图》），但辽之振武系由唐之金河县改设，故仍以在振武县东南部为宜。今县东北部约在富民县境，金时省振武县为镇，入富民县，故今县当全在富民县南部。元隶大同路之丰州南部，至元三年置平地县于今县南，亦隶大同路。明洪武二十六年置玉林、云川二卫，隶大同都司，后为西土默特驻牧地。清康熙中置站，曰二十家子，蒙古语和林格尔也；乾隆元年设协理通判，六年隶归绥道，二十五年改理事厅；光绪十年改为抚民通判厅。民国元年改县。

县治　二十家子

面积　二万一千三百六十方里

四至　东　凉城县及山西右玉县　　南　清水河县
　　　西　托克托县　　　　　　　北　归绥县

托克托县 三等

战国无考。秦属并州。汉属定襄郡西部及云中郡西南小部，定襄郡之武进（即西部都尉治所，莽曰伐蛮。《汉书补注》王先谦曰："《续志》后汉改属云中。《一统志》：故城今成乐县东南。《纪要》：大同府西北塞外。"）、成乐两县及桐过县北部皆在其境，而云中郡之云中县、沙陵县及沙南县亦属之。光武中兴，置并州，今绥境皆在并州界内，故今县亦属并州，惟郡县略有省并，已见上卷，县境内之成乐、武进两县，后汉改隶云中郡，余如前汉。降及三国，地属魏治，然西自云中五原，东抵辽水，皆属鲜卑。西晋时代荒废如故。东晋时五胡乱华，慕容燕盛时北守云中以备代，故今县西南部亦入云中。北魏时属云州，云中郡之云阳县及延民县南部在其境内。隋初属胜州，后改榆林郡，今县属榆林郡金河县南部、榆林县东北部及富昌县全部。贞观四年突厥平，以云中城居其部长阿史德；永徽初置云中都护府；麟德元年改单于大都护府，徙治定襄；景龙元年筑东受降城于单于府西南百二十里，在今县南；天宝元年徙振武军于东城；乾元元年升军为节度移治单于府；元和中移东受降城于古云中西五十五里之绥远烽南，在今县北，为胜州榆林县地，仍隶振武军（参观《山西通志》归绥道考）。辽属东胜州武兴军之榆林县。（杨守敬《辽地理图》：榆林县在河东。而张鼎彝《辽夏分疆图》：在河西。今从杨说。）金时省榆林河滨，而置东胜县，为东胜州治，故今县当为东胜县东部地。元时隶大同路之东胜州东部。明洪武四年废州置卫，二十五年分为左右中前后五卫，寻并为左右二卫，今县乃左卫地也；永乐元年徙嘉靖中西土默特台吉脱脱驻牧于此，因以名城，脱脱及托克托乃译音之异也。清仍之，乾隆元年设协理通判，六年隶归绥道，二十五年改理事厅；光绪十年改为抚民通判厅，民国元年改县。

县治　托克托

面积　九千五百七十六方里

四至　东　和林县

　　　南　清水河县及山西偏关县

　　　西　萨拉齐县及陕西府谷县

　　　北　归绥县及萨拉齐县

清水河县 三等

战国无考，秦属并州。汉属定襄西南部，云中郡东南角部，定襄郡之桐过县南部，武城县北部，及云中郡之桢陵县，当在其境。至定襄郡之骆县，杨守敬《汉地理志图》无考，而《山西通志》及《绥乘》均称在清水河境，兹从《通志》说。光武中兴，置并州，今绥境皆在并州界内，故今县亦属并州，其境内县名仍如前汉。降及三国，地属魏治，然西自云中、五原，东抵辽水，皆属鲜卑。西晋时代荒废如故。东晋之季五胡乱华，慕容燕盛时，北守云中以备代，故今县东南角部亦入云中郡。北魏时属朔州，神武郡之尖山、殊颓两县地属之。隋初属朔州，后改马邑郡，今县属马邑郡之神武县（北魏之神武郡，隋废为神武县，别隶马邑郡）。唐为胜州，河滨县之东境，有河滨关，在今县北，即古君子津也；有唐隆镇，亦曰唐龙，在今县南，亦濒河戍守地也（参观《山西通志·归绥道考》）。辽于镇置宁边州，不领县，隶西京道（杨守敬《辽地理图》谓在今山西偏关，非是。今从张鼎彝《绥乘·辽夏分疆图》，《山西通志》亦同）。金初于州置镇西军；正隆三年又置宁边县倚郭，亦隶西京路；贞祐三年改隶岚州节度，四年升为防御州。故今县在辽、金均为宁边州地。元至元二年废宁边州，以其地半入东胜，半入武州，今县当在东胜州东南部。明初置东胜卫千户所，后废。清乾隆元年设协理通判，亦隶归绥道，二十五年改理事厅；光绪十年改为抚民通判厅。民国元年改县。

县治　旧无城现名清水河

面积　二万二千五百方里

四至　东　山西平鲁县偏关县　　南　山西偏关县

　　　　西　偏关县　　　　　　　北　和林县托克托县

东胜县三等

战国及秦汉不可详考。汉代约为西河郡之富昌县及美稷县（属国都尉治），上郡之白土县及桢陵县。后汉末为匈奴所据。晋永嘉后历为前后赵、前后秦地，又为赫连夏所据。北魏夺自赫连夏，今县约当东夏州东境。隋初约在胜州西南境，继改胜州为榆林郡，又在榆林郡之西南。隋末为梁师都所有，唐平师都仍置胜州榆林郡，本县当仍在胜州榆林郡西南，约为麟州新秦郡连谷、新秦两县地。辽为东胜州东胜县西南境地。元为中书省大同路之东胜州西南境地。明初设东胜卫，后徙，天顺间历为蒙古阿罗出、毛里孩、火筛等所据，嘉靖中元太祖十七世孙衮必里克墨尔根逐火筛居之，历明世终不能取。其曾孙博硕克图以清顺治六年封为多罗郡王，是为伊克昭盟左翼中旗。其后又有额璘臣者，累世从清兵立功，乾隆元年授定咱喇什以札萨克，析右翼前旗地界之，是为右翼前末旗。光绪三十年置东胜厅。民国元年改县。

县治　羊场壕

面积　十四万二千八百方里

四至　东　陕西府谷县　　南　陕西神木县榆林县
　　　西　伊盟乌审旗　　北　包头县

凉城县 三等

秦属并州雁门郡。汉属雁门郡西南部（即雁门西部都尉治所）、定襄郡中部及云中郡之东南一小部，定襄郡之武要县（东部都尉治）西部及定襄县全境，并云中郡之北舆县（中部都尉治）南部属之。光武中兴，置并州，今绥境皆在并州界内，故今县亦属并州，惟郡县略有省并，已见上卷，即前汉定襄郡之武要县，后汉已省，余如前汉。降及三国，地属魏治，然西至云中、五原，东抵辽水，皆归鲜卑。西晋时代仍行荒废。东晋时五胡乱华，慕容燕盛时北守云中以备代，故今县东南小部亦入云中。北魏时不能详考，但以地望计之，亦当属于云州。隋初属云州及朔州，后云州改定襄郡，朔州改马邑郡，今县约为定襄郡东部、马邑郡中北部，县境不可详考。唐代亦难考定（《山西通志》谓属桑乾都督府）。辽属西京道天德军丰州富民县东端地，但今县之东北部则不在西京道界内（《山西通志·归绥道考》谓本县应在德州宣德西北境）。金时西京道改为西京路，且路疆扩大，今县仍为富民县东端地，且悉隶西京路焉。元为中书省地，属何路待考。（《山西通志·归绥道七厅考》"宁远厅考"云：辽析云中之西德店置德州，治宣德县，隶西京道。金省州改县，曰宣宁。元仍为宣宁县地，隶大同路。明洪武四年废县，置宣德卫，后又废为大同边外地。依此则凉城县四代有属，然杨、张两图皆无征考，故不敢从，附以参考云耳。)明为大同边外地。清康熙十四年迁察哈尔部众分驻于此；雍正十二年置宁朔卫及怀远所，设大朔理事通判治之；乾隆十五年裁卫所，并为宁远厅，属右玉县北境，以朔平府通判移治之，二十一年改理事通判；光绪十年改为抚民通判厅，直隶归绥道。民国三年划归察哈尔，民国十八年一月划归绥远。

县治　凉城

面积　三千二百四十方里

四至　东　丰镇县　　　　　南　山西左云县及右玉县
　　　西　归绥县及和林县　北　陶林县及武川县

陶林县 三等

战国属赵。秦汉为云中郡东角部地，其北部为定襄郡之北部，阴山以南者，为赵国原阳邑境。至汉代则定襄郡中部都尉治所之武皋县，云中郡之武泉、原阳两县，及北舆县之北部，应属陶林。光武中兴，置并州，今绥境皆在并州界内，今县亦属并州，惟郡县略有省并，已见卷上，即前汉定襄郡之武皋县，后汉亦省，余仍如前汉。降及三国，地属魏治，然西自云中五原，东抵辽水，皆属鲜卑。西晋时代仍行荒废。东晋时五胡乱华，慕容燕盛时北守云中以备代，故今县东角亦入云中。北魏时代无考，但以地望计之当亦属云州。隋时约在云州定襄郡之东北边外，朔州马邑郡之北边外。唐不可考。辽为西京道边地。金为西京路净州东边地。元为中书省兴和路威宁县地（依杨守敬《元地理图》）。明入蒙古。清为宁远厅之一部，名科布尔；光绪二十九年始独立为陶林厅。民国三年改隶察哈尔，十八年一月划归绥远。

  县治 陶林

  面积 四万零八百方里

  四至 东 察哈尔商都县 南 集宁县及凉城县

      西 武川县   北 四子王旗

丰镇县一等

秦属并州雁门郡。汉亦属雁门郡腹地，及定襄郡之东部腰地，雁门郡之强阴县全境及定襄郡之武要县东部，均属之。光武中兴置并州，今绥远皆在并州界内，故今县亦属并州。惟郡县略有省并，已见上卷，即前汉定襄郡之武要县后汉已省，余如前汉。降及三国地属魏治，然西自云中、五原东抵辽水，皆属鲜卑。西晋时代绥远荒废仍如前朝。北魏时无考。隋代约为马邑郡地，唐亦不可考（《山西通志》谓属云州）。辽为西京道界外之边地（《山西通志·归绥道考》谓本县应在奉义）。金时属西京路。元为中书省地，何路待考。（《山西通志·归绥道七厅考》"丰镇厅考"云：辽析云中置奉义县，隶大同府。金废为镇，入大同，为大同、白登、天成三县之北境。元为大同路宣宁县之东境、兴和路威宁县之西境。依此则丰镇县地三代有属。然杨《图》则此两朝诸县皆在长城之南，故不敢从，附以参考云耳。）明为大同阳和卫边外地。清康熙十四年迁察哈尔蒙古部众分驻于此；雍正十二年置丰州卫及镇宁所，设大朔理事通判，统新设四卫所；乾隆十五年改设丰镇厅，地入大同县北境，以大同府分驻阳高通判移治焉，二十一年改理事通判为旗缺，三十三年通判还驻阳高，于大同府增设理事同知；光绪十年改抚民同知，隶归绥道。民国三年划归察哈尔，十八年一月仍归绥远。

县治　丰镇

面积　二万五千三百方里

四至　东　兴和县及山西阳高县　　南　山西大同县
　　　西　凉城县　　　　　　　　北　集宁县

集宁县二等

秦时今县南部为雁门郡地，位于原阳以东。汉为定襄郡之东部及雁门郡之西北部，县名无考。光武中兴，置并州，今绥远境皆在并州界内，故今县亦属并州，但东汉县名，亦难详考。降及三国，地属魏治，然西自云中五原，东抵辽水，皆归鲜卑。西晋时代绥远荒废，仍如前朝。北魏时无考，但以地望计之当亦属云州。隋代为马邑郡北边外地。唐不可考（《山西通志》谓属云州）。辽为西京道界外之边地。金属西京路。元为集宁县西部地（依杨守敬《元地理图》）。明入蒙古。清为丰镇、宁远二县辖境。民国亦然，迄于九年别置集宁设治局，十一年改县，属察哈尔，十八年一月划归绥远。

县治　平地泉

面积　五千六百方里

| 四至 | 东 | 兴和县 | 南 | 丰镇县 |
| | 西 | 陶林县 | 北 | 四子王旗 |

兴和县_{二等}

战国赵地。秦属代郡及雁门郡。汉高帝三年属汉，六年置代国，今兴和县乃汉雁门郡东北边及代郡西北边地，代郡之且如县西南境属之。光武中兴，置并州，今绥境皆在并州界内，故今县亦属并州，惟郡县略有省并，已见卷上，即前汉代郡之且如县，后汉已省，余如前汉。降及三国，地属魏治，西自云中五原，东抵辽水，皆属鲜卑庭。西晋时代绥远荒废，仍如前朝。北魏时不可考，但以地望计之当亦属云州。隋代为马邑郡之东边外地。唐不可考。辽为西京道界外之边地。金时属西京路。元为兴和路高原县地（依杨氏《元地理图》）。明入蒙古。清为丰镇厅之一部，本名二道河，光绪二十九年始独立为兴和厅。民国三年划入察哈尔，十八年一月划归绥远。

县治　兴和

面积　五千零八十七方里

| 四至 | 东 | 察哈尔省张北县 | 南 | 山西省阳高县 |
| | 西 | 集宁县及丰镇县 | 北 | 察哈尔省商都县 |

土默特旗

"土默特旗即归、萨、清、和、托等五县之辖境也。（《历代疆域沿革》已分详各县，兹从略。）蒙古小王子之族曰谙达，始于丰州滩筑城架屋以居，谓之拜牲扩地。明隆庆间受封为顺义王，支庶子侄凡六十五人，各授都督、指挥、千百户等官有差。清太宗天聪六年亲征察哈尔，驻跸归化城，土默特部悉降，九年编为二旗，设左右翼都统领之。其后有剌麻札布者，乾隆间随征青衮咱卜有功，封为辅国公，隶乌兰察布盟，其旗事则掌之将军副都统，土地则分隶五厅之同知通判。民国二年裁副都统，三年设总管。自是而土默特两翼十二甲皆由总管统属，如副都统故事焉。"*

总管驻所　归化城

面积　十三万四千八百八十六方里

四至　东　四子部落界

　　　南　清水河之北境及和林格尔之西北境

　　　西　乌喇特及鄂尔多斯界

　　　北　喀尔喀右翼及茂明安界

《大清会典》："凡游牧近山河者以山河为界，无山河者，设鄂博（垒石为邱曰鄂博俗名脑包）为界。"

清《理藩院则例》："一茂明安与土默特两旗界址：自白衡果尔山所设封堆起，迤东至大、小两毫赉，设封堆二；转东北至哈达图河之南北二山山顶，设封堆二；迤北至乌尔霍

---

* 按，自此以下至本章末，凡大段引文，皆为原作者抄自《绥乘·疆域考下》。

第八章　修志之先决问题

硕设封堆一；又北至克抽鄂博所设封堆，定为茂明安、达尔汗贝勒、土默三旗交界。自克抽封堆西北之副都统衙门征租官房西所，设封堆二起，迤西为茂明安旗界，迤东为土默特旗界。一达尔汗贝勒与土默特两旗界址：自克抽封堆起，至向东北之山顶，设封堆一；迤东于哈拉图、温都尔、茂盖图、库谢齐洛萨查鄂博、磨栋鄂博、哈达玛勒河源、奔硆图哈拉鄂博、霍拉保山、托速图山，各设封堆。以托速图山定为达尔汗贝勒、土默特、四子部落王三旗交界。山迤北为达尔汗贝勒界，山迤南为土默特旗界。一四子部落王与土默特两旗界址：自托速图山起，向南至东巴彦封堆，设封堆一；自巴彦封堆向西南至土默特所属之乌兰察布六札萨克会盟处，又至乌兰察布泉源，各设封堆。其泉源封堆迤东为四子部落王旗界，迤西为土默特旗界。一达尔汗贝勒、土默特两旗：以哈达玛勒河源为正中交界，迤西至克抽封堆，迤东至速图山，设立碣石。山之北为达尔汗贝勒旗界，山之南为土默特旗界。"

伊克昭盟

殷为土方、吕方，西周为猃狁，东周为杂狄。秦为上郡西部，北地郡东端，九原郡南部。汉时北部临黄河，一部为朔方郡，中部、东半部为西河郡，东南部为上郡，东北为五原郡，余皆塞外地也；故五原郡之河阴，朔方郡之朔方、渠搜（东部都尉治）、广牧（中部都尉治）、沃壄、临戎，西河郡之平定、增山（北部都尉治）、虎猛（西部都尉治）、大成，上郡之奢延、高望（北部都尉治）、龟兹（属国都尉治）等县皆属之。光武中兴，置并州，今绥境皆在并州界内，今盟亦属并州，惟郡县略有省并，已见上卷，即前汉朔方郡之渠搜县，后汉省；西河郡之富昌县、增山县、虎猛县，后汉省；上郡之高望县，后汉亦省，此外皆同前汉焉。降及三国，地属魏治，然中原战争无暇顾及边陲，自云中、五原东抵辽水，皆为鲜卑庭。西晋时代绥远荒废，仍如魏时。东晋石赵据朔方，置朔州，故今盟北部当入朔州，迄赫连夏据统万称夏，置幽州大城，故今盟之鄂尔多斯旗右翼一带，北薄于河，当入赫连夏境。北魏时为夏州及东夏州，至所领郡县已详考于上，兹不赘焉。后周置总管府。隋初其南半部为夏州，后改朔方郡，统岩绿（西魏置）、宁朔（后周置）、长泽（西魏置）三县北半；中部为丰州，即五原郡之安化县一部，余无考。唐代其南部为夏州朔方郡及宥州宁朔郡地（详见卷上），余不详。辽时几全部入夏，金时亦然，杭锦旗以东为宁夏路管地，余仍属夏。元时除北部一小部分为中书省境外，其东部为陕西省，西部为甘肃省地（依杨守敬《元地理图志》），今盟西北部则属宁夏路。明时入蒙古，"嘉靖中元太祖十七世孙衮必里克图墨尔根为济农，译言郡王也，入居河套，名所部曰鄂尔多斯，有九子分牧两处，今之七旗皆其裔也。踞河套东北隅，沿河蜿蜒而西者为左翼后旗，亦曰达拉特旗；接连达拉特旗循河而西，至河套西北隅，斜分之为右翼后旗，亦曰杭锦旗；平分河套西北隅，循

第八章　修志之先决问题

河而南至长城止为右翼中旗，亦曰鄂托克旗；与鄂托克旗平行而东为右翼前旗，亦曰乌审旗；东南为右翼前末旗，亦曰札萨克旗、乌审旗；正东为左翼中旗，亦曰郡王旗；此鄂尔多斯之原也，自此而东踞河套东南隅者为左翼前旗，亦曰准喀尔旗"，共七旗。此清代及民国情形也，分述如左：

《蒙古游牧记》："鄂尔多斯盟名伊克昭盟，蒙古谓大曰伊克，庙曰昭。夫此大庙之名曷起乎？《理藩院则例》载伊克昭境内有青吉斯汗园寝，鄂尔多斯七旗向设有看守园寝、承办祭礼之达尔哈特五百户，每年共出银五百两，以供祭礼修理之用。于该盟内奏派贤能札萨克一员专司经理，然则伊克昭之名为因青吉斯汗园寝得名矣。"

《绥乘》云："光绪三十年山西巡抚恩寿奏设东胜县折内有西邻大昭之语……《元史》正大十七年*'作行宫于察罕脑儿'，察罕脑儿在今郡王旗地，与前所谓西邻大昭者适相符合。今七旗于察罕脑儿行宫每岁拨役严守，中有大柜，不知所藏何物。问之亦不以告人，疑即青吉斯汗园寝所在也。"

"左翼中旗（即郡王旗），东胜县辖境也（历代沿革详东胜县）。衮必里图墨尔根之曾孙博硕克图（明人谓之卜失兔）为察哈尔林丹汗

---

* 按，"正大十七年"当为"至元十七年"。

所恶，夺济农号。清天聪九年灭察哈尔，其子额璘臣来归，赐复济农号，顺治六年封多罗郡王。牧地东至衮额尔吉庙六十五里，接左翼前旗界。南至神木营二百里，接边城界。西至察汗额尔吉五十里，接右翼前旗界。北至额赖泉百二十里，接右翼后旗界。东南到贺岳尔门绰克百八十里，接边城。西南到额勒苏特乌兰陀罗海六十里，接边城界。东北到噶该陀罗海九十里，接左翼后旗界。西北到喀喇札喇九十里，接右翼后旗界。"

"札萨克驻所　鄂锡喜峰

"左翼前旗（即准喀尔旗）之东南境，绥远俱未设县，其中央及东境归清水河县统辖，而北境则托克托县统辖也。额璘臣从子色棱，于清顺治六年封札萨克固山贝子，世袭罔替。牧地东至湖滩河朔百四十五里，接土默特界。南至清水营一百一十里，接边城界。西至衮额尔吉庙一百里，接左翼中旗界。北至贺陀罗海一百里，接左翼后旗界。东南到喀喇和硕八十五里，接边城界。西南到额勒默图一百里，接边城界。东北到黄河百三十里，接土默特界。西北到可退坡八十里，接左翼后旗界。

"札萨克驻所　札拉谷

"左翼后旗（即达拉特旗）东半为萨拉齐县辖境，西半为五原县辖境（历代沿革分详二县）。额璘臣从弟沙克札，清崇德六年来朝，顺治七年封札萨克固山贝子，世袭罔替。牧地东至黄河冒带津（亦作毛岱）百五十里，接土默特界。南至贺陀罗海一百十里，接左翼前旗界。西至察罕额尔吉百三十五里，接左翼中旗界。北至黑水泊二十里，接乌拉特旗界。东南到阿鲁得勒苏百九十里，接左翼前旗界。西南到哈锡拉克陀罗海百四十里，接左翼中旗界。东南到台硕额勒苏八十五里，接土默特界。西北到绰和尔末里图三百七十里，接乌拉特旗。

"札萨克驻所　巴尔哈逊湖

"左翼中旗（即鄂托克旗）今未设县。在汉为朔方郡之临戎、广牧二县地。魏晋荒弃。晋末赫连勃勃据为国都，定名曰统万。后魏灭赫连氏，建夏州，为化政、阐熙、代名三郡地。隋移朔方郡于此。唐置宥州，五季时为李夏所据。元属宁夏路，入于蒙古。额璘臣族子善丹，于清崇德六年来朝，顺治七年封札萨克多罗贝勒，世袭罔替。牧地当腾格里泊，即古屠申泽也。东至察罕札达海泊七十里，接右翼后旗界。南至贺通图山（俗名回回墓）三百七十里，接左翼前旗界。西至察罕托辉二百五十里，接外蒙古赛音诺颜左翼右旗界。北至马阴山一百十里，接右翼后旗界。东南到库克陀罗海一百里，接右翼前旗界。西南到横城口三百三十里，接边城界。东北到鄂兰拜百二十里，接右翼后旗界。西北到阿尔布怛（旧名省嵬山）二百二十里，接外蒙古赛音诺颜。

"札萨克驻所　锡拉布里多诺尔

"右翼前旗（即乌审旗）今未设县。额璘臣从子额琳沁，于清顺治六年封札萨克固山贝子，世袭罔替。牧地东至察罕额尔吉五十里，接左翼中旗界。南至榆林二百三十里，接边城界。西至摩多图察罕泊百三十里，接右翼中旗界。北至贺图山二百里，接右翼中旗界。东南到察罕鄂博二百里，接边城。西南到介喀图瑚拉琥三百里，接边城界。东北到哈达图泊三十里，接左翼后旗界。西北到察罕札达海（一名苦水池）六十五里，接右翼中旗界。

"札萨克驻所　巴哈诺尔

"右翼后旗（即杭锦旗），五原县辖境也（历代沿革详五原县）。额璘臣从子小札木素，因清顺治六年大札木素叛，小札木素不附逆，诏封札萨克镇国公，世袭罔替。孙都棱，康熙三十七年以从征噶尔丹督护粮运功晋封固山贝子。都棱孙齐旺班珠尔，乾隆十九年晋封多罗贝勒。牧地东至兔毛河四十里，接左翼后旗界。南至喀喇札喇克百四十里，接左翼后旗界。西至噶札尔山百四十里，接右翼中旗界。北至塞特勒赫墨突二十里，接乌拉特界。东南到巴彦泉百五十里，接左翼后旗界。西南到达尔巴哈冈百五十里右翼中旗界。东北到拜塞墨突四十里，接乌拉特界。西北到哈落尔博罗百八十里，接乌拉特界。

"札萨克驻所　鄂尔吉诺尔

"右翼前末旗（即札萨克旗），东胜县辖境也（历代沿革详东胜县）。额璘臣曾孙定咱喇什曾祖乌巴什号都尔岱青，清顺治六年以不从大札木素叛，授二等台吉，康熙十四年晋一等台吉，乾隆元年以族属繁增旗一，授札萨克，世袭罔替。以上七旗同族同牧，自为一盟。"

盟所　伊克昭

面积　未详（各地图所画地形皆误，面积、道里更不可靠，暂缺）

四至　东　萨拉齐县及陕西　南　长城及陕西甘肃省

　　　　西　黄河及宁夏省　　北　黄河及五原县临河县

乌兰察布盟

秦汉时皆为塞外地，匈奴境也。光武中兴置并州，今绥远皆在并州界内，惟乌盟仍为塞外。降及三国，地虽属魏，然中原战争无暇顾及边陲，自云中、五原以东，抵辽水，皆为鲜卑庭，乌盟为北单于部落之地。西晋时代，绥远荒废，仍如魏时。北魏时为六镇外之荒服，大约东为柔然（蠕蠕），西为突厥。隋代仍荒，入东突厥。唐代东部为契丹，西部仍为东突厥。辽时为西京道北界外荒地，惟西部一部分已入西京道（今固阳县地）云内州开远军地矣（今五原北山后之地）。金时仍如辽季，惟今四子部落西北与喀尔喀接壤地，金置净州天山县焉。元时中书省净州路天山县领地，与金时无异，但今喀尔喀杭爱山东，鄂尔浑塔米河之间，则归领北省和宁路焉（依杨守敬《元地理图》附说）。明时入于蒙古。清时共六旗，最东曰四子部落旗，亦曰四子王旗。其西曰喀尔喀右翼旗，亦曰达尔汉贝勒旗。又西为茂明安旗。又西为乌拉特前后中三公旗：其前旗亦曰西公旗，后旗亦曰东公旗，中旗亦曰中公旗。分述如左：

"四子部落旗，武川辖境也。东西距二百三十五里，南北距二百四十里（历代沿革详武川县）。元太祖弟哈布图哈萨尔十五世孙诺延泰与兄昆都伦岱青同游牧呼伦贝尔，有子四：长僧格，号墨尔根和硕齐；次素诺木，号达尔汉台吉；次鄂木布，号布库台吉；次伊尔札布，号墨尔根台吉。分牧两处，因为部名。清天聪间，四子相继朝贡，从征有功。崇德元年授鄂木布札萨克，赐号达尔汗卓里克图，俾统所部。顺治六年封多罗郡王，世袭罔替。牧地有锡剌察汉诺尔，即锡剌木伦河之所潴也。东至什吉冈图山三十里，接苏尼特右翼界。南至伊柯塞尔拜山百四十里，接察哈尔镶红旗界。西至巴彦鄂博（今图作白彦包）一百五里，接土默特界。北至沙巴克图一百里，接土谢图汗部左翼中旗界。东北到额尔柯图鄂博百六十里，接土谢图汗部左翼中旗界。西北到查尔山百二十里，接土谢图汗部左翼中旗界。东南到托克托瓦陀罗海百八十里，接察哈尔正黄旗界。西南到察罕和硕二百里，接察哈尔镶蓝旗界。

"札萨克驻所　乌兰额尔济（一作鄂勒哲满达赖）

"喀尔喀右翼，亦武川辖境也。东西距百二十里，南北距百三十里（历代沿革详武川县）。元太祖第十六世孙格垺森札札赉珲台吉第三子诺诺和伟征诺颜，有子二：长巴泰，为中路土谢图汉祖。次阿布琥，生子喇瑚里，有子五：长本塔尔（一作本达尔伊），世世为喀尔喀中路台吉。清顺治十年与土谢图汉有隙，率户千余来归，赐木塔尔浑河牧地。东至额古尔图华六十五里，接四子部落界。南至哈达满勒河源七十里，接土默特界。

西至乌兰户特图克五十里,接茂明安界。北至岳索山六十里,接土谢图汉左翼中旗界。东南到陀索图鄂博九十里,接四子部落界。西南到魏迈乌兰和硕一百里,接茂明安界。东北到察尔山七十里,接土谢图汉左翼中旗界。西北到塔起尔克图鄂博六十里,接乌拉特界。

"札萨克驻所　塔尔浑河（《清会典》作驻巴彦鄂博河）

"茂明安旗,固阳设治局辖境也。东西距一百里,南北距一百六十里（历代沿革详武川县）。元太祖弟哈萨尔十四世孙锡拉奇塔特,有子三,游牧呼伦贝尔。其长子多尔济,有子车根,号所部曰茂明安,清天聪七年率千余户来归,子僧格于康熙三年授札萨克一等台吉,世袭罔替。牧地当爱布哈河源,东至黄乌尔四十里,接乌喇特界。南至固尔班哈喇陀罗海八十里,接土默特界。西至哈喇达噶六十里,接乌拉特界。北至伊克尔德阿济尔噶一百一十里,接瀚海界。南至魏迈乌兰和硕七十里,接土默特界。西南到吉兰陀罗海八十里,接乌拉特界。东北到苏朗百二十里,接瀚海界。西北到土勒札图鄂博百四十里,接瀚海界。

"札萨克驻所　彻特塞里（《清一统志》作驻车突泉,《会典》作驻巴颜察罕鄂博）

"乌喇特三旗,后旗为固阳设治局辖境,前中二旗皆五原县辖境也。东西距二百一十五里,南北距三百里（历代沿革详五原县）。元太祖弟哈萨尔十五世孙布尔海,游牧呼伦贝尔,号所部曰乌喇特,后分为三部,长子赖噶孙鄂木布幼子巴尔赛孙图巴、曾孙巴棱分领之。清天聪七年率属来归，顺治五年以图巴掌中旗，封镇国公；鄂木布子谔班掌前旗，封镇国公；色棱子巴克巴海掌后旗，封辅国公。各授札萨克，世袭罔替。牧地当河套之北噶札尔之南，东至黄乌尔九十里，接茂明安界。南至黄河五十里，接鄂尔多斯界。西至拜塞默突百二十里，接鄂尔多斯界。北至伊克尔德阿济尔噶二百十五里，接喀尔喀右翼界。东南到黄河百二十里，接鄂尔多斯界。西南到黄河一里，接阿拉善及鄂尔多斯界。东北到苏郎百四十五里，接喀尔喀右翼界。西北到塔起勒克图鄂博二百八十里，接喀尔喀右翼界。

"三札萨克驻所　原在哈达玛尔（今分驻。前旗在乌拉山南，三湖湾之侧，中旗在狼山之北，后旗在石留鄂博之南。）"

以上六旗自为一盟。

盟所　乌兰察布（乌兰察布者，河名也，发源于大青山北麓，向北流。其地名为胡克图，在可镇赴乌兰花大道之东，旧以城东北之红螺谷当之，非。）

面积　未详（但将六旗东西南北相距之里数变为方里，加之即可得也。）

四至　东　察哈尔省
　　　南　归绥萨拉齐包头五原临河五县
　　　西　外蒙古及阿拉善旗
　　　北　外蒙古

以上《绥远疆域沿革志稿》，原系上、下两篇。今以改为两节，但内容格式一仍其旧，故与本书他章格式不同，盖志体本应如是也。惟此稿内容原拟最后再更正一次，今既谢却，即可不必。且原附《沿革图》十幅，今本书举例，所以明疆域沿革，俾便搜集资料，有所依据，重在列朝地名，故无附图之必要。而后附一表，观之即可了然于绥远某朝应为某地，而资料有所附隶焉。

第九章 方志之资料

第一节 总 说

方志资料者,即方志所依据之记录的或非记录的一切志材也。方志为一方之史,前已屡言。古人为史,亦皆各有所资。非然者,其史必无价值。马班者,吾国史家之鼻祖也。史公《自序》载其父谈临卒云:"余先周室之太史也……夫余死汝必为太史,为太史,无忘吾所欲论著矣。"是则谈固有所论著,以为迁之资料矣。又《汉书·司马迁赞》言:"迁据《左氏》《国语》采《世本》《战国策》《楚汉春秋》,接其后事,迄于天汉。"然则此数书,亦迁之所资《后汉书·班固传》述:"固父彪,接迁书,太初以后,继采遗事,傍贯异闻,作后传数十篇。"是彪已有撰述也。"固以父书未详,欲就其业。会有人告其私改国史,明帝阅其书而善之,使固终成之。固乃起高祖,终于孝平王莽之诛,十有二世,二百三十年,为《纪》《表》《志》《传》凡百篇。"是马、班既皆有本，以下当无列举之必要。一国之史如此，一地之史亦如此。不过斯学所函范围太广，各人观察之点不同，虽有极良现存资料，苟求之不以其道，亦竟熟视无睹。史学之至今未能成为科学者，亦正在此。关于史料种类应分若干，自有他书论列可资参考。① 前章既举《绥远省志》为例，则本章所举资料仍以适用于绥远者为例，兹分记录的及非记录的分述于后。

第二节　记录的资料

记录的资料即此种资料，已见于文字记载，吾人可伏案者也。若以绥远为例，当分左列数种。

一、属于甲骨文者　以余所考，绥远在殷代一部疆域属于土方、呂方及鬼方等。而甲骨文字多纪"土方""呂方""鬼方"近亦发现，兹将有关诸书分述如左：

《铁云藏龟》　　刘鹗编

《殷虚书契前编》　罗振玉编

《殷虚书契后编》　同上

《殷虚书契续编》　同上

《铁云藏龟之余》　同上

---

① 拙著《西洋大历史》五版《绪论》第五章关于史料种类分别甚详，他省修志者可并参观互证之。

第九章　方志之资料

《铁云藏龟拾遗》　叶玉森

《戬寿堂所藏殷虚文字》　王国维编（署名姬佛陀）

《龟甲兽骨文字》　林泰辅编

《福氏所藏甲骨文字》　商承祚释

《殷契佚存》　孙壮等藏片　商承祚释

《殷虚卜辞》　James Mellon Menzies [*]

《殷契卜辞》　燕大藏片　容庚、瞿润缗同释

《何遂藏片》　现存北平国立图书馆[**]（以上皆拓本）

《契文举例》　孙诒让著

《殷虚书契考释》　罗振玉著

《殷虚贞卜文字考》　同上

《戬寿堂所藏殷虚文字考释》　王国维著

《殷虚文字类编》　商承祚类次

《殷契钩沉》　叶玉森著

《甲骨文字研究》　郭沫若著

《卜辞通纂》　同上

《殷契通释》　徐协贞著

《安阳发掘报告》第一、二、三期　《中央研究院专刊》（以上皆研究考释甲骨文字者）

二、属于吉金文者　凡历代铜器、印玺、钱币等均暂属于

---

[*] 按，即加拿大传教士、齐鲁大学教授詹姆斯·梅隆·明义士。

[**] 按，即今国家图书馆。何遂所藏甲骨于1989年由北图调拨至中国历史博物馆。

此类。一方识别绥远古物，须赖已出诸书、图考为借镜；一方薰粥、猃狁、匈奴诸外族，金文间有记录，且观其出土铜器，亦可视其文化程度之高下。至秦汉以下印玺，以绥远出土为最多而最精，故于此中亦可补证历代官制之缺录。钱币关系经济，更非研考不可。但此类著述都数百种，不胜枚举。兹择其收录最富可资识别古物者，或拓片最多可资考据史实者，以及特别有关绥远地方者，分举如左：

《博古图录》　宋　王黼

《西清古鉴》　清　内府

《西清续鉴》　同上

《宁寿鉴古》　同上

《积古斋钟鼎彝器款识》　阮元

《愙斋集古录》　吴大澂

《陶斋吉金录》　端方

《陶斋吉金续录》　同上

《支那古铜集器》　日人住友氏

《宝蕴楼彝器图释》　容庚

《善斋吉金图录》　刘善斋（以上收罗宏富可以识别古器者）

《奇觚室吉金文述》　刘心源

《周金文存》　邹安

《古金遗文》　日人守谷掖斋

《古籀编及补遗》　日人高田忠周

《金文丛考》　郭沫若

《古代铭刻汇考》　同上

《两周金文辞大系》　同上

《金文余释之余》　同上

《殷周青铜器铭文研究》　同上

《双剑誃吉金文选》　于省吾（以上文字考订最多者）

《痴盦所藏历代吉金图考》　李泰棻（以上特关绥远者）

涵楚藏印拓片　（民十六至二十年，李培基氏先后任绥远都统及省府主席，得秦汉印千余，拓本曾见，尚未出书。）

晚学斋印存　苏体仁（苏氏于民二十一年任绥远财政厅长，连任至今。收罗古印千方，官印最多，已拓，尚未出书。）

汉今藏印拓片　（民十以后，赵汉今设市绥远省城，专收古物，前后售出古印数千方，均存拓片，愚曾借得考证，非印品也。）

痴盦藏印拓片　李泰棻（以上历朝古印可考绥远官制者）

《古今钱图》　严可均（抄本）

《古泉汇》正、续、补遗　李佐贤

《古今钱略》　倪模（以上收罗宏富可以识别古泉者）

《货布文字考》　冯昂（以上考订货布文字者）

《蒙古西域诸国钱谱》　陈其镳（以上有关绥远者）

三、属于石刻类者　石刻类可分碑、碣、摩崖、墓志、造象等。除摩崖一门无关绥远外，其他三门出土绥远者自当载入《绥志》，固不待言。即他省出土如碑志之类，亦或有关绥省。而北朝人物墓志，其不见于《北齐书》北《周书》北《魏书》以及《北史》者甚多。但或为绥人，或官绥远者，谅亦非少，皆可补助绥志资料者。故当特别搜罗，今择要分述如左。至古玉虽直接无关志料，但亦须识别，以入《古物志》，故亦附见于此类焉。

《宝刻丛编》　宋陈思

《汉碑录文》　马邦玉

《隋唐石刻拾遗》　黄本骥

《南北朝石刻记》　王懿荣（抄本）

《陶斋藏石记》　端方

《石刻名汇》　黄立猷

《望堂金石》初集、二集　杨守敬

《六朝墓志菁英》　罗振玉

《六朝墓志精华》　有正书局

《马衡所藏墓志》　（马氏收藏墓志、造象，坊间未流行者甚多，但未集印。）

《于右任所藏墓志》　（于氏收藏墓志、造象，坊间未流行者亦多，但亦未集印。）

《慕汲轩志石文录》　吴鼎昌（以上碑志文字之可供参考者）

《校碑随笔》　方若

《集古求真》　欧阳辅（以上识别碑志、造象文字者）

《山右金石录》　夏宝晋

《山右石刻丛编》　胡聘之（以绥远清属山西、故以上有关绥远者）

《中国雕刻研究导言》　阿陶纳（Leigh Ashton *An Introduction to the Study of Chinese Sculpture*）

《中国造象》　巴葛达（Otto Burchard *Chinesische Kleinplastik*）（以下识别造象者）

《古玉图谱》　宋　龙大渊

《古玉图考》　吴大澂

《玉谱类编》　徐寿基

《古玉之研究》　日人滨田耕作（以上识别古玉者）

四、属于西夏文者　西夏建国虽在今宁夏省境，然以余所考其东部疆域达于绥属之伊克昭盟者尚有大部。西夏自创文字历久失传，近二十年来经世界各国学者之努力，其字复能认识。亦犹埃及象形文字失传，自法人尚颇龙著埃及字典（Champollion *Dictionnaire Égyptien*）后又明于世，同一盛事，此亦近代学术界之大收获也。绥远出土之西夏官印甚多，上虞罗氏所藏概由斯土购得者。且西夏佛经发现于绥者亦恒有之，故作《绥志》西夏文字亦须识别，今举其工具之书如左。（此外西夏文与汉文对译经典甚多，亦可借以识字焉。）

《掌中珠》　西夏人骨勒

《西夏国书类编》　罗福成

《西夏国书略说》　罗福苌（后经改订发表于上海出版之

《亚洲学术杂志》,惜未全终而罗氏即卒。)

《西夏官印集存》 罗福成

《西夏文字与西藏文字对照之短览》 纳斯克(*A Brief Manual of the Si-hia Characters with Tibetan Transcriptions* by Nicolas Nevsky)大阪东洋学会出版

《西夏国书说》 伊凤阁(见《北大国学季刊》一卷一期)

《韵统举例》 罗福成(见《国立北平图书馆馆刊》四卷三号)

《文海杂类》 同上

《西夏文专号》 《国立北平图书馆馆刊》

五、属于经书者 经书中有关绥远史地者甚少,然亦非绝无,其要者分述如左:

《尚书》

《易经》

《诗经》

《孟子》

《春秋左氏传》

六、属于史书者 绥远旧无志书,仅于山西省志中略述少许。然该省秦汉以来见于正史之资料特多,余因总纂绥远省志,前年终岁曾将二十四史及清史重阅一次,发现史料数百条。故近代资料可以调查,而古代资料十之六七须赖正史。兹将特别有关者分述如左(其补正疏注正史者种类特多,恕不列举焉）：

《古本竹书纪年》　王国维辑校

《今本竹书纪年》

《汲冢周书》

《穆天子传》

《国语》

《国策》

《史记》　司马迁

《前汉书》　班固

《后汉书》　范晔

《三国志》　陈寿

《晋书》　房乔等

《魏书》　魏收

《北齐书》　李百药

《周书》　令狐德棻等

《隋书》　魏徵等

《北史》　李延寿

《旧唐书》　刘昫

《新唐书》　欧阳修等

《新五代史》　薛居正等

《新五代史》　欧阳修

《宋史》　托克托等

《辽史》　托克托等

《金史》　托克托等

《元史》　宋濂等

《明史》　张廷玉等

《清史稿》　赵尔巽等

《新元史》　柯劭忞

《蒙兀尔史记》　屠寄

《元朝秘史》　叶氏刊本

《元史译文证补》　洪钧

《西夏记》　戴锡章

七、属于志书者　绥远虽无省志，然与绥远有关之省、府各志及绥远属县之有志者亦不鲜，兹择要分述如左：

《雍正山西通志》　巡抚觉罗石麟等

《光绪山西通志》　巡抚张煦等

《雍正朔平府志》　知府刘士铭等

《乾隆大同府志》　知府吴辅宏等

《归绥识略》（抄本）　张曾

《归化纪略丛语》（抄本）　韩凤楼

《绥乘》　张鼎彝

《绥远旗志》　高赓恩

《土默特志》　同上（但刻本无著者姓氏）

《归绥道志》（抄本）　同上（但前亦无著者姓氏）

《丰镇厅志》　同知德溥等

《五原厅志》（抄本）　无著者姓氏

《临河县志》　王文墀

《归化厅志采访稿》（抄本）　厅人刘鸿逵、徐树璟、张幹臣等辑

《绥远城志略》（抄本）　佐领观瑞同等辑

《清水河厅志略》（抄本）　通判文秀等

《和林格尔厅志略草》（抄本）　通判张焕等

《萨拉齐乡土志》（抄本）　通判屠义矩等

《萨拉齐包头镇志略》（抄本）　包头绅民辑

《宁远厅志略》（抄本）　通判宁存校等

《兴和新厅志稿》（抄本）　同知陈时隽等

《陶林厅志略》（抄本）　通判贾栩等

《托克托厅采志录》（抄本）　通判任秉铨等

《宁远厅古迹志》（抄本）　乔桐荫

《绥远土默特职官纪》（抄本）　副都统文哲珲叙

《土默特志略》（抄本）　参领都格尔札布

八、属于集部者　集部有关绥远者，除最近新著将于以后杂著类征引者外，余并无多，兹述如左：

《马石田文集》　元马祖常

《蒙古游牧记》　张穆

《圣武记》　魏源

《垦务奏议》　同上

《筹边举要》　同上

《蒙鞑备录笺证》　王国维

《黑鞑事略笺证》 同上

《观堂集林》 同上

九、属于地理者 现代地理须凭调查，至古代地理沿革必须征引古籍。惟此类究寻地理沿革专书，我国绝无，其有关者亦鲜，兹举有用于绥远者分列如左：

《山海经》

《水经注》

《今文尚书正伪》 李泰棻

《正史各地理志》

《天下郡国利病书》 顾炎武

《读史方舆纪要》 顾祖禹

《中国地理沿革图》 杨守敬

《历代地理沿革表》 陈芳绩

大清一统志

十、属于类书者 类书虽多，然有关绥志者，仅左列二种：

《图书集成》

《耆献类征》 李桓

十一、属于杂著者 此类本可包括集部，然皆系近人作品，且其性质多系调查。非著作者亦有，但皆有关绥远可备参考，故另列此目一体收容：

《蒙古鉴》 卓宏谋

《契丹名号考释》 冯家昇（《燕京学报》十三期）

《绥远省地方自治讲义》 樊库等

《绥远省分县调查概要》 民众教育馆

《西北垦殖计划》 南运河工程局

《绥远土默特旗矿产地质报告》 地质调查所

《绥远大青山煤田地质》 同上

《土壤专报第四号》 同上

《包宁线包临段经济调查报告书》 铁道部

《中国地质纲要》 翁文灏

《西游日记》 徐炳昶

《蒙古逸史》 陈箓

《蒙古地志》 王宗炎译

《内蒙古纪要》 花楞

《蒙古考略》 龚柴

《蒙古第三世纪生物考》 科学调查团

《中国铁路史》 曾鲲化（内京绥铁路有关绥远）

《绥远调查报告书》(抄本) 张恺等

十二、属于藩部者 亦有左列数种，无可类归，故另列之：

《钦定蒙古源流》

《钦定理藩院则例》

《钦定外藩王公表传》

《皇朝藩部要略》 祁韵士宋景昌

十三、属于档案者 清代及最近资料，档案当占大部，省县各机关档案均须派员分头清查，依类抄录。其理由人皆知之，无须赘述。兹将重要机关之系统分列如左，至其所属下级机关恕不列举：

将军衙门　都统署　省政府

绥西镇守使署　警备司令部

道尹公署　民政厅

实业厅　建设厅

财政分厅　财政厅

学务局　教育厅

垦务督办衙门　垦务总局

塞北税务监督公署

副都统衙门　土默特总管公署

清源局　禁烟善后局　禁烟稽查处

都统署审查处　高等法院　归绥地方法院

各盟旗王公札萨克府及办事处等

各厅同知通判衙门　各县知事县长公署

十四、属于商号账簿者　现代作史注重人民生产样式、生活状态，本书拟目即已言之。若但观察今日绥人之生产及生活，自有方法可以调查。若须兼顾往昔，则查阅旧日各地商号积存账簿实为惟一良法。绥远商号乾、嘉开设者有之，继续开始者亦有之，要皆依生活要求而渐增多。故调查所得直接可对历年绥人生活所须之物品、价格获一比较详表，间接对于生产样式、经济状况等亦可推知十九，故此门重要尤甚于书籍档案者多矣。

第三节　记录以外的资料

非记录的资料大别之可为四种，因各省皆当如是，故所举不限绥远也。

一、地下的　过去人类活动成绩大部埋伏地下，往时发现皆为偶然的。近数十年来西洋方面个人或学术团体专事搜掘者亦复不少，各国迩来亦有仿作。但大规模之举动仅有中央研究院，又仅在豫、鲁两省发掘各一二次，地方自动发掘者尚无。以后省县修志须有此类动作，方可特别补助史前资料。其最宝贵者有以下诸种：

人类骨具　近世欧洲为证明人猿共祖之说，对于初人骨具多方搜求，自千八百二十八年于法国南部，越五年又于比国里日 Liege 附近均曾发现古人头颅。此风一开随时随地均有新得，人猿共祖之说卒以大白。吾国汉族来自何地至今仍为疑问，倘欲证明亦非求之地下古骨古物无法解答。各省倘借修志分工合作，必可成此巨功。即不然亦可知上古居民究属何种，故人类骨具无论其为全部的或一部的皆可宝贵也。

人类用具　古人用具亦须发掘，得骨具时用器自然随之而出，以其用器之为石、为金、为骨、为陶，即可别识其人，约在何时居此。且人类之文化与其生产样式大有关系，而人类之用具尤为生产样式之标准。用石器者当然为石器时代之文明，用铜器者当然为铜器时代之文明。至其时为前石器或后石器、渔牧期或耕种期，须视其器之精粗、式之种类而定。要之古人用具即可为其全部文化之代表，于残石断片亦皆可宝也。

古人居屋　古代居屋因地震风没而反得保存于地下者，往往有之。前十余年直隶巨鹿曾发现宋代古城，街市居屋宛然具在，岂非考古最大资料？若能到处发掘，则更古之街市居屋当不在少。观其居处若何，则其文化高下自亦可因推定一部，故此亦可宝贵者也。

古人美术　美术为人类智慧之表见，与古人用具、居屋有类似之用途，亦可推察古人文化如何。且此外仍有将别作用，即古人图画、雕刻喜肖家畜。例如新石器时代各处穴中所发现之古画石壁及石版之类，以图马、豕及哺乳动物为最通行，可见当时马豕等多为家畜，此其一。更进步之壁画则状人物，观其衣冠更可知当时衣饰，此其二。中国汉画发现者虽有且甚宝贵，然更古者则无，倘能深掘定能再获若干资料。而汉石所刻故事如周公辅成王图之类，尤可证明史事，故亦可宝贵者也。

古人文字　吾国文字最古者为吉金文字，此犹自宋以来始发现者。清末河南殷虚又发现殷代龟甲文字，经诸学者之整理，殷代真实史料发明固多，且因此而古籍真伪借以鉴定者尤为不少。此乃豫省一地，倘各省县皆有如此工作，则殷代文字或更古文字发现者必更多，其用途或较龟甲吉金文字为更大，亦未可知，故此尤可宝贵者也。

二、现实的 现实的资料，即随时随地皆可得见者。既非文字记载又非地下埋没，此种资料可分七类如左：

地理的 例如疆域、面积、地质、土壤、山川、气候、人口等皆是。

古迹的 例如古城、古堡、古代庙昭、陵墓、碑塔等皆是。

古物的 例如古代铜器、石器、磁器及陶器等等皆是。

建置的 例如关隘、道路、桥梁、学校、城市、衙署、医院、公共娱乐场以及一切近年建设等皆是。

生活的 例如礼仪、风俗、信仰、习惯、娱乐、嗜好以及人民日常生活之衣、食、住、行等等皆是。

产业的 例如农工、商、矿、渔、樵、畜牧等类之生产样式、物品价格、运输情形等等皆是。

美术的 例如壁画、雕塑、刺绣、书画等等皆是。

三、口碑的 各国古代历史皆经过口碑时代，绥远之蒙古民族蒙文记载除王公札萨克等世系外，即与政府往来档案亦不多存，故记录的史料殊难觅得。若考其史料，非相传口碑不可，此当分为二种：

完全的 此所谓完全者，即对任何事实完全依赖代代口中相传之资料也。绥省所属之乌、伊两盟十三旗中除汉文代其记载外，本身记录甚少。然其口碑则颇多，若能采集笔录，有裨史料不少也。

补助的 即如某种古迹今仍存在，然吾人对其来源殊不明了。例如绥远省属有昭君墓二：一在归绥县，一在包头县。在归绥县者或为汉明妃之冢。① 然在包头县者究属何人，则解释不同，而皆不当独蒙人所传之来源则真确合理。② 此即为补助的亦甚重要也。

四、歌谣的 歌谣者乃各地民间所歌之韵语，往往可以代表其风俗习惯以及一切生活状况，故史学家认此为最大资料。若在绥远，本属边省，教育文化稍逊内地，各县歌谣特多，此项资料尤为重要也。

---

① 其理由当详后。
② 余曾转闻之蒙王某王云：成吉斯汗西征时，曾得某国王妃，甚有特色。汗欲纳之，王妃要求俟汗归国正式迎娶方可，倘非礼纳之，宁死勿从，汗允之。途中妃他不爱，但求名驼数匹，结果日行千里者仅二。俟偕归蒙古，汗即南征西夏。将成功矣，汗忽殂。汗之死盖与此妃有关，妃即乘千里名驼而奔，迄至河岸不能越，而追兵亦至。妃自投河，追者仅得衣履，即就葬焉。此即今包头之昭君墓，或亦谓昭君之衣冠冢。其事实乃如此，而《元史》及他书并讳言之。

第十章 资料之选集法

第一节 总 说

资料者，即方志赖以编纂之原素也。上章所举一切记录资料皆以绥远为例，详列各书名目。但各书内容非尽可用，必须预拟注意各点，悬的以求，始可采得有用资料，此所谓资料选集方法也。例如入绸缎店而购衣料，何色何质以至如何花样，皆衣料也，但吾必须某质某料某花样者始可准是以采。此即资料搜集方法之良喻也。至上章所举非记录的资料，非特绥远如此，任何省县皆能适用。但除第二类外大都求遇参半，既非可遇而不可求，又非但求而即可遇。故有时可自悬目以搜求，有时出诸意外而新获。种种不同难以笔述，兹仍依上章细目分别说明搜集方法如后。

第二节　记录的资料之选集举要

记录的资料前章所举条分若干类别，以其所含内容不同，故搜集时之目标亦异。但所同者即无论查阅任何书籍均须先以绥远疆域沿革志为依据，即沿革志认为某朝某地应属绥远，则某朝某地范围以内之人物、职官以及其他史实始可作为绥远志料。至沿革志已述于第八章矣，读者时参阅其附表自能了然，此则共同标准。其余依类各异，兹仍依上章分类列举其例如后。

一、属于甲骨文者　依疆域沿革志，殷代"土方""吕方"应属绥远境内之一部。此外考据上举两方以外之古代地理亦与绥远有关者，若就已出甲骨文字亦非绝不可能，故此类书目当分两组搜集。

关于土方、吕方者　以《殷虚书契》之前两大版记载最详，但其他各书莫不有"土方""吕方"之名，故应遍加查阅而归纳此两方之情形。

关于古代地理者　以徐协贞所著之《殷契通释》为最要，此书为研究甲骨文字者别开生面，盖专考甲文所见各地之沿革者也。

二、属于吉金文者　依疆域沿革志，殷代鬼方、周代猃狁等应属绥远境内之一部，故于吉金文中凡关此类拓片应即搜集。此外审定古物名称、时代用以借鉴者，则各书皆当参用。而其他印章、钱币之属，可补资料者亦有，故此类书目当分三组搜集。

关于鬼方、猃狁者　"鬼方"之名见于古器物者有宣城李氏所藏小盂鼎，其文作"䰠方"。有潍县陈氏所藏梁伯戈，其文作"魍方"。猃狁之名见于古器物者有兮甲盘、虢季子白盘，其文皆作"厰靯"。又有不嬰敦，其文作"厰允"，亦作"猒允"。字形虽异，以全文视之当为鬼方、猃狁无疑（参阅王国维《鬼方昆夷猃狁考》）。若查此类拓片，当以《吉金文述》《古金遗文》两书为最富。

关于考定古物者　若就古物形式以定名称（如应取名鼎或取名彝等类），一方频查《尔雅》《说文》或《礼记》等书；一方仍须借各种吉金图录作定名标准，此类书籍以《西清古鉴》《续编》以及《宁寿鉴古》等最为完备。若以文字鉴定古物时代，则以《双剑誃吉金文选》《两周金文大系》为最完备。若以花纹形式鉴定古物时代，则以《宝蕴楼彝器图释》为最适用（其所收各器皆系照像影印，花纹如真）。

关于其他资料者　若以古代印玺补充官制者，则以《晚学斋印存》为最完备。若以历代货币补充经济状况者，则以《古泉汇》正、续、补遗为最完备。至蒙古西域诸国钱谱之特关绥远者更无论矣。

三、属于石刻类者　石刻分类及书名前已言之，但碑碣、墓志、造像之外，往往有买田、卖墓等石券，是则前章所未举者。总之无论何种石刻，但发现于绥远者均当列入绥志石刻门，前亦言之。其余搜集法及用途则稍不同，分述如左，至书名则无需再举焉：

关于碑碣者　无论发现于何省，但其碑碣文字有关绥远者，即可依其载事性质作为前事志之资料。

关于墓志者　无论发现于何省，但其记载人物或系曾官绥远者，用以补助职官志或政治志，或系绥人流宦他省者，用以辅助人物志，皆宝贵资料也。

关于造象者　造象无记者，但入古物、石刻类即足。惟其有记者亦不少，其人名之上恒加官衔，此与墓志亦有同一用途，同可补入职官志。不过墓志载事，而造像仅记官名人名，故于政治志无关焉。

关于石券者　汉代买卖田产恒用铅板刻字，说明地址四界价值以及买主卖主姓名。后有用石以代者，如"建初六年武孟子买田玉券""元徽元年高镇买坟地券""正始四年张神洛买田券""隆庆二年宋秀买墓地合同"（全文均见《陶斋藏石记》）。如能发现于绥，则当时经济状况亦可借以推测。即发现于绥远邻省，亦可间接推知故其宝贵，当在造象、碑碣之上也。

四、属于西夏文者　西夏领土，绥属伊盟曾有一部，故西夏事实自与绥远省志有关。但西夏历史《宋史》本有记载，而近人戴锡章之《西夏记》、罗福苌之《宋史夏国传集注》（刊在《国立北平图书馆西夏专号》，无单行本）尤为详尽。读戴氏书，则《宋史·夏国传》及其他有关西夏之纪传可以不阅。若搜集西夏史料，仍以戴书为本。至西夏文字，近虽研究得识，但已发现之西夏文书多属佛教经典，无裨史事。故关于西夏文字品物之搜集，仅可作以下二种之直接实用：

关于文字者　西夏文字本属特创《绥志》既载其属地之史，则对其所创文字之本身亦应加以说明。前章所举之《西夏国书类编》《西夏国书略说》《韵统举例》《文海杂类》以及《西夏国书说》等皆系研究西夏文字者，统加搜讨则对其字之形声义等当可说明焉。

关于官印者　西夏官印发现于宁夏、绥西者不少。一面可以稽考官职；一面可以列入金志；其他古物发现者鲜未能冒举。官印散见于前举各家印存者固有，而以《西夏官印集存》一书为最多焉。

五、属于经书者　经书中有关绥远史事者甚少，前已言之。若搜集资料，即须遍读上章所举五经。遇有关于绥远史地者，即摘录之，以备取资，此即惟一方法也。今依各经举其资料之例如次：

关于《书》者　仅《禹贡》一篇，与疆域沿革志有关，他皆无用。

关于《易》者　仅《既济》《爻辞》："高宗伐鬼方三年克之"，《未济》《爻辞》"震用伐鬼方，三年有赏于大国"数语有关，他皆无用。

关于《诗》者　如《大雅·荡》之篇"内奰于中国，覃及鬼方"。《绵》之诗"混夷駾矣"。《出车》:"赫赫南仲,玁狁于襄","赫赫南仲,薄伐西戎"。《采薇》:"靡室靡家,玁狁之故","岂不日戒,玁狁孔棘"。此外《六月》之诗,亦皆咏伐玁狁事,皆与绥远有关。又《商颂·长发》:"洪水茫茫,禹敷下土方。"卜辞所见"土方"既证明其地在绥境,则此诗之"土方"自当与绥有关。然前人解诗,"土方"无作名词解者。近人郭沫若《中国古代社会研究》三版书后,认此"土方"即卜辞"土方",其言曰:"'禹敷下土方',句甚奇特。'禹敷下土'可以为句,亦可以为韵,因土与茫乃鱼阳对转。'禹敷下方'可以为句,自亦可以为韵。然二者均不取,而独用五字为句曰'禹敷下土方',此当非单为音节之故。余意'土方'当即卜辞中所常见之敌国名'土方'。土方之地望由《书契菁华》下列数事可以考见:(1)'五日丁酉允有来婕自西,沚戛告曰:土方征于我东鄙,裁二邑。吕方亦牧我西鄙田。'沚乃国名,卜辞习见,沚戛当即沚国之长名戛者,此人于卜辞亦屡见不鲜。由此例可知沚国在殷之西,而土方在其东,吕方在其西。(2)'九日辛卯,允有来殖自北蚁,敏婴告曰:土方牧我田十人。'蚁亦国名。敏婴当即蚁国人。此国在殷之北,则土方亦必在殷之北。合上例而言,则土方当在殷之西北或正北。(3)'四日庚申亦有来殖自北,子肆告曰:昔甲辰方征于蚁,俘人十又五人。五日戊申方亦征,俘人十又六人。六月在□。'子肆当亦蚁国之人。此所告方,由上例证之即'土方'。方征蚁凡二次,甲辰一次,戊申一次。观其首言'四日庚申亦有来殖'。可知四日前之丁巳必曾有来殖。丁巳来殖所告者为甲辰之寇，庚申来殖所告者为戊申之寇。甲辰至丁巳十四日，戊申至庚申十三日，前后两次所费之时日恰相若，可知蚁国离殷都（即今之安阳）有十三四日之路程。每日途行平均以八十里计，亦已千里而遥。则'土方'之疆域盖在今山西北部，或包头附近也。是则土方当即猃狁之一大族。猃狁于《诗》称'朔方'。金文《不嬰敦》又称'驭方'朔驭土古音均在鱼部，则所谓土方当即朔方、驭方。……（中略）……是则'禹敷下土方'当为禹受上帝之命，下降于土方之国（即后之华夏、禹迹、禹甸、禹域）以敷治洪水。《商颂》虽是西周中叶宋人所著（王国维说），然宋人犹保存卜辞中所常见之国名，此毫不足怪。"郭氏之说至通，依此非特《诗》之"土方"即卜辞"土方"与绥远有关，即治水之禹，亦且为绥远人物矣。此种发现至足宝贵，《诗经》所咏除关于猃狁、土方外，其他诸章均无关也。

关于《孟子》者　《梁惠王》下篇有"太王事獯鬻，文王事昆夷"等语，自音韵学上证之，鬼方、昆夷、薰育、猃狁皆系一语之变，昆夷、獯鬻实即一种。孟子并举，乃由行文避复之故，其实皆古之鬼方也。此外《孟子》书中无关绥远史实焉。

关于《左传》者　《春秋左氏传》凡遇狄女皆称隗氏，隗即古之鬼，亦即古之"鬼方"。盖鬼为地之定名，"方"则地名之后。殷时例加之字，如"土"后加"方"为"土方"，

"吕"后加"方"为"吕方",亦如宁夏加省、绥远加省,而为"宁夏省""绥远省"者同一例也。鬼方既为绥远土地,而春秋隗姓之狄皆为其后。故当研究其地望所在《左氏传》记"狄"之处颇多,不遑枚举。故但说明其原则,他不条举。①

六、关于史书者 史书中关于绥远志料甚多,尤以正史为最,前已言之。然搜集方法仍同经书,即遍读各史,遇有关于绥远人事者,即摘录之。除《宋》《齐》《梁》《陈》及《南史》无关系外,兹举例如左。以所关过多,故每书仅举一条或数条,举一反三,读者自能领会也。

关于《竹书纪年》者 如"王季伐西洛鬼戎"(《汉书·西羌传》及章怀太子注引)等是也。

关于《汲冢周书》者 如序言"文王立,西距昆夷,北备猃狁"等是也(若《伊尹四方令》及《王会解》并有匈奴,系后人追记,非事实也,故不取。)。

关于《穆天子传》者 如本书第八章第二节《绥远全省疆域沿革志》中所引一段是也。

关于《国语》者 如《郑语》史伯告郑桓公曰:"当成周者西有虞、虢、晋、隗、霍、扬、魏、芮。"案他书不见有隗国,此隗国殆春秋隗姓诸狄之祖。原其国之名皆出于古之"鬼方",前已言之。故此"隗"字关系至大。

关于《国策》者 战国时秦赵边境皆邻绥远,故《秦策》

---

① 参阅王国维《鬼方昆夷猃狁考》,见《观堂集林》卷十三。

《赵策》当有可作资料者。如《赵策》中记赵武灵王胡服骑射，而胡服骑射即绥远志料之一也。

关于《史记》者 全篇有关者如《匈奴列传》，部分有关者乃汉之诸帝本纪，蒙恬、李广、卫青等列传皆是也。

关于《汉书》者 全篇有关者，如《匈奴列传》《冯奉世传》，一部有关者如各帝本纪，《楚元王传》《田叔传》《李广苏建传》《辛庆忌传》《翟方进传》《酷吏传》及《王莽传》等皆是也。

关于《后汉书》者 全部有关者如《吕布传》，一部有关者如《和帝本纪》《南匈奴传》等皆是也。

关于《三国志》者 全部有关者如《吕布传》，一部有关者如《鲜卑传》等皆是也。不过《三国志》中仅《魏志》有关，吴蜀《志》则无关焉。

关于《晋书》者 全部有关者如《秦秀传》，一部有关者如《安帝纪》等皆是也。

关于《魏书》者 全部有关者如诸帝纪，大部有关者如《景穆十二王传》《昭成子孙传》《长孙道生传》等皆是也。

关于《北齐书》者 全部有关者如窦泰、斛律金、贺拔允、韩贤、任延敬等列传，一部有关者如赵郡王、王思宗、张琼等列传等皆是也。

关于北《周书》者 全部有关者如贺拔胜、独孤信、宇文贵、王雅、杨纂等列传，一部有关者如文帝、武帝诸纪，于谨、怡峰、杨宽、赫连达等列传皆是也。

关于《北史》者　全部有关者如《魏本纪》第一，宿石、侯深、贺拔岳、雷绍等列传。一部有关者如《齐本纪》上，源贺、司马楚之、裴肃等列传皆是也。

关于《隋书》者　全部有关者如《突厥传》，一部有关者如文帝炀帝诸纪，吐万绪、阴寿、贺若谊、元晖、宇文庆、鱼俱罗等列传皆是也。

关于《唐书》者　全部有关者如李安远、戴休颜、独孤怀恩等列传，一部有关者如诸帝本纪，杜希全、李吉甫等列传皆是也。《新唐书》略同，不赘举。

关于《五代史》者　一部有关者如《梁书·太祖记》《唐书·武皇纪》《晋书·少帝纪》及外国列传等皆是也。

关于《宋史》者　全部有关者如《王承美传》等，一部有关者如《夏国传》，太宗、仁宗、真宗、神宗、哲宗、钦宗、诸帝纪等皆是也。

关于《辽史》者　一部有关者如《太祖纪》《天祚皇帝纪》《耶律觌列传》等皆是也。

关于《金史》者　全部有关者如程震、完颜陈和尚、马庆祥、武都等列传，一部有关者如诸帝纪，宗望、刘武周、石抹荣等列传皆是也。

关于《元史》者　全部有关者如月乃合、马祖常、程思廉、孟攀鳞、谢仲温等列传，一部有关者如诸帝纪，木华黎、郭守敬等列传及《五行志》等皆是也。《新元史》略同，不赘举。

关于《蒙兀尔史记》者　一部有关者如《太祖本纪》第二下等皆是也。

关于《明史》者　一部有关者如太祖、英宗、宪宗、武宗、穆宗、神宗、庄烈帝诸纪及韩王松、(诸王三) 李文忠、王越等列传皆是也。

关于《清史稿》者　一部有关者如诸帝纪，济尔哈朗、阿巴泰、宋庆、蒋北奎、明德、曾国荃、张煦等列传皆是也。

七、属于志书者　上章所举志书多属绥远各旗或各县，各部有关。不能特举任何一篇或一卷为例，仅山西省志及朔大两府志有可择别者，分举如左：

关于山西省志　雍正山西省志则朔平府及大同府两部分与绥远有关，光绪山西省志则归绥道一部与绥远有关。此外各山川、古迹、职官、人物等部，凡属今之绥远省境以内者亦皆可作绥远志料焉。

关于《朔平府志》者　该府境接绥远，雍正时代归化同知曾由朔平知府管辖，而朔平将军又兼防归化，故府志中其人其事有关绥远者不少。例如卷三方舆志中之"古迹"门多载绥地古迹，而"风俗"一门地既接壤亦或相差非远可为旁证。卷五职官志中之将军、左右翼都统等官姓名更须采入《绥志》。卷六名宦志如李牧、蒙恬、及张说等，卷八武备志中之"征讨"门历述列朝用兵北狄，并多涉及绥远。卷十人物志如所载后五代时之董重进、后周之贺拔胜、宋代之王承美等，均为今之绥人。卷十二艺文志中之"诗赋"门咏塞上、塞下、明妃、长城及宋璟《奉和圣制送张说巡边》等诗，亦均为今之绥远故事，应入《文征》之"韵文"门。凡此皆有裨《绥志》，不可不选集者也。

关于《大同府志》者　清代丰镇厅原属大同府，而今绥远所属之东五县如兴和、集宁等县，又有县治一部，故绥远东五县之志料，《大同府志》关系十之七八。又如卷一最末之《丰镇疆域沿革考》，卷四山川，卷五形胜，卷六古迹，卷十、十一职官，卷十二建置、卷十三赋役，卷十五祠祀，卷十六兵防，卷十七、十八宦绩，卷二十一至二十三人物，此数目中亦各有一部有关丰镇。即有关绥远之东五县，故此志资料亦多可选集者也。

八、属于集部者　集部之书浩如烟海，若以诗文之咏作有关绥远古迹山川者当非少数。但今日作志贵述大事变迁，尤贵社会各种状况。诗文方面舒情畅性之作本无选集必要，有之亦仅列入文征，不归正志，其理由前已详述。故上章所举集部之作本属寥寥，除《马石田文集》，外皆非诗文类。以马为绥人，又属元代大家，故不得不有例外，其理由当如下述。前举诸书除贻将军著述三种及冯汝介垦务各项表，原系专指绥远无须选择外，余则分举如左：

关于《马石田文集》者　马氏文学当元时称为中原第一，后世亦推为元代四大家之一，如属大魁之首。全集为卷十五，卷一至五皆为韵文，卷六至十五皆为散文，凡词章家所能各体，马氏此集无不兼有，而无不优为。在绥远志中固科第之首屈，亦艺文之巨擘，此外绥人科第文学在历朝中无堪比其地位者。以如斯人物若编纂《绥远通志》时仅以《元史》本传录入，未免草率，故必须于此集中选采马氏琐事，集腋成裘，以补《元史》本传，方为合理。且其附录中之《桐乡阡碑》《马文贞公神道碑铭》及《石田山房记》等三篇，直接有裨马氏行略者更无论矣。故集虽诗文亦必举之者，理由若是焉。

关于《蒙古游牧记》者　是书为平定张穆撰，张为祁寯藻幕客，祁父韵士曾著《藩部要略》，张为校核，所见清代理藩院档案甚多。张又博古多闻，故其自成此书，特点甚多。但内容通考蒙古全部，与绥远有关者仅乌、伊两盟游牧所在，他无涉焉。

关于《圣武记》者　是书共十四卷，叙道光以前清代诸帝武功。仅卷三、卷四大部有关绥事，可作前事中之军事资料，他无关焉。

关于《蒙鞑备录》者　此书本考蒙古琐事及风俗习惯者，得王国维笺证更较精详，与《元朝秘史》均可作考证蒙古之最要资料。

关于《黑鞑事略》者　其内容与用途与前方仿佛，皆为重要资料。

关于《观堂集林》者　此书为王国维毕生精萃之作，于吾国古史发现特多。但有关绥志者仅《鬼方昆夷猃狁考》及《东胡考》等篇，他无关焉。

九、属地理书者 地理书如上章所举虽系关于全国者，但绥远一部亦皆道及，稍加选集可矣，兹分举之。但正史各地理志依朝各查其郡县名称及人口数目，头绪甚清，无须列举焉。

关于《山海经》者 《山海经》虽非至古之作，然其为汉以前者无疑。此中所述山水有关绥远者亦有，而以《西山经》为最。如经云："钟山之神名曰烛龙。"《淮南子》谓烛龙在雁门北，可知钟山即雁门以北大山。《穆天子传》作春山，云天子北升此山，以望四野，是惟天下之高山也。春山亦即钟山，同韵之转，依此则钟山即今之阴山也。

关于《水经注》者 《水经注》关于中国水名与今不同，考河流者亦当说明今之某河即《水经》之某河。绥远大河如黄河者固不待考，他若大黑河即《水经注》之芒干水。此外待证古名者尚多，故《水经注》之有关《绥志》者亦巨。

关于《今文尚书正伪》者 此书系疏证《今文尚书》中之虞、夏、商《书》全部及《周书·洪范》为战国末年作品。与绥远有关者仅《禹贡正伪》一篇，因以前省县各志考疆域沿革，皆系根据《禹贡》，故《禹贡》之伪非先知之不可。

关于《天下郡国利病书》者 此书分论天下郡国历史地理，而于山川形势尤有独见。但有关绥远者仅《山西一》及《边备》两篇，他皆无涉。

关于《读史方舆纪要》者 此书与上书作者称为二顾，研究中国地理者不可少读之作。但有关绥远者亦仅《山西·

大同府》及《蒙古》两篇，稍可参证。他如卷一至九《历代州域形势》中关于绥远一部亦有可观者，他皆无涉焉。

关于《中国地理沿革图》者　此书为研究中国地理沿革最完备之书，日本之《东洋历史沿革图》多遵厥说。今、古地名皆注图上，关于绥远一部甚可依据，但亦仅省之疆域，各县沿革此图亦未详载，仍须博考正史。各地理志并以各代山水、湖沼为证，始可得其梗概焉。

关于《历代地理沿革表》者　此书仅以表格注明历代地理沿革。但依今日绥远疆域一溯其沿革足矣，他部无关焉。

关于《大清一统志》者　此书前本有沿革表，且亦分县注明。惟关于山西省之绥远一部，彼时尚未多行设治，故表中至略，几于全部无用。惟其古迹部分考据颇详，有裨《绥志》"古迹"门者特多，他均无大关系焉。

十、属于类书者　上章所举类书仅有二种，兹分举如后。

关于《图书集成》者　此书内容无所不包，为吾国最完备之类书。任何省县方志均有查阅必要，但其有关绥远者仅《职方典》中之山西一部，《边裔典》中之匈奴一部。而《坤舆典》中之陵寝及冢墓诸部，亦稍有关，他无涉焉。

关于《耆献类征》者　是书起清太祖迄清宣宗道光三十年，内容皆系集国史馆本传以及私人有关名人之各种传记而成，中分宰辅、卿、贰等十九门，《清史稿》刊行后此书即失去其用途。但现又将《清史稿》公令禁售，故此书与中华书局出版之《清史列传》又为惟一之代替品。按此书性质本非类书，但用于志料，始以之充作类书。其与绥远有关者首推《蒙古王公表传》，此外"疆臣""将帅"两门亦稍有关，他无涉焉。

十一、属于杂著者 此项当分两种，纯粹有关绥远全部或一部者，如《绥远省地方自治讲义》《分县调查概要》《西北垦植计划》（专指河套一部）《土默特旗矿产地质报告》《大青山煤田地质》《绥远调查报告书》等，则无选集举例之必要，此外诸书分举如左：

关于《契丹名号考释》者　以契丹领地曾占绥省北部，故契丹名号亦自有考据之必要。

关于《土壤专报》第四号者　此为地质调查所调查所得，正确无比。第四号系专论绥省之萨拉齐县土壤者，故须参考。

关于《中国地质纲要》者　绥远为中国一省，其地质如何，自须于此中得其大概情形也。

关于《包宁线包临段经济调查报告书》者　此虽为包宁线，然包头至临河一段，完全绥远领域。此段经济即为绥西经济，当然有补绥远志料者至大。

关于《西游日记》者　此为徐旭生赴新疆调查古物途中所见种种的日记，其经过绥远一段亦自有参考必要。

关于《中国铁路史》者　此中有平绥路之历史，该路经过绥省者千余里，当为绥志交通资料之一种也。

关于蒙古诸书者　上章所举有《蒙古鉴》《蒙古逸史》《内蒙古纪要》《蒙古地志》《蒙古志略》及《蒙古第三世纪

第十章　资料之选集法

生物考六种》，其有关于绥远者，即乌、伊两盟及土默特旗之记载，他无关焉。

十二、属于藩部者　此类书亦系有关蒙古者，内地无须要处，兹分举如左：

关于《钦定蒙古源流》者　绥远所属有乌、伊两盟十三旗及土默特共十四旗，其各旗由来及支派自有详索必要，此书为重要参考品焉。

关于《钦定理藩院则例》者　此书为理藩院待遇蒙古、回、藏王公长官之一切则例，关于蒙古部分自有参考之必要。若王公入觐沿途之招待、供应、均与、征发等门，稍稍有关焉。

关于《钦定外藩王公表传》者　前举《耆献类征》中之《蒙古王公表传》亦本此书，故如乌、伊两盟各旗之王公传记世系，此为惟一之资料焉。

关于《皇朝藩部要略》者　此书资料根据清代理藩院档案者甚多，皆为正确记载，于今不可复得。故考伊、乌两盟与中朝关系者，此为最要之资料焉。

十三、属于档案者　此本作志最要资料，近代政治各种之变迁、典章之颁布，以及选举之记载、外交之经过，均须此中求之。惜绥远全省各大机关档案于民国十四五年顷曾经焚毁一次（或云售出，以其所得价值作为修理衙署费者），存者即最近十年耳。而蒙古各旗王公或札萨克府署档案又皆向不保藏，故档案之可供资料者甚少。但此乃特例，其他省县当不如此。

但分举如何搜集之例，则门类太多，亦甚难事。不过关于财政者须求之财厅档案，关于教育者须求之教厅档案，此则事属当然者也。

十四、属于商号账簿者 由商号账簿可知近代物价之变迁、经济概况，由此更可推及民生之一般，故此种资料与档案至少相等，已述如前。且绥远有商号曰大盛魁者，百余年来专与内外蒙民交易，内外蒙民之衣食住行，除其游牧所得外余皆大盛魁所供给。近年来外蒙不通，该号始渐衰落。但如将该号始终账簿清查，分类分年，作成统计，则蒙民之生活了如指掌。惟分县分地调查账簿时应有以下要点：一、每年各货行市大略相同，事实上亦难尽将各县悉谙。每县但查其历史最长者，每行一家。即如米粮店查一家，绸缎布店查一家，车马店查一家（即马车、骡车长途运货载人者），豆腐店查一家，木瓦工作店各查一家，即人民之衣食住行所供给之各店各查一家。二、以调查所得每县各画一表，上列诸点：（一）品名，（二）价值，（三）年代，（四）比较涨落，（五）来源，（六）销路。选集之职仅此已足，至如何应用则当待诸编辑矣。

第三节 记录以外的资料之搜集方法

一、地下的资料搜集法 地下的资料，上章所举凡有五种。但若搜集时亦或五种全得，亦或仅得数种，亦或终不能得。但即不得亦须搜集，且其结果或于五种以外另有意外发现，亦未可知。搜集之法即由省政府通令各县，于一定地点发掘方深各若干丈之地穴，将所得古物一并保存，待省志馆委专门人员辨查后再定去取。取者运省，去者留县保存。如此搜集定有所获，但须指定地点如下。即：

古城所在地　　如绥远之盛乐、受降城等是也。

古墓附近地　　如绥远之昭君墓附近等地是也。

古战场地带　　如绥远之李陵碑一带地是也。

专家指定地　　此乃由专家指定可以发掘之地，如中央研究院发掘安阳、滕县等地是也。

二、现实的资料搜集法　现实的资料前分七类，兹仍依七类分举其搜集方法如左。

关于地理的　　如疆域、面积、山川等之广宽高深，须用测量队分头测量最为标准。倘事实上未能作到，亦须依最准地图，再加以大概覆查始能应用。至地质、土壤及气候三项，须延聘专家考察方能依据。人口则省、县、市等政府当有已查成案，但须分头征集即可得之，若能上溯若干年列表比较更为确实。

关于古迹的　　此类须派员亲查，以所得实况与各书记载对照，则其历史与现状自可明了。但调查时须给于最低标准如左：

甲、建自何代。乙、建筑概况。丙、何代曾加修理。丁、现在毁损情形。戊、附属碑碣石刻及其文字拓片。己、重要部分或全部照片。庚、现在保存情形。辛、土人相传历史。

以上其共同要点。至其不同者如城堡之类则须查明其因何而建；庙昭之类则须查明其所供何神；陵墓之类则须查明其死者为谁；碑碣之类则须查明其为谁而树；塔洞之类则须查明其属僧属道。此又各因性质不同而须随时分别者也。

关于古物的　此项亦须派员分赴各县向公私各方广为征集，但无论公私古物势难运省考查，必须就地详察，更以所得结果报告备采始能有济。故此类调查员最低程度亦须能辨真伪，否则张冠李戴必至笑话百出。故于调查时亦须限以左列标准，而度量衡则用新颁者以便统一。

甲、何时之物。乙、全物照相。丙、文字拓片。丁、花纹拓片。戊、宽广尺寸。如系铜器尚须记其重量。

以上其共同要点。至其不同者如铜器并须考其锈色及坑口（即生坑、熟坑），陶磁各器并须考其釉色、花彩（即五彩、三彩、粉彩、青花白地或青花加紫等名）及画片名称等。石器并须考其石质。

关于建置的　此类须先向各该机关如建设厅局、教育厅局索取记录资料，倘能取得则派员覆查，未取得者则更须派员澈查。但无论如何亦须限以左列标准。

甲、建筑情形。乙、四周上下之高广。丙、何时建筑。丁、曾否修补。戊、用途说明。己、建筑费用及来源。庚、修补费用及来源。辛、建筑附属品物（如公路、铁路之分站，马路两旁之树木）。壬、属公属商。

第十章 资料之选集法

以上其共同者。至其不同者，如关隘尚须说明其形势，医院并须统计其历年病人病名。其他建设亦各有其特点，随地留意自能得之。

关于生活的　此项调查头绪最繁，且各地不同，各种阶级又复不同。倘派员调查时根本注意者，即无论何项生活皆须辨别其品类性别。如同一丧葬而官商不同，同一婚嫁而农工各异，同一娱乐而男女有别。关于此项，除礼仪能大别之为冠、婚、丧、祭、乡饮、宾客等类外，其他皆随地不同，碍难分举限度或标准。如上列诸项是在各省县自依情形分别规定焉。

关于农业的　此项亦甚复杂，但派员调查时亦复能分类给以大略标准焉。如属省志，应以县为单位。如

农业　可限以下列标准　甲、产地。乙、各种农产之名称及产量。丙、耕种及收获之工具（即人工或机器）。丁、最近十年（或二十年）产品之价格比较。戊、最近十年（或二十年）自耕农或佃农之每亩平均剩余价值。己、各种产品除自用外销售何地。庚、各种产品自用不足时购自何地。辛、最近十年（或二十年）耕种至收获时工价之比较。

工业　可限以下列标准。甲、工业种类。乙、各种工人所用工具。丙、最近十年（或二十年）各种工人工价之比较。丁、各种工业之用途。戊、产品之出路。己、最近十年各种产品之价格比较。庚、各种产品之原料来源。辛、如系工业组合并须注意其利润之分配。

商业 可依类限以下列标准。如系百货商店当分以下各项：甲、资本数目及商店组织。乙、售品种类。丙、各物来自何地。丁、售于何地。戊、最近十年各物价格比较。己、股东与商店间之利润分配法。庚、店主与店员之待遇。如系银行当分以下各项：甲、资本数目及行内组织。乙、营业种类。丙、最近十年营业比较略表（不足十年者听）。丁、股东与银行间之利润分配法。戊、行内同人之利润分配法。己、行长与行员之待遇。如系运输业，则其项目之甲、丙、己、庚等皆同百货商店，惟乙应改为运货种类，丁则应改为运至何地，戊应改为最近十年各种运费之比较。

矿业 可限以下列标准：甲、矿场所在地及其面积。乙、矿之种类。丙、资本数目及公司组织。丁、矿产售于何地。戊、是否须经冶治。己、最近十年产品价格比较等表。庚、股东与公司间之利润分配法。辛、经理并公司人员及工人之待遇。壬、已采量数若干，约计尚余若干。

渔业 可限以下列标准：甲、鱼及其他水产之产地。乙、水产之种类。丙、捕拿方法。丁、公司或个人营业之资本及其组织。戊、最近十年水产价格之比较。己、经理并公司人员及工人之待遇。庚、股东与公司间之利润分配。辛、售于何地。

樵业 可限以下列标准：甲、材木种类。乙、出产地点。丙、采运方法。戊、运输情形。壬、最近十年各种材木价格之比较。其余丁、己、庚、辛各类与渔业相同，不分述焉。

畜牧　可限以下列标准：甲、牲畜种类。乙、饲养方法。丙、牲畜地点。戊、副产物品之种类及用途。壬、最近十年各种牲畜及副产物品价格之比较。至于其余丁、己、庚、辛各项与渔业相同，不分述焉。

关于美术的　此项征集办法与古物相同。故调查人员最低程度亦须能辨别真伪及作品年代，其应备标准如下：甲、作者为谁。乙、如无名款须审定其为何朝何年作品。丙、如系绘画须注明其系丹青青、绿或其他着色。丁、原物照片或拓片。戊、照片以外须注明其长短尺寸，如系官私印章并须注明其质料及方圆。己、如系雕塑刺绣亦须注明其质料及外敷或丝线之彩色。

三、口碑的及四歌谣的资料搜集法　此二种搜集法大略相同，分述如左：

直接调查法　即由志馆派调查员分赴各县各旗，亲由王公及地方耆宿以及少年人口中笔录口碑史料以及各种歌谣。

间接调查法　即由省府令各县教育局征集以上两种资料送馆备查，但较直接调查法稍欠详尽也。

第十一章 记录的资料之鉴定法

第一节　总　说

记录的资料即指文字记载而言。若系近代作品，除小说外，无论载事真伪若何绝不至于托古托名，俾读者时代观念不清。然在古代，秦汉以前作品大都托古以传世，亦或羼入以增资，不加鉴定则关于史实即差之毫厘谬之千里矣。甚至汉以后者，因特别原因亦往往作伪。有惮于自名而伪者，如魏泰《笔录》之类是也，有耻于自名而伪者，如和氏《香奁》之类是也；有假重于人而伪者，如子瞻《杜解》之类是也；有恶其人伪以祸之者，如僧如《行纪》之类是也；有恶其人伪以诬之者，如圣俞《碧云》之类是也（参观胡应麟《四部正伪》上）。甚至托古而伪，如梅赜《古文尚书》之类是也。以上所举尚非通病，姑不具论。最寻常者即记录的资料之时代往往不清，此必加以鉴定。例如同为甲骨刻辞必须知其何者属武丁时代，何者属天乙时代，然后其事实始定。同为金文，亦须知其何者属成王时代，何者属昭王时代，何者属齐，何者属楚，然后其史地始明。又如《今文尚书》，人皆承认其不伪。然虞、夏、商《书》及《周书·洪范》，若即认其为虞、夏、商、周之作品，则时代观念即误。必须知其为战国末年所造，再行征引，史实乃得其直。(余别有《今文尚书证伪》，读者阅之即知其详。)其他经子诸书，凡汉以前者大部与《今文尚书》同病。不加鉴定，作品时代不清，而事实征引必谬。故记录的资料(即书籍)之鉴定非常重要，其方法当于以下分论之。

第二节　甲骨文之鉴定方法

安阳殷虚出土之甲骨文字研究考定历年三十，其贡献于中国古文字学、古史学以及其他考据旁证之新材料者至精甚巨，但研究及鉴定方法至今仍未发明。最初刘铁云因刻辞中祖乙、祖辛、母庚等均以天干为名，故敢断定为殷人遗物(《铁云藏龟·自序》)。嗣经罗叔言之考定，乃知此类甲骨所包时期为武乙、文丁、及帝乙三世，遂谓殷虚建都徙于武乙，去于帝乙(《殷虚书契考释·自序》)。王静安又谓盘庚以后、帝乙以前皆宅殷虚(《古史新证》第五章《殷》)，是甲骨文字又由武乙上溯至于盘庚。最近董君作宾屡受中央研究院之聘，亲身发掘，以种种观察又知殷墟非因水患而迁移，实缘亡国而废弃。器用文物之窖藏、宗庙宫室之基地，均有踪迹可寻，而若干晚期卜辞亦非仅至帝乙而止，因是而《竹书》所称"自盘庚徙殷至纣之灭二百七十三年,更不徙都"之语乃渐可信(《甲骨文断代研究例》)。甲骨文字时代既有二百数十年(若依今本《竹书》,则为二百五十三年)之久,则出土卜辞其所纪事亦自须分别其详细年代。例如何者属于盘庚,何者属于武乙,否则东撮西拾破碎支离,恐难得明了之观念。往者王静安著《殷卜辞中所见先公先王考》时,已引出以"称谓"定时代之一法。自大龟四版出世,董君作宾著《大龟四版考释》(《安阳发掘报告》第三期),又发明甲骨刻辞中卜下贞上之一字为贞人名。董君又著《帚矛说》(《安阳发掘报告》第四期),更证明若干"贞人"即武丁时代记事之史官。于是乃知"贞人"即史官,而鉴定甲骨文字之标准又于称谓之外多一贞人。董君踪是深究,更拟定断代研究标准十项。一曰世系,二曰称谓,三曰贞人,四曰坑位,五曰方国,六曰人物,七曰事类,八曰文法,九曰字形,十曰书体。此十项中除坑位一项非董君等身与其役者不能依据外,其余九项正可作甲骨文字鉴定之标准。迩后进步方兴未止,将有更多标准或在意中。然在今日则董君之九项多为创见,其详见所著《甲骨文断代研究例》(《庆祝蔡元培先生六十五岁论文集》上册)。兹择述其要论如左,但为充实理论,亦间引他人文字。至其详细考定理由,可阅董君本文,兹不赘焉。

一、世系 研究鉴定甲骨文之标准,第一即为世系,世系既定,然后始有某帝时代之可言、某事分属之可定。《史记·殷本纪》原有殷代先公先王之世次,但与卜辞大同而小异。董君旁证《史记》,又本王静安《殷卜辞中所见先公先王考》《续

考》(《观堂集林》卷九)及《古史新证》而加以个人就甲骨刻辞所得先公先王之名,作《殷代先公先王世系图》,今录之如左:

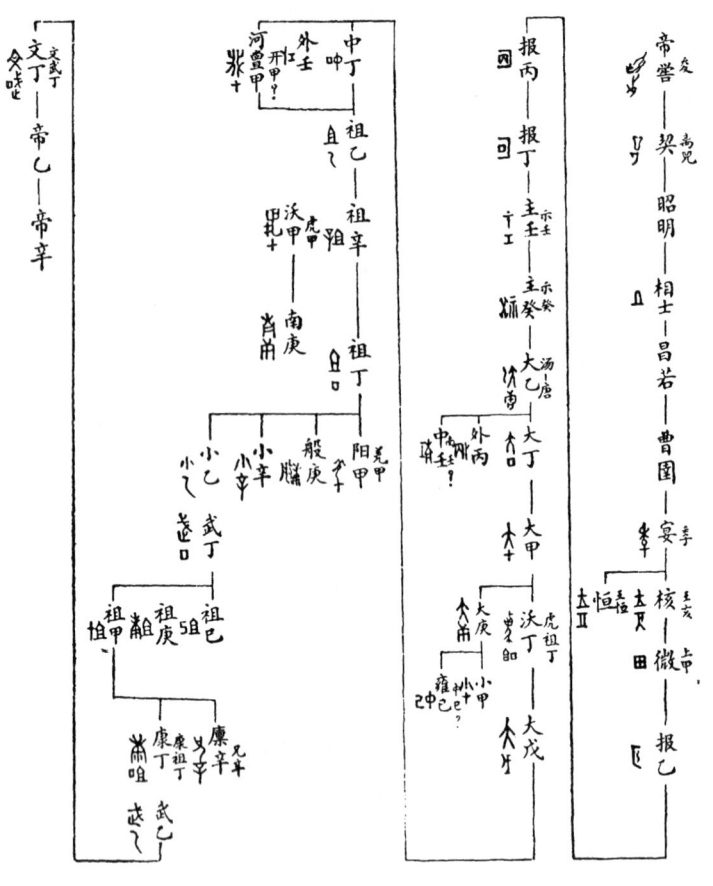

[世系图]

观此则殷之世系定而事有所系矣。

二、**称谓** 殷人祭祀于近亲属之称谓一以致祭时之时王为主,兄称兄某,父称父某,母称母某。祖父祖母以上则称祖某妣某,辈次较远则称名谥。如此以主祭之王之本身关系而定称谓，秩然有序，丝毫不紊。由各种称谓定此卜辞应在某王时代，岂非最好依据（参观郭沫若《甲骨文字研究·释祖妣》篇）？但辈次较远者则难规定，今举数例，如：

癸巳贞于高祖夋（王氏《殷先公先王续考》引罗氏拓本）

癸卯卜贞从（缺）高祖王亥于叀（缺）（《殷虚书契后编》上二一·一三）

甲戌其又于高祖乙（同上三·七）。

以上高祖皆泛称远祖，夋与王亥虽知为殷第一代及第八代祖，然主祭者为谁则不知。高祖乙，王静安谓为大乙，董作宾谓为祖乙，究属为谁尚待考定，故主祭者为谁更不可知。若遇此类卜辞则称谓标准即难依据，此不得不借书体字形等观察以鉴别焉。

三、贞人 贞人之说成立，为鉴定卜辞之最要标准。由若干贞人之名可推定每一卜辞之时代。但须先以所祀先祖妣之称谓而定贞人之时代，由此可以指出某贞人为某帝王之史官。但亦有若干贞人未能用此方法推定者，此亦以发掘甲骨尚少，其中贞人联络往往不易明了，且至武乙时代卜辞已无贞人署名，有时贞人即为帝王本身。依贞人之名而鉴定卜辞时代之标准方法至此亦无所用，即武乙以前无贞人，或有而不能断定之卜辞，仍须以字句、书体、文法等定其时代焉。卜辞所包时代起盘庚终帝辛，约二百五十余年，前已言之。盘庚初迁，经小辛、小乙三世不过二三十年，播迁伊始百端待理，贞卜之事或尚未至发达时期，姑存不论。武丁乃中兴令主，在位几六十年，故其时卜辞既多，贞人亦夥，可成一大集团。

此为第一期。祖庚、祖甲兄终弟及，合计两世不过四十四年，故卜辞数量仅占十之一二。贞人之名亦多未见于同版，故所知亦以减少，此为二期。廪辛、康丁两世仅十余年，但以卜辞发现于同坑之内，而又得贞人之同版者若干，故其名亦可成为一小集团，此为第三期。三期以后不录贞人之名者则无论矣。董君作宾曾依三期共作三表，读之可知某贞人为某帝时代史官，凡于卜辞更见此贞人之名即可定此卜辞为某帝时代之事。例如"宾"乃武丁时之贞人，亦即武丁时之史官。若更见卜辞有"卜宾贞……"之语，即可定此为武丁时之卜辞。今录三表如左，读者依此为鉴定卜辞之标准，甚显明也。①

附表一（第一期武丁时之贞人）

同版贞人	所见书	备注
宾·㱿	大龟四版之一	
㱹·务·㱿·㱼·吾	大龟四版之四	
宾·亘	铁二四二之一	
宾·㱿	铁一五一之一	
韦·㱿	铁二四一之一	
㱿·宾	铁一二七之二	
㱹·亘	铁二五〇之一	

---

① 徐协贞谓卜下贞上之字为地名，非人名，见所著《殷契通释》，然此理未若董君之当也。

续 表

同版贞人	所见书	备 注
𡿧·韦	铁二五五之二	
亘·㕣	铁二七之一	
永·𡿧·宾·㱿	菁？（菁·殷虚书契菁华简称下并同。）	
韦·亘	四·二·〇〇〇八	
永·㕣	戬一四之五	
亘·㱿	一·二三三九A	以下为骨臼刻辞中之史官，与骨面贞人见于一版者。
㱿·𡰱·宾	北大国学门藏片	
箙·韦	同上	
𠬝·宾	三·二·〇七五一	

附表二（第二期祖庚祖甲时之贞人）

贞人	所见书	辞中证据	备 注
大	一·七四二	兄庚	兄庚，即祖庚。父丁母辛，即武丁。妣辛妣庚即武丁时之母。庚，为祖母之祖母，故此时称妣。
旅	一·七四〇	妣庚·兄庚·小丁·父丁	
即	一·二三六〇	妣庚·兄庚·父丁	
行	三·二·〇八一九	父丁	
囗	一·一二一一	父丁	
兄	北大国学门藏片	母辛	

附表三（第三期廪辛康丁时之贞人）

同版贞人	编　号	备　注
口・犾	三・二・〇二八七	皆第三次发掘出土者，出土地为大连坑及其附近。
彭・犾	三・二・〇五〇一	
彭・宂	三・二・〇七〇六	
叩・犾	三・〇・一七〇三	
叩・	三・〇・〇七六〇	
彭・口	三・二・〇五一七	
宁・宂	三・二・〇七〇六	
逆・口	拓本	本所购藏

四、方国　据甲骨文字所见，殷代盘庚而后武丁时代武功极盛。故于此时期征伐之事所见特多，但各帝时期与各国之关系往往不同。吾人于此不同关系中即可鉴定其记事应属何帝，此亦鉴定卜辞时代之一至好标准也。例如"盂方"在武乙时帝尚恒田其地，故安阳小村出土刻辞颇多"王田于盂"之记事。然至殷末彼已叛变，故有命"多侯与多伯征盂方"（三・二・〇二五九片）之记事。"羌方"乃早服殷命者，故武丁时有"师获羌"（《殷虚书契后编》卷上三〇・四）之记事。祖甲以来羌人恒供祭祀之乐舞，后乃竟至叛变，故廪辛康丁之世有"于父甲求戋羌方"（三・二・一六四九片）之记事，意即祷于祖甲降灾羌方者也。然在武丁之时羌又来宾，故卜辞有"王于

宗门逆羌"（二·二·〇五六二片）之记事。"人方"在武乙文丁时固属国也，中朝代其祈福是乃明证。故安阳小村出土有"惟人方受又"（按又即佑意）之龟版。而帝辛时却复叛变，帝且亲征。故安阳出土有"征人方"之卜辞。又有"王来征人方"之骨版，而铜器中之丁巳尊亦有同样记载。殷作父己甗，亦有"王徂人方"之语，"徂""来"同意，徂人方亦即来人方，来人方或在征服之后也。此外武丁时西北有强敌二，即"吕（按此字多释吕，惟叶玉森释苦，董作宾从之）方""土方"是也。征二方之记载甚多，以《殷虚书契菁华》第二片为最详（参观前举《绥远疆域沿革志》所引原文）。迄于祖庚、祖甲以后，彼此和睦，战事幸免，故由方国向背关系亦可断甲骨刻辞属何帝世。兹将武丁时之方国列表如左，余帝征伐较少，方国所见亦少，故不表焉。

关系	邻邦			属国							不知是邻邦或敌方			
方名	土方	吕方	羌	沚	屰	戉	肃	儿	井	蚁	见乘	蒙	鬼方	下召	㠯方	中方
地望	西北	西北	西	西	西	西	东	东	东	北	待考	待考	待考	待考	待考	待考

五、人物 卜辞所涵，若详察之，匪特方国关系，各帝时代不同。即其人物如贞人或史官、诸侯及臣僚亦各有所隶属。能分时期，则各代人物自可各成系统。反之由人物相互关系，亦可证明其各个时代。故以人物为卜辞记载时代鉴定之标准，亦甚合理。迩后发现愈多，人物亦能愈众，兹就现已规定者分述如左：

关于史官者　贞人即史官，兹将各期史官列表如左。以史官名推定卜辞时代，其详已见贞人篇，兹同例焉。

第一期 武丁时	第二期 祖庚祖甲时	第三期 廪辛康丁时	第五期 帝乙帝辛时	备考
殸·亘·永·宾·㕚·韦·㞢·吾·𠂤·㘞·箙·史·共十二人·	大·旅·即·行·口·兄·出·共七人·	逆·䘏·𢆶·卬·宁·犾·彭·尤·口·旅·共九人·后二人乃前期旧史氏·	黄·泳·共二人·	第四期卜辞不录贞人·故缺·

关于诸侯者　商代封建制度已经实行，故有侯伯之称。《国语·郑语》："大彭、豕韦为商伯矣。"如前所述，韦为武丁史官，彭为廪新史官。可知彭即大彭，韦即豕韦。在国则为诸侯，在朝则为卿士，史官亦卿士之职也。足见商代已行封建。其见于卜辞者有蒙侯虎与攸侯喜二人，侯虎为武丁时人，侯喜为帝辛时人（其证明见董君原文，兹不引），此已证明。若再见有此二人同名之卜辞，当可推定其时代为武丁，或帝辛之世者，此亦一标准也。

关于小臣者　卜辞中恒见小臣之记载，下书小臣之名，《周礼·夏官》有"小臣掌王之小命，诏相王之小法仪及王之燕出入。及大祭祀小祭祀。"小臣对大臣而言。卜辞中小臣有掌车马者，有奉祭祀者，依时代分举如下。倘遇甲骨刻辞有诸小臣之名，依此表一查阅，则其为某帝时代者可即知之，此又一标准也。

时期	小臣名	所见之版	定时期的标准
武丁	小臣古	菁华三	贞人殷
	小臣从	北大国学门	正面有贞人史
	小臣㮣	前编四·三〇·二·	大·米·D·等字可证
	小臣中	前编四·二七·六·	凶字可证
祖甲	小臣埬	三·二·〇七七二	丞·冊·8·字形可证
廪辛康丁	小臣㘡	三·二·〇五四五	贞人彭
	立	三·二·〇七一二	同上版
	小臣取	三·二·〇八七五	贞人宄
	小臣羍	三·六·六三一四	贞人狄
帝乙帝辛	小臣𩁹	前编四·二七·二	王作王·在帝
	小臣吉	同上四·二七·三	
	小臣醜	龟甲二·二五	乙后下同
	小臣𡈼	前编二·二六	

六、事类 由贞卜事类可以分时期者，无如祭祀。每一时代之祭法以及所祀祖先神祇皆各不同，将来均可逐一列举分期研究。其次如征伐、卜旬、帚矛记载皆可为分期研究之标准。但征伐已见方国章，卜旬将见文法章，而关于帚矛记事，董君又别作《帚矛说》，于此所提出者仅关于游田一事。盖武乙、帝辛两世在位较久，游田亦较多，今本《竹书纪年》所载祖甲以后六君，仅武乙、帝辛有游田之事，他皆无之。而

《书·无逸》篇中亦谓祖甲以前无敢逸者。今观卜辞记载，亦以此两帝之田游较多，数十次以至百余人。董君关于地点及次数皆有详细统计，兹不赘引。卜辞倘有田游记事，即可归之两帝。而武乙田游卜辞最易辨识者，即⩘⩘，多作⩘戈，卜田惯作"王其田"之语，卜游惯称"于某⩘戈"之说。此乃武乙田游特征。此外即可作为帝辛者，此虽专指一事，然亦鉴定甲骨文辞之一好标准。但仍须于文法、书体诸端并加注意，否则恐未尽确也。

七、文法 卜辞文法文辞均极简单，然于文法之随时变易，亦可作为鉴定标准。但董君原文关于此章提出"篇段"及"词句"两项，余观词句一项各期多大同小异，纵有特点亦曾于以前各章叙述其概，故兹不赘。而篇段中又分两段：一为长篇卜辞之一例，此亦不足为准；一为五期中贞句文法的变易。关于后者颇可作鉴定甲骨刻辞之补助，兹分述之：

关于第一期者　此其贞旬均列贞人之名，故时期易定。贞句有系月者，有不系月者。亦有在贞句之后，系以一旬间大事者，兹各举例如左：

癸亥卜，永贞，旬亡囚。

癸丑卜，㞢贞，旬亡囚，五月。

癸酉卜，𣪘贞。旬亡囚，王二昱，王固曰："俞㞢求㞢瘝父。"五日丁丑，王嬪中丁，示降，在客阜，十月。

关于第二期者　此期贞旬文法亦至简单，由贞人亦可定其时期。举例如左，亦有系月与不系月之分：

癸亥卜，出贞，旬亡囚。

癸未卜，行贞，旬亡囚，在八月。

关于第三期者　此期贞句文法同一、二期，亦甚简单，但有时省去贞人。举例如左：

癸酉卜贞，旬亡囚。

以上此类刻辞，如有贞人，则一、二、三期自明；如无贞人，则必为第三期。因第四期并"卜"字亦不用也。

关于第四期者　此期更简，仅用六字，例如左：

癸卯贞，旬亡囚。

癸亥贞，旬亡囚。

关于第五期者　此期文字与前四期皆不同，由简而繁，且每卜贞时王躬为之。故每辞必有"王"字，不曰"王卜贞"即曰"王旬亡戾"。且在贞句之后系以年月事项或地点，是亦此期特例。举例如左：

王卜贞，旬亡戾。王乩曰："大吉。"甲辰彤大甲。

癸巳卜贞，王旬亡戾，在二月。在齐次，隹王来征人方。

以上五期，第一、二、三期皆有贞人之名。第四期仅六字，第五期必冠以"王"字，如无贞人之名，而辞简不仅六字者必属第三期，此亦鉴定卜辞之最好标准也。

八、字形　殷虚文字经过二百余年其字形皆由简而繁，若详察之则可得一系统。董君分作四项，各举例以说明，兹详释如左：

关于干支字形之演变　兹列一表。

干支字的变化 / 时期 / 干支	第一期武丁		第二期祖甲	第三期廪辛康丁		第四期武乙文丁			第五期帝乙帝辛		
甲	十	十	十	十	十	十		十	十	十	十
乙	～	～	～	～	～	～		～	～	～	～
丙	丙	丙	丙	丙丙	丙	丙	丙	丙	丙	丙	丙
丁	口	口	口	口	口	口	口	口o	口	口	口
戊	戊	戊	戊	戊	戊	戊	戊	戊	戊	戊戊	戊
己	己	己	己	己	己	己	己	己	己	己	己
庚	庚	庚	庚	庚	庚	庚	庚	庚	庚	庚	庚
辛	辛	辛	辛	辛	辛	辛	辛	辛	辛	辛	辛

续表

干支字的变化 \ 时期 / 干支	第一期武丁		第二期祖甲	第三期廪辛康丁		第四期武文丁			第五期帝乙帝辛		
壬	工	工	工	工	工	𠂇		工	工	工	工
癸	𣥏	𣥏	𣥏	𣥏	𣥏	𣥏		𣥏	𣥏	𣥏	𣥏
子	㞢	㞢	㞢	㞢	㞢	冈		巳	兕	兕	兕
丑	彡	彡	彡	彡	巳	彡		彡	彡	彡	彡
寅	夊	夊	夊	夊		夊	夊	夊	夊	夊	夊
卯	中	中	中	中		中	中	中	中	中	中
辰	辰	辰	辰	辰		辰	辰	辰	辰	辰	辰

续 表

干支字的变化 干支	第一期武丁		第二期祖甲	第三期廪辛康丁		第四期武乙文丁			第五期帝乙帝辛		
巳	㠯	㠯	㠯	㠯	㠯	㠯	㠯	㠯	㠯	㠯	㠯
午	丨	丨	丨	丨	丨	丨		丨	丨	丨	丨
未	未	未	未	未	未	未		未	未	未	未
申	申	申	申	申		申		申	申	申	申
酉	酉	酉	酉	酉	酉	酉		酉	酉	酉	酉
戌	戌	戌	戌	戌	戌	戌	戌	戌		戌	戌
亥	亥	亥	亥	亥	亥	亥		亥	亥	亥	亥

关于习见字形之演变　二百余年间殷虚文字之演变每字皆有，若能一一整理则于文字学上必有最大贡献。然此乃不易问题，兹先不述。仅就可以作为鉴定标准之各字，举出若干为例。

甲、先后易形易字例　卜辞中先后用字不同，最常见者为"灾"字，固卜田之辞，习用之字也。而其字形恒变，或用他字以代。武丁祖庚之世亡灾之"灾"作𢦏，祖甲之世直书作〣〣〣，廪辛康丁之世复书作𢦏，迄于武乙之世又改作㞢。同时亦用一从巛，在声之字作㶷，至帝乙帝辛之世渐改作㶷。今表之如左：

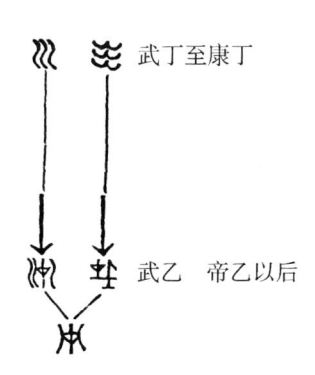

〣〣〣　𢦏　武丁至康丁

↓　↓

㶷　㞢　武乙　帝乙以后

㶷

乙、附形以足义之例　殷字变易由简而复，附形附声，皆不外文字孳乳公例。今举四字如左：

"冓"　此字在武丁时作※，像构木为梁之形。义即以木相构结也，引伸为遇，祖甲以后加㞢为冓，后又加彳形为遘，以示相遇必行于道，此后遂皆作遘矣。

"宾" 武丁时此字作⿵，帝乙之世作⿵。盖初作从人在室内，有人室为宾之意。后又加止，更足见此室内之人方自外来之意矣。

"瞿" 卜辞多假作观，武丁时作䍺，祖甲以后加双目作䎚，以示举目观看之意。

"羌" 在武丁时作䒑，从羊，从人，以示其为牧羊民族。后更加绳作䒑，作䒑，以示羁縻之意。盖羌本西方民族，时叛时服也。

丙、增加笔画之例　文字演变几微亦在，有时一笔一画之加遂致永不复元。今亦举四字如左：

"其" 此字作⿵，本象木条编制之箕形。自武丁以至武乙始终未易。至帝乙帝辛之世或于箕口加一横画作⿵，迄于周代此字遂皆如是矣。

"来" 此字本象瑞麦之形，假作往来之来。武丁时作朿，武乙以后加一横画于上作朿。

"雨" 此字在武丁祖甲之世皆作⿵，上象云，下象雨滴。武乙前后滴已参差作⿵，重云作⿵，帝乙以后则作⿵。

"王" 此字武丁至祖庚时作太，祖甲以后加横于上作天，直至武乙之世未曾稍变。文丁复古，王复作太。但武丁之王为四画，文丁之王为五画。盖上一长点另作一笔作太，此乃大同而又小异者。帝乙之后天字中二画，相合为一，变而作王，直抵于今焉。

丁、笔顺讹误之例　由笔顺一时讹误而再三讹误者，此例亦不少。盖与前例不同，并非有意加并可比也。兹举二字如左：

"自"　武丁时自书作㞢，籀书作㞢。至武乙时误将中间之人与两边之㇏㇏连接作㞢，又将两边与横画相连作㇌，于是书作㞢形。迄于帝乙帝辛时却又改正从第二体，然又扯直两旁作㞢形。

"酉"　其历次讹误变化已见干支字形演变表。

关于象形变为形声者　殷虚文字中形声之字甚多。如从女之妃、妊、妹、姪等，从马之骊、骝、駉、焸等，从水之洹、洋，从木之櫜、杞等均是。而由象形之变为形声诸字，其过程最显著者当推鸡、凤两字。分述如左。

甲、鸡字之演变如下　㣫、㣫、㣫、㣫、㣫，观一二两体完全象形，三、四、五皆加奚声，为后世篆文鸡、籀文鸡之所本。时期则可确定者，前二字为武丁时写法，仍属象形。后三字则帝乙帝辛时写法，已变形声。

乙、凤字之演变如下　㣫、㣫、㣫、㣫，观一二两体似是凤之本字，而三、四皆加凡声。但两旁仍为凤形，可见前者为象形，后者为形声。时期则前二字为武丁时写法，后二字为武乙至帝辛时之写法。但无论象形或形声，卜辞中皆假作"凤"字用。

关于月与夕之分别者　此二字先甚难分，故治殷文者往往认为月、夕同文。其实此二字前后二期乃互易者，亦奇事也。分述如下：

甲、前期（由武丁以至文丁）以 D 为月，以 D 为夕。

乙、后期（由帝乙以至帝辛）以 D 为月，以 D 为夕。

以上四项所举诸字虽不甚多，然皆甲骨文辞恒见之字。倘能识别，于鉴定时代史事者所裨至大，不可忽视也。

九、书体 董君原文将书契之具（笔与刀）、书契之质（甲与骨）、书契之式（左右行）以及武丁时代涂饰朱墨之特色等等，讨论颇详，治契学者自当留意及之。然与鉴定甲骨时代之标准似无甚大关系，其可为鉴定标准者仅作风一项。盖二百余年中共分五期，已见于前。而五期中写刻作风，各有特点。兹各举一版为例，分述如左（参观附图）：

第一期之雄伟　例（1）为第一期卜辞。韦（史官）之书法，足可代表本期书体雄健宏伟之一例。亘（史官）之书法，字画虽细却至精劲。由记卜兆的数字，亦可见亘、韦两人书体之不同。左行之"二"右行之"一""三""四""上吉"皆韦书，左行之两"一"字、"不踯躅"字皆亘书，亘、韦皆武丁史官（亦贞人），故知此版为第一期物。两史官之书体各别，由此可见而此期作风亦大抵如是。

第二期之谨饬　此期作风特点在谨饬守法，较第三期之颓靡差强实多。例（2）一版乃行（史官）所书者，字体大小适中，行款整齐，足可代表本期书体谨饬之一例。行为祖庚祖甲时之史官，故知此版为第二期物。

第三期之颓靡　廪辛康丁之世为文风凋敝之秋，此期虽亦间有书体工整之甲骨，然参差错落，已逊于前。例（3）固举特坏之一版乃狄（史官）所书，然此卜夕之典，意以如此学书未精之人参加刻辞，可见第三期文风颓靡之一般矣。狄为廪辛、康丁时之史官，故知此版为第三期物。

第四期之劲峭　此期卜辞不著贞人之名，故其作品不知属谁。但有他期未有之特征，即纤微笔画中含有刚劲风格，峭拔耸立，有如铜筋铁骨。例（4）仅有此期些许作风，尚非精品。然如"牢""卅""羌""又""父"等字，已带若干劲峭风味。此期虽亦有圆润、工整两类书体，然究少数，不能代表多量作品焉。

第五期之严整　例（5）为卜辞中最长者之一，惜残，缺五六字。由此可见第五期记载之繁缛远过于前，而行款的排列、字形的匀整均为此期特征，无论其为祭祀、征发、游田等刻辞。但观结构比较整齐严密，而又有方正的段、匀直的行及细小的字，即可断定其为第五期物。若再详察王字定为一贯三式之"王"，其他如干支字之后期，辞句间之特别，均可判然别于前四期也。

以上五期作风各有特点，此为最后之鉴定方法，亦为最通之鉴别方法。盖以前诸法或用于此期，而未能用于彼期，此法则五期皆可通用。而四、五两期贞人绝迹（第五期虽间有贞人，但至少见），尤多赖于此法。但能常阅甲骨拓片或影印文字，则一望而知其为何期者也。

1

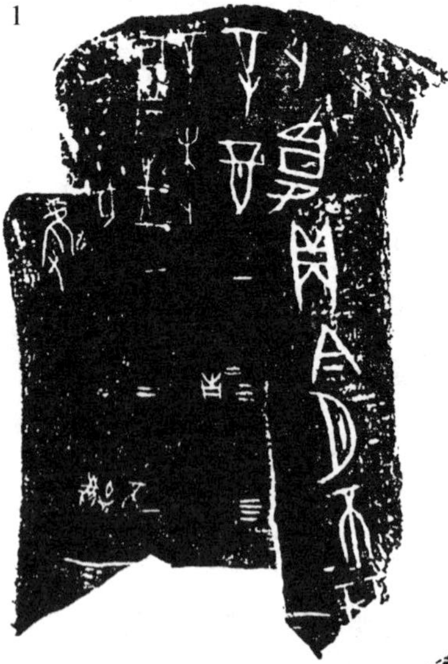

2

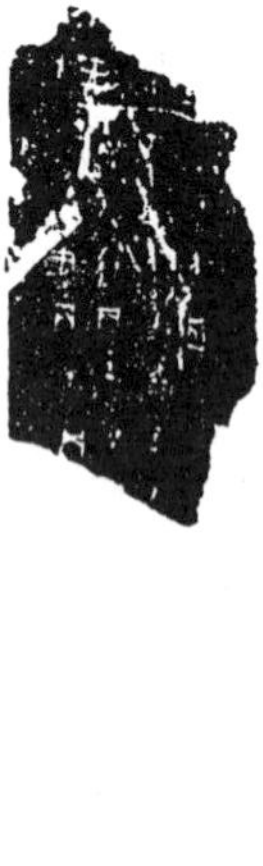

3

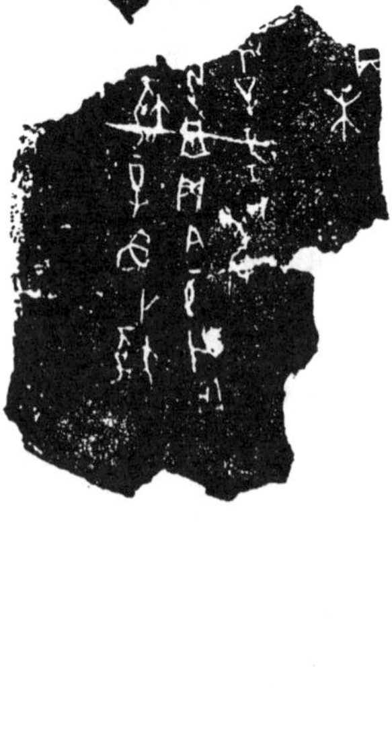

书体中五期之作风（图中五片皆藏中央研究院）

第三节 吉金文之鉴定方法

欲考宗周史料，真本《竹书纪年》已亡，今本《竹书纪年》甚谬。皇甫谧《帝王世纪》、谯周《古史考》等亦久失传，虽由古书所引，间能辑佚，亦系残篇断简，究非全豹。今略可征信者仅《今文尚书》《诗·大小雅》《史记·周本纪》及《逸周书》等而已。然《今文尚书》之《洪范》，亦系周末伪托（见拙著《今文尚书证伪》及刘节《洪范疏证》）；《诗》之二《雅》既无年代可征，且其词亦约略；《周本纪》记事极逸，《逸周书》什七可疑（除《克殷》《世俘》诸解外，余多全部或一部追记者）。余如孔壁所发、魏墓出见，虽皆古文原本，未经今隶迻译，竹帛转抄。然或孔门所传，亦或晚周追记，上距宗周，历有年所，以比彝器、铭文，价值恐非所及。东周以后著书虽多，然列国礼器有裨史事者亦多。故研究两周故实，首推吉金文字，于史既然，方志更当依据。钟鼎注录，赵宋已兴，元、明两代虽未进化，迄于有清，学者考据之余致力金石，发现品物既多，考释文字亦细。四十年来，斯学迈进，惜仅限于文字追求，而多略于时代考定。如同一鼎铭，甲云当属成康，乙云当属幽厉，时靡有定，则有其器与无等也，复何所贵？十稔以还，王国维首开此风，迹者郭沫若、吴其昌诸君亦均注意年代（吴著《金文历朔疏证》，考定之器数十）。然皆分篇推定，未示鉴别标准。吴君考定，首借历术。历术固为良法，但器文之于年、月、朔望、干支四种不载，或载而不全者，此法即难应用。吴、郭两君考定时亦别用他法，但未开列通例启示后学。故于金文中求如董君作宾之十项标准，用以鉴定甲骨文字者尚无所得。今胪列各家考释，自定标准九项，此外未敢云无，但依所指各项鉴定金文时代绰有余裕矣。分述于后。一坑同出之器亦可为同时之证，但非亲历其境而确知者不可，故此虽亦一标准，不详论也。

一、历法 此法即以历术而推器物铭文之时代，但须年、月、朔望、干支悉备者始能应用，缺一或缺二者即难推算。今举二例以见一般。如师旦鼎云："佳元年八月丁亥，师旦受命，作周王太姒宝尊彝。敢拜稽首，用祈眉寿无疆。子孙其万□年永宝用享。"按历谱，武王元年，入甲申人统以来五百二十二年。是年闰余十八，大余七，小余二十九。正月大辛卯朔，八月大丁亥朔。是鼎为八月一日所铸，与谱合。由此可知此鼎为周公于武王元年所铸器也。又如鄵鼄敦云："佳十又三年正月初吉壬寅，王征南尸。"按历谱，康王十三年，即入甲申统以来五百七十八年。是年闰余十一，大余十二，小余二十。正月小，丙申朔，初吉，七月得壬寅，与历谱合。余王尽不可通。由此可知，此敦乃康王十三年所铸器也。以上两器以历法求之，皆可定其时代。但又有年、月、朔望及干支皆载，而依历法求之合于二个时代以上者，则此法即难推定。非再用其他证据，不能知其为何时之物。如师儢敦云："佳元年二月既望庚寅。"按历谱，康王元年，即入甲申统以来五百六十六年。是年闰余三，大余二十一，小余五十五。正月大乙巳朔，二月小乙亥朔，既望十六日得庚寅，与历谱合。按：是器除康王外，昭王亦通。昭王元年闰余十四，大余二十一，小余七。正月小乙巳朔，二月大甲戌朔，既望十七日亦得庚寅。故究为康王或昭王器不能断定也（本条参考吴其昌《金文历朔疏证》）。即如前二例虽能断定，仍须证以他法始无疑问。盖古历年代有时不尽正确也。

二、称谓 即以铭文中之称谓而定其器为何时代之物，此与甲骨文辞鉴定法中之称谓一条方法悉同。今举小盂鼎为例，铭文云："隹八月既望，辰在□□，……周王、□王、成王……雩若翌乙酉，隹王廿又五祀。"此鼎与大盂鼎，先儒如徐同柏、吴大澂及王国维并以为成王时器。其实乃康王时物，证以称谓即可知也。因器中已有成王字，虽《顾命》"王崩"，马融本作"成王崩"，《酒诰》"王若曰"，马融本作"成王若曰"，故启先儒"成王生而称成"之说。然马融所据之本为何本乎，今不可知。即为壁中古文，而《顾命》决为成王崩后所记，《酒诰》次《康诰》之后，"王若曰"之"王"乃为周公，安得为成王乎？（《史记·卫世家》明云周公惧康叔齿少，告以纣之所以亡者以淫于酒，故谓之《酒诰》以命之。）与此决不能相比。此云"□王□王成王"上"□"字犹余半字作冃，乃"周"字。按周初彝器称文王皆称周王，此当是云"周王武王成王"。历数文、武、成则为康王时器无疑矣（参观吴其昌《金文历朔疏证》）。再举𠨱羌钟为例，此钟为新发现者，藏庐江刘氏。罗振玉《贞松堂集古遗文》曾收其铭文，云："唯廿又啇（叁）祀，𠨱羌作戎，氒辟韩宗敨，遂征秦迮齐，入长城，先会于平阴。武侄寺力，䛒㦷楚京。赏于韩宗，宾于晋公，邵于天子。用明则之于铭。武文□剌，永枼毋忘"。此文中之"廿又三祀"者，必须规定始能知其事实应属何王。按下文明云："邵于天子"，则此廿又三祀明为周天子之廿又三祀，决然也。然则此周天子之廿又三祀者，指周天子中何王之二十三年耶？按下文明云："武文□剌"，则此二十三年之周王必生在此

"武、文"之后,或此周王之二十三年必落在此"武文"之后可决也。然则此"武、文"二公为何国之君耶?则又按下文明云:"宾于晋公",则此"武、文"二公为晋国之君可决也。唐兰曰:"武公在前,文公在后,此惟晋系为然耳。"按唐说是也。今考晋文公卒于周襄王二十四年,此钟在文公卒后,故有"武文□刺"之语,则决不在周襄王之二十三年可知。自晋文公卒后,周王中之顷王六年,匡王亦六年,定王二十一年,简王十四年,皆无二十三祀之可言。惟灵王二十七年而崩,故此钟必铸于灵王二十三年可知也。(此钟刘节、唐兰、商承祚均有考释,吴其昌有补考,兹参照各说,尤以吴说为多。)更举前之师旦鼎为例(铭文见《历法》章),文中有"师旦、周王、太姒"三人,周王与太姒并举,则此周王必为文王无疑。何以毛公、大盂诸鼎皆称"文王",此鼎独称周王?即武王元年,克殷方及数月仓卒未及立文王之谥也。且师旦者必为周公旦,太公恒称师尚父,或师尚,故周公可称师旦。既称"师旦受命,作周王太姒宝尊彝",则明系受武王命而作,决非受成王命也。若成王时器,则必称文王,再后康王,则无旦矣。故以师旦、周王之二"称谓"考之,则此"隹元年八月丁亥"必系武王也明矣。有此三例,可见"称谓"为鉴定周器时代之最好标准,故不惮多举三例也。

三、制度 以制度而考铭文时代,此例虽少,但亦一法。例如殷器铭文,从未有连举子孙者。而器中则"子孙永宝""子子孙孙"之文,什九皆然,由此而判殷周器物正一良法。以宗法制度为周公首创(详见《观堂集林》卷十《殷周制度考》),

有宗法而后子孙之观念生（详见吴其昌《子孙观念之起源》）。故铭文中有"子孙永宝"之文，前举师旦鼎有"子孙其万囗年永宝用享"，有此即可知其为周器。然其为周公作于武王元年者，乃依他法考之，已见于前。故子孙连文，彝器中以此器为首，此一例也。又如殷人祀其先公先王，上称谓而下所名。例如"祖庚""兄丁"之类皆是也。直至周初天下方定，尚无谥法，故武王元年之师旦鼎尚称文王为周王。后虽亦有称周王者，仍系沿习，如小盂鼎之类是也。故谥法之立亦始周公，前此所未有也。① 如毛公鼎云"丕显方形"，师𬭚敲云"朕丕显且（祖）玟珷"。此则悉称祖谥曰"文王武王"，一望而知成康之器（或更晚亦可能），盖以前谥法尚未立也。此又一例也。上举两例，虽确定某王某年，尚须铭文纪年始可。然大别其为某时代者，则依此类而观察之，亦至好标准也。

四、比事 此法乃择已定之他器铭文史实或他书之重要载事两相推较，而定其年代也。例如《称谓》章所举之鷈羌钟，以称谓而定其为周灵王二十三年所造者。倘有疑辞，更以书传史事考之，验其合否。今按《史记·诸侯十二年表》，周灵王之二十三年即鲁襄公之二十四年，齐庄公之五年，晋平公之九年，秦景公之二十八年，楚康王之十一年也。其上年，

---

① 谥法之起于周初，乃依《逸周书·谥法解》。王国维《观堂集林》卷十八《遹敦跋》谓谥法之作当在共懿诸王以后，文、武、成、康、昭、穆皆号而非谥。郭沫若《金文丛考》第五《谥法之起源》且谓当在春秋中叶。但无论其为号为谥，皆属一种制度，与本文用意绝不冲突。但录各说于此，以待研究焉。

鲁襄公之二十三年也。按《春秋·襄公二十三年》，左氏《传》："齐侯遂伐晋，取朝歌，为二队，入孟门，登太行，张武军于荧庭。戍郫邵，封少水，以报平阴之役，乃还。赵胜帅东阳之师以追之，获晏氂。"此上年鲁襄二十三年事也。至下年鲁襄二十四年，即周灵王廿又三祀。而叔夷钟铭云："……逨征秦迮（去也）齐，入长城。先会于平阴，武伥寺力，富敓楚京，……宾于晋公。"其事正相衔接。乃上下年互相循环报复，而以"平阴"为战争之中心可证也。又襄公二十三年《传》既云："以报平阴之役"，则襄公二十三年以前晋必曾先侵齐平阴可见也。今按《春秋·襄公十八年》，左氏《传》云："秋……晋侯伐齐……冬十月，会于鲁济，寻溴梁之言，同伐齐。齐侯御诸平阴，堑防门而守之，广里。夙沙卫曰：'不能战，莫如守险。'弗听。诸侯之士门焉，齐人多死。……齐侯登巫山以望晋师。晋人使司马斥山泽之险，虽所不至，必旆而疏陈之。……齐侯见之，畏其众也，乃脱归。丙寅晦，齐师夜遁。……叔向告晋侯曰：'城上有乌，齐师其遁？'十一月丁卯朔，入平阴，遂从齐师。……晋人欲逐归者，鲁、卫请攻险（杜注"险固守城者"）。己卯，荀偃、士匄以中军克京兹。乙酉，魏绛、栾盈以下军克邿。赵武、韩起以上军围卢，弗克。十二月戊戌，及秦周伐雍门之萩。范鞅门于雍门……己亥，焚雍门，……壬寅，焚东郭、北郭。范鞅门于扬门，州绰门于东闾，左骖迫于东门。……齐侯驾，将走邮棠。"更再而上之，溴梁之盟在《左》襄之十六年。《春秋·襄公十六年》，经云："三月，公会晋侯、宋公、卫侯、郑伯、曹伯、莒子、邾子、薛伯、杞伯、小邾子于溴梁。"《传》云："晋平公即位，……会于溴梁……盟曰：'同讨不庭'。"是齐晋争霸，益可证晋拥周室。其后廿又三祀，必为周王之廿又三祀也。而是时齐即不庭，故齐侯不与盟。而同年经云："齐侯伐我北鄙"，杜注："齐贰晋故"。于是故越二年至襄十八年，晋侯乃会诸侯之师伐齐，而陷平阴。更越五年，至襄二十三年，齐侯乃大举伐晋，以报四年前平阴之败。取朝歌，登大行，戎郫邵，封少水以泄愤，如《春秋》内外传之所记。又越明年至襄二十四年，晋人再报上年郫邵少水之仇，且率有羌戎厬氏之众，支发齐邦，重入长城，陷平阴，如厬羌钟铭之所记焉。则此事之因果统系，源流脉络，古代经典与地下遗器，罔不贯合，而无遗憾矣（见吴其昌《厬羌钟补考》）。此一例也。又如望敦铭云："隹王十又三年六月初吉戊戌，王在周康宫新宫。"按历谱，懿王十三年即入甲申统以来七百二十二年。是年润余十二，大余四十六，小余五十八。正月大庚午朔，六月小戊戌朔，初吉朔日，得戊戌，与历谱合。按昭王十三年六月大壬辰朔，初吉七日，得戊戌，亦可通。除昭懿二王外，余王则尽不可通矣。然知其是懿王非昭王者，盖有书传可证焉。《世本·居篇》："懿王二年，自镐徙都犬丘。"宋衷注云："懿王自镐徙都犬邱。"《汉书·地理志》："右扶风槐里，周曰槐里，懿王都之。"《括地志》"犬邱故城，一名废丘，在雍州始平县东南十里，即周懿王所都。"是懿王曾有自镐迁都犬邱之事，各书记载甚多，事非诬也。其所以迁都之故，或因犬戎侵镐所致。《汉书·匈奴传》云："懿王时王室遂衰，戎狄交侵，暴虐中国。"是懿王曾因戎狄交侵弃镐徙都，事之可稽考者也。今更以此敦证之，即依《世本》说，徙都事在二年。此敦在十五年，故敦云"王在周康宫新宫"。"新宫"者，新都之宫也。国都新迁，故欲使望捍御王家，故敦云："册命望死翩毕王家。""死"即"屍"，"屍"即"尸"。"尸"即"主"也，毛公鼎"雩四方死毋动"，王国维曰："死，古文以为屍字。屍，主也。"吴大澂曰："读如《书序》'康王既尸天子'之'尸'。"毕者，《说文》云："田网也。"然毕本有兵意，《周礼》阍人注："路门，亦曰毕门。"毕门之所以得名，当亦以为执毕者所守之门也。故"毕"犹毛公鼎师𩵦敦"干𢦤"之"干"。"翩毕"意犹"司兵"。"死翩毕王家"犹言"主干御王家"也。盖当是迁都以后，命望以守卫新宫之责。此又一例也（见吴其昌《金文历朔疏证》）。是在鉴定金文中最要一法也。

五、比辞 此法即以已知时代之周器铭文，或《尚书·周书》各篇之文，而与未知时代之周器铭文相比，以求得后者之年代者也。例如毛公鼎之时代，旧说有定为成王时器者（吴大澂《愙斋集古录》、吴其昌《金文历朔疏证》等），有定为昭穆时器者（孙诒让《籀庼述林》癸卯重定本《后记》），有定为春秋中叶者（新城新藏《上代金文之研究》），最近郭沫若定为宣平时器（《金文丛考》中《毛公鼎之年代》）。各说中以第一说为最通行，而吴其昌之考定尤精澈中理，但郭沫若说更较审慎。故余从郭说而可定其为平王时器。师訇敦（訇亦作訇）有"隹元年二月既望庚寅"之语，然究为何王元年？此可与毛公鼎之铭辞一比证之。毛公鼎（下以'前'字代）云："王若曰：父厝，不显文武。"师訇敦（下以'后'字代）云："王若曰：师訇不显文武。"前云："雁受大命"，后云："□受大命"。前云："罟辞毕辟，𩰬堇大命"，后云："用𩰬堇毕辟豆大命"。前云："𩰬皇天亡罠，临保我有周"，后云："𩰬皇帝亡罠，临保我有周"。前云："𩰬四方大从不静……雩四方死勿童"，后云："雩四方民亡童死"。前云："臤天疾畏"，后云："天疾畏降丧"。前云："我弗作先王婴"，后云："作婴于先王"。前云："今余唯龥先王命，命女……惠我一人。䧹我邦，小大猷"，后云："今余隹龥豪乃命，命女，惠䧹邦，小大猷"。前云："以乃族干吾王身"，后云："率以乃友干吾王身"。前云："俗女弗以乃辟甬于囏"，后云："谷女弗以乃辟甬于囏"。前云："锡女礜鬯一卣，鄹圭㘽宝"，后云："锡女矩鬯一卣，圭㘽"。此以文辞比之知二器同作一时，前者为平王时器，后者之"隹元年二月既望"即平王元年无疑也。今再以《尚书·文侯之命》之全文比之。《文侯之命》，旧说为周平王锡晋文侯仇之命书，今录之如下："王若曰：'父义和！丕显文、武，克慎明德；昭升于上，敷闻在下；惟时上帝集厥命于文王。亦惟先王克左右昭事厥辟；越小大谋猷，罔不率从。肆先祖怀在位。呜呼！闵于小子，嗣造天丕愆；殄资泽于下民，侵戎，我国家纯。

第十一章　记录的资料之鉴定法

即我御事，罔或耆寿俊在厥服，予则罔克。曰惟祖惟父，其伊恤朕躬。呜呼！有绩，予一人永绥在位。父义和！汝克绍乃显祖。汝肇刑文、武，用会绍乃辟，追孝于前文人。汝多修，扞我于艰。若汝，予嘉。王曰：'父义和！其归视尔师，宁尔邦。用赍尔秬鬯一卣，彤弓一，彤矢百；卢弓一，卢矢百；马四匹。父往哉！柔远能迩，惠康小民，无荒宁，简恤尔都，用成尔显德。"按其文气与毛公鼎、师𩛥敦几同一人手笔。此云"造天不愆，殄资泽于下民"，正如师𩛥敦之"天疾畏降丧"。此云"扞我于艰"，亦如师𩛥敦之"屯恤周邦，妥立余小子"。细玩诸语，类皆沉痛，绝非成康时环境之应有者。正平王东迁，国家多艰之秋之写真也，故可知其为平王时器也（参观郭沫若《毛公鼎之年代》）。此又一鉴定良法也。

六、字形　一时代有一时代之字形，前于第二节第八项已言之。若鉴定器文时代，以已知铭文中之各字与未知者之各字比较，形同则时必同，大异则时必异。此亦一鉴定标准也。兹再举毛公鼎与师𩛥敦之各字一比观之：前者之劳动作"𤔲𡎴"，后者作"𤔲黄"。𤔲即𡥢，土即𡈼也。宋人摹写小讹，故今稍异。细辨之，当悉同也。前者之"亡罢"作"亾罢"，后者作"亾罢"，亦宋人摹写小讹。前者"先王𗴂"之"𗴂"作"𗴂"，后者作"𗴂"，亦宋之摹写脱落，或原器文有剥蚀也。前者之"干吾"作"干吾"，后者作"干吾"，当亦宋人之谬。他如疾"畏"之作"𤷾𤷾"，"陷𧈰"之作"𧈰𧈰"，"惠雍"之作"𨤣𨤣"，"䜭命"之作"䜭舍"，皆宛然大同。故知二器必在一时代也。又如曾伯霁簠铭有"佳王九月初吉庚午"之记载，皆知为宣王时器，然师袁敲文无年、月、朔望及干支，不知为何时物也。但"淮夷"前者作"〇"，后者作"〇"。仅一口之分，他皆同也。"我"字，前者作"〇"，后者作"〇"，仅一画之差，其他皆同也。以外如"子孙"之作"〇"，"万年"之作"〇"，"用享"之作"〇"，亦皆宛然相同。故知二器亦必在一时代也。此又一鉴定器文时代之标准也。

七、书体 甲骨文字书体由简而繁，吉金文字亦然。但甲骨文已由董作宾君分作五项，当如前节所述。金文书体若亦分定时期，器文数千，暂难如愿。不过利用此法以已知时代之铭文为准，而更考未知时代者，此亦一法。例如前举之曾伯霁簠，已知其为宣王时物，而师袁敲及虢季子白盘二器铭文书体与曾伯霁簠相仿，故知此二器亦宣王时物也。（虢盘为宣王时器，久成定说。近郭沫若《两周金文辞大系》认为夷王者，非。）而新出土之舀鼎、舀壶二器，若以铭文书体考之，亦与上三器相近，或亦宣王时物也。以此类求，则二千余器铭拓片，皆可各以两周诸侯天子为准，分为若干小组。而此中材料始有引用可能，此亦一法也。①

八、形制 各时代之铜器有各时代形制之特征，倘有器无

---

① 郭沫若《两周金文辞大系》虽系类此作品，其所鉴别共二百五十余器，然考据未能精到，主见太深，似尚未能准确也。

铭或虽有铭而未能断定者求诸形制，此亦一法。但时代久而器物多，可以意会，甚难笔述，凡多见铜器者类能辨之也。大别之，器愈远而质愈厚，故周器厚而汉器薄。今试以鼎为例，并就圆形而言（鼎亦有方形者，俗称马巢炉）。其属于周初者，器深，口稍敛而腹弛，足高，根无兽首，腿直而圆，下端略小。余藏之父癸鼎，其例也。再晚则器少浅，口弛而腹敛足低，根或有兽首花纹，曲作势如马蹄，如大、小克鼎是也。更晚至于秦汉则作半圆形，多有盖，盖上三耳或三羊者多，足低而曲，稍有经验者一望而知也。

九、花纹 花纹一端于鉴别器物时代上价值至大，其可依据有时过于一切。非特铜器如此，石器亦然。在无铭文之器物，则直当以此为考订之第一标准。第二则为形制，后者已如前述。前者专就铜器言，则愈古老花纹愈深而愈美。此外各种花纹样式，若细别之，似亦各有时代可分，但尚未曾详密统计。今举一例，可知其他。余于十八年秋购得一鼎于南京，贾人云系因市府修筑马路掘出者，其锈灰绿，外有泥土，夜间购得，未深测之。鼎形似周中叶物，铭作阳文云："江秦作祖□宝鼎，其子孙永用"，字极精异。然携归北平，望其口周花纹不似周器。然以水浸七日，泥土不退，锈色更绿，又绝非近日仿造，中心疑虑者数岁。后阅《陶斋吉金续录》，见有秦桧豆，口周花纹与余所藏之鼎宛然相同。但此豆系宋帝赐桧者，故有"帝命作豆，赐师臣桧"之语。此为自作者，故有"江秦作祖□鼎"之语。余细考之，秦桧为江宁人而又出土于南京，此鼎乃桧作无疑，以其为南宋所造，故花纹未若周代之精也。举此一例，可知花纹关于鉴定之重要。若细别何种为何代者，惟难笔述也。

第四节　古书籍之鉴定方法

古籍之在秦汉以前者，往往有全部伪托，或一部加入者，倘即据为志料则距事实太远，必须先行鉴定其书之时代然后征引，始能得其真象。至其鉴定方法前人所用甚多，惜无具体规定。无已，就余个人经验及前人所用诸法别为七项，而事实一项所概特多，此外盖无他法也。分述如左：

一、**据考古**　三十年前《今文尚书》二十八篇无人敢疑其后造，十稔以还关于《帝典》《禹贡》诸篇，如古史辨一派学者顾君颉刚辈，均疑系后人伪作，且提证据若干，所见甚是。惜未能利用考古新得之旁证，始终未克证实。前年余著《今文尚书正伪》，乃证明虞、夏、商《书》及《周书·洪范》等十篇，除《盘庚》为春秋先后宋人所作外，余皆晚周作品。其他资料固有，然大部依据即赖甲骨文字，次即吉金拓片。凡读余书者当能知之。故甲骨、吉金之发现，除其本身可作重要史料外，而重要史料之时代借以鉴定者，亦正不少。自甲骨文字发现以前，古籍如《书》之虞、夏、商《书》，《易》及《诗》之《商颂》等，均难保其宗周以前作品之旧说。至早亦在周公时代，几于学者皆知。故考古之有裨于鉴定者，至大无疑。非特全书或全篇之时代得以借证，即一章一句得借古物以明真谛者，亦复多有。今举一例，如《大学》引汤之盘铭曰："苟日新，日日新，又日新。"自来学者不曾注意其辞，然此实大可疑。盖古之彝器文，从未有作个人座右铭者。郭沫若作《汤盘孔鼎之扬搉》甚有至理，其言曰："第一、铭辞简单，仅此九字何以遽知为成汤之器？第二、殷周古器传世颇多，其有铭已在三四千具以上，曾无一例纯作箴规语者。此铭何以全不相侔？有此二疑，余谓铭之归趋要不出二途：如非伪托，则必系前人之所误读。古铭之伪者多不可胜举，凡古书中所载殷以前之铭文皆伪也。然此铭至简，而语亦特奇，与它种伪铭未可同列而论。故余舍前说而取后说，即铭非伪托乃出于误读也。其原铭，当为'兄日辛，祖日辛，父日辛'。"

何以证之？曰近年保定出古戈三具①。此三戈列铭兄、祖、父之名，名虽分列各器，然如第三器则祖、父并列，视此则兄、祖、父之名同列于一器者自所应有。余谓此"汤之盘铭"即其一例也。今依戈铭文例书之当如图。铭盖右行，

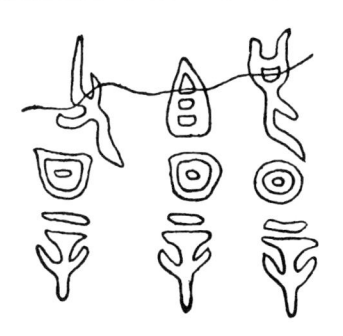

---

① 原器藏上虞罗氏，时之是否属商无由遽定，因西周亦有以日为名之习。郭君原书曾以拓片照入，今粗摹其形如左，原形参观郭著。《金文丛考》第四八二页。

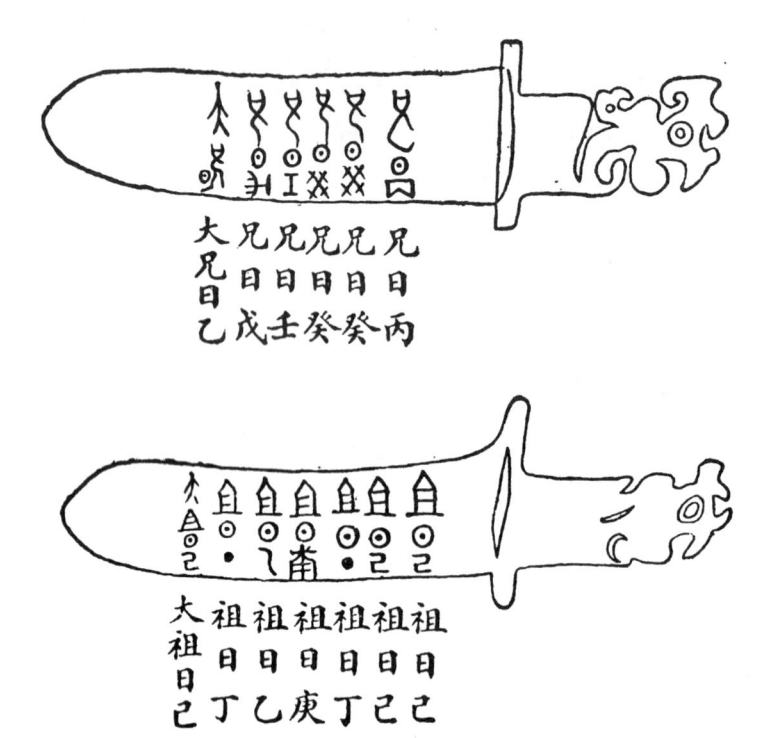

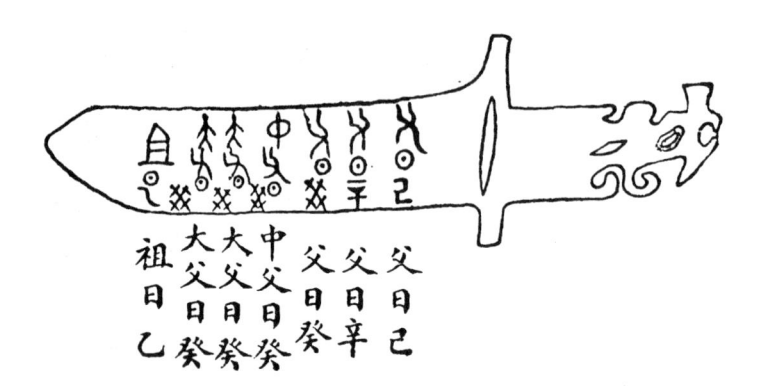

大兄日乙　兄日戊　兄日壬　兄日癸　兄日癸　兄日丙

大祖日己　祖日丁　祖日乙　祖日庚　祖日丁　祖日己

祖日乙　大父日癸　大父日癸　中父日癸　父日癸　父日辛　父日己

先父，次祖，次兄。读之故成今次。铭之上端当稍有泐损，形如图中曲线所界。故又误兄为苟，误且（古文祖）为日，误父为又。求之不得其解，遂傅会其意，读辛为新，故成为今之"苟日新，日日新，又日新"也。父字缺上与又形近，且字缺上与日形近，均无可说。兄之误苟，亦因形近而然。苟子之见于金文者，如师虎殷之"苟夙夕勿法（废）朕命"，字作㞢，用为敬。……更有省作芍者，如大盂鼎之"若芍乃正（政）"，大保殷之"克芍亡遣（谴）"是也。鼎文作㞢，殷文作㞢，均芍之省口作。案乃象形之文，盖即狗之初字也。……知此，于兄字误为苟之由可以恍然也。于《大学》之所引汤盘铭文虽未必非汤物，亦可定其为殷周器铭绝不伪也。

二、据事实 时代进化自有公例，政治社会斑斑可考。西周应有之事实若谓商代有之，其书必系西周之人所伪托。战国始有之事实而云西周有之，其书亦必晚周之人所伪托。依事实为根据而考古书著作时代，此为最大原则，且应用亦至宽泛。盖人类活动成迹千百其种均可谓之事实，古籍伪托晚周、两汉为多，所托多指殷周。而春秋战国发生各种事实散见于各书者甚多，以之类聚当非难事。晚周托古之作往往摘拾春秋战国各种事实思想，伪为殷周（西周）著作，读者稍一留心即可看出破绽。故依此法鉴定伪书时代最确而最易。近人钱穆著《周官著作时代考》（刊在《燕京学报》第十一期），悉本此法，至确而精。《周官》一书后儒以周公制礼遂谓周公所作

（贾公彦《仪礼疏·序》），何休曾谓为"六国阴谋之书"而未举证据。清儒如毛奇龄（《经问》）、万斯大（《周官辨非》）、崔述（《丰镐考信录》）、皮锡瑞（《三礼通论》）等均疑其伪，但结论不一，与何氏各有异同。近人疑者更多。十二年前余著《中国史纲》曾条举四项证明其系战国托古（卷一一二九至一三一页），意似何休、钱君。此作约八万言，共分四卷，自云证成何意以后当为定论。兹引其《论五帝祀之来历》一段以为据事实以鉴定古籍方法之一例。其言曰："《周官》记祀五帝凡有九处：（1）天官太宰，（2）掌次，（3）地官大司徒，（4）充人，（5）春官小宗伯，（6）司服，（7）秋官大司寇，（8）小司寇，（9）士师。《诗》《书》只言'天''帝'而无五帝，五帝乃战国晚起之说。祀五帝其事兴于秦，《史记·封禅书》云：'初，秦襄公攻戎救周，始列为诸侯。居西垂，自以为主少皞之神，作西畤，祠白帝，其牲用骝驹、黄牛、羝羊各一云。其后十六年，秦文公东猎汧、渭之间，卜居之而吉。文公梦黄蛇自天下属地，其口止于鄜衍。史敦曰："此上帝之征，君其祠之。"于是作鄜畤，用三牲郊祭白帝焉。……作鄜畤后七十八年，秦德公既立，卜居雍，"后子孙饮马于河"，遂都雍。雍之诸祠自此兴。用三百牢于鄜畤。（索隐曰："百"当为"白"，秦君西祀少皞，牲尚白牢。）……其（德公卒）后六年，秦宣公作密畤于渭南，祭青帝。……其后秦灵公作吴阳上畤，祭黄帝；作下畤，祭炎帝。……栎阳雨金，秦献公自以为得金瑞，故作畦畤、栎阳而祠白帝。……汉高祖二年，东击项籍而还，入关，问："故秦时上帝祠何帝也？"对曰："四帝，有白、青、黄、赤之祠。"高祖曰："吾闻天有五帝，而今有四，何也？"莫知其说。于是高祖曰："吾知之矣，乃待我而具五也。"乃立黑帝祠，命曰北畤。'据此可证五帝祠乃秦人特创，且秦人亦只祠白、青、黄、赤四帝，直至汉高祖入关始足成五帝，其前本无所谓五帝祀。又考《国语·晋语》：'虢公梦在庙，有神人面白毛虎爪执钺立于西阿，公惧而走，神曰："无走。"帝命曰："使晋袭于尔门。"公拜稽首，觉，召史嚚占之。对曰："如君之言，则蓐收也，天之刑神也。"'又《墨子·明鬼》：'秦穆公当昼日中处乎庙，有神入门而左，鸟身，素服玄纯，面状正方。穆公见之恐惧奔。神曰："无惧！帝享汝明德，使予锡汝寿十年有九。"穆公再拜稽首曰："敢问神名？"曰："予为句芒。"'《左传·昭公二十九年》晋太史蔡墨言：'有五行之官，祀为贵神。木正曰句芒，火正曰祝融，金正曰蓐收，水正曰玄冥，土正曰后土。'诸书所言已有五行神，而无五方帝，故虢公梦蓐收，穆公梦句芒，皆称帝命，不加青帝、白帝之别。《墨子·贵义篇》又说：'帝以甲乙杀青龙于东方，以丙丁杀赤龙于南方，以庚辛杀白龙于西方，以壬癸杀黑龙于北方。'《鬼谷子》盛神法五龙，陶宏景注：'五龙，五行之龙也。'《水经注》引《遁甲开山图》云：'五龙见教，天皇被迹。'荣氏注云：'五龙治在五方为五行神。'据《墨子》所言，仍见那时先有五行神，而还无五方帝，故只云帝杀青龙、赤龙，而不称青帝、赤帝。《庄子·应帝王》

始称中央之帝、南海之帝、北海之帝。《庄子·寓言》不为典要，然似其时亦尚无所谓五方帝。既无五帝，决不能有五帝祀，其理甚显。春秋时鲁国曾僭行郊天之礼，然鲁国当时似乎只是郊祀上帝，并不祀五帝也，并非在五帝里祀了任何一帝。鲁国如此，秦国亦然。我想秦襄公当时亦只是僭行郊礼而祀上帝，和鲁国一般。所以《史记》又说：'太史公读《秦纪》，以为秦杂戎翟之俗，作西畤用事上帝，僭端见矣。位在藩臣而胪于郊祀，君子惧焉。'明白说他是用事上帝胪于郊祀，可见秦襄公西畤所祀也只是当时惟一的上帝。而《史记》又说其：'居西垂，自以为主少皞之神，作西畤，祀白帝。'这是以后人东方青帝、西方白帝的观念来追写前代的史迹。其实前人只知道祭的是上帝，并没有说祭的是五帝中的白帝。秦文公鄜畤所祀也和襄公一例，所以史敦说：'此以上帝之征，君其祠之。'其为祀上帝明甚。且文公因梦黄蛇而作郊祀，若依后世五德符瑞之说，梦黄蛇应该祀黄帝。正缘当时尚无此等见解，故史敦只说是上帝之征。而《史记》粗心，也为他下了祀白帝一语。秦宣公渭南密畤，秦灵公吴阳上、下畤，依例类推，尽只是祀上帝，并不是祀青帝和黄帝、炎帝。大抵五方色帝之说起于战国晚世，亦秦帝而燕齐之方士奏其说，始皇采用之，遂祀五帝。因以前之鄜畤之祀白帝，因以前密畤之旧祀青帝，因以前吴阳上、下畤分祀炎帝、黄帝。四畤皆是旧有，而所祀遂为青、黄、赤、白四帝，与以前只祀上帝者不同。秦人何以只祀青、黄、赤、白四帝而独缺黑帝？这一层殊难解说。何焯以为是秦自以水德当其一，此说较有理，现在也更无别说可考。然而即此可见秦人始祀五帝本也只有四个，至于西畤、畦畤在秦人当时本只是祀上帝。而汉人则自高祖入关因雍西畤增北畤黑帝，足成五帝祀。之后一时只知有五方色帝，不复知有原先的上帝，所以误认雍四畤在先，即是分祀青、黄、赤、白四帝。而于西畤、畦畤两处，却把秦人主西垂主少皞之神的观念强说他所祀的是白帝。如此说鲁处东方，主太皞之神，其春秋时僭行郊礼，所祀乃是青帝，岂不大误？（雍四畤是鄜畤、密畤、吴阳上下畤四个。据《史记·秦本纪·正义》引《括地志》，西畤、畦畤、不在其列。《史记·封禅书·索隐》误入畦畤，出鄜畤，不可信。）何以说汉人只知有五方色帝不复知有原先惟一的上帝？据《封禅书》，武帝时'亳人谬忌奏祀泰一方'，说'天神贵者泰一，泰一佐曰五帝'。泰一也到战国晚年才有其名，汉廷于武帝上增祀泰一即是不知原先唯一的上帝之证。惟其不知有原先唯一的上帝，所以要说秦人所立诸畤一起便是祀的五方色帝了。五方色帝的祀典除《史记·秦本纪》及《封禅书》的记载外，又见于《晏子春秋》，说楚巫微见景公，曰：'"请致五帝以明君德。"景公再拜稽首。楚巫曰："请巡国郊以观帝位。"至于牛山而不敢登。曰："五帝之位在于国南，请齐而后登之。"'《晏子春秋》是战国晚年伪书，五帝之说本盛于燕齐海疆之方士。他说楚巫请致五帝，便见齐人当时也不祀五帝。五帝祀直到秦始皇统一后遂正式采用，何尝是春秋前所有，又何尝是周公所定？"

余著《今文尚书正伪》亦多用此法。更举《禹贡正伪》之一条为例，其言曰："《禹贡》关于贡赋记载特详，且分为田赋、贡篚、包匦。其中关于田赋由九州而分九等，即因土地高下而定赋额多寡。故《传》曰：'赋谓土地所生以供天子。'然由前屡言殷时犹在渔猎耕种交互时期，且民多游牧，唐虞时代民不业耕，安得有田赋耶？此不合者一。至贡品中齿革、羽毛、土漆、木石、果品、鸟兽、鱼虫、箘簵、篚匦等物，以时代衡之尚无大谬。惟丝织诸物渔猎生活绝不应有，但中国蚕桑起于何时今尚无考，不必定其绝无。若金属中则多为东周通见之品，按楚良臣余义钟有镈、铝，齐侯镈钟有铁、镐、镑、铝，齐侯钟有铁、镐、镠、镑、铝，周公望钟有镠、昔、吕（即错铝省），周公华钟有镠、镱（即错），张仲簠有镈、钪、镁、铲（孙诒让云：'金之未铸成器者谓之镁、钪、铲，皆金名，而铲即铝也。'），邾公牼钟有镠、昔、吕（即错铝），皆东周时器。而对以上诸金属通称吉金，《禹贡》金属贡品恐皆此类通行吉金。而指明贡铁则为大背，盖铁之发明在战国，而通用尚在两汉也。今申说如下。按《吴越春秋》：'干将作剑，采五山之铁精、六合之金英，候天伺地，阴阳同光，百神临观，天气下降，而金铁之精，不销沦流。于是干将妻莫邪乃断发剪爪，投于炉中，使童女男三百人，鼓橐装炭，金铁刀濡，遂以成剑。阳曰干将，阴曰莫邪。'《越绝书》：'欧冶子、干将凿茨山，泄其溪，取铁英，作为铁剑三枚：一曰龙渊，二曰泰阿，三曰工布。毕成，风胡子奏之楚王。……风胡子曰："当此之

第十一章 记录的资料之鉴定法

时,作铁兵,威服三军,天下闻之,莫敢不服。此亦铁兵之神。'"《管子·海王篇》云:'今铁官之数曰:一女必有一刀。'又《国语》引《管子》曰:'恶金以铸锄、夷、斤、欘,试诸土壤。'恶金即铁也。《荀子·议兵篇》:'楚人宛钜铁钝,惨如蜂虿。'《韩非子·南面篇》:'人主者明能知治,严必行之,故虽拂于民心,立其治。说在商君之内外而铁殳,重盾而豫戒也。'《内储说·七术篇》:'矢来有乡,则积铁以备一乡;矢来无乡,则为铁室以尽备之。'《八说篇》:'搢笏干戚,不适有方铁铦。'《吕氏春秋·贵卒篇》:'赵氏攻中山,中山之人多力者曰吾丘鸠,衣铁甲、操铁杖以战,而所击无不碎,所冲无不陷。'《国策》:'当敌,则斩坚甲盾鞮鍪铁幕。'《山海经·中山经》云:'出铁之山三千六百九十(假托禹说)。'《史记·货殖传》:邯郸郭纵以铁冶成业,与王者埒富。蜀卓氏之先,赵人也,用铁冶富。秦破赵,迁卓氏致之临邛,大喜,即铁山鼓铸。宛孔氏之先,梁人也,用铁冶为业。秦伐魏,迁孔氏南阳,大鼓铸。鲁人曹邴以铁冶起,富致巨万(参观章鸿钊《石雅附录》)。凡此可证冶铁之业战国始兴。盖《管子》虽云作于管仲,战国参入者甚多,亦可视为战国作品也。然制作兵器者多,似未通用民间也。唐虞远古,贡品安得有铁?此不合者二。《逸周书》:'汤问伊尹曰:"诸侯来献,或无牛马之所生而献远方之物,事实相反,不利。今吾欲因其地势所有献之,必易得而不贵,其为四方献令。"伊尹受命,于是为四方令,曰:"臣请正东符娄、仇州、伊虑、沤深、九夷、十蛮、越沤、鬋发文身,请令以鱼皮之鞞、鲲鲕之酱、鲛瞂、利剑为献;正南瓯、邓、桂国、损子、产里、百濮、九菌,请令以珠玑、瑇瑁、象齿、文犀、翠羽、菌鹤、短狗为献;正西昆仑、狗国、鬼亲、枳已、阇耳、贯胸、雕题、离身、漆齿,请令以丹青、白旄、纰罽、江历、龙角、神龟为献;正北空同、大夏、莎车、姑他、旦略、貌胡、戎翟、匈奴、楼烦、月氏、孅犁其龙、东胡,请令以橐驼、白玉、野马、騊駼、駃騠、良弓为献。"汤曰:"善(《王会》伊尹朝献)。"'此虽记载汤事,实为周末作品。《尔雅》云:"东方之美者,有医无闾之珣玗琪焉;东南之美者,有会稽之竹箭焉;南方之美者,有梁山之犀象焉;西南之美者,有华山之金石焉;西方之美者,有霍山之珠玉焉;西北之美者,有昆仑虚之璆琳琅玕焉;北方之美者,有幽都之筋角焉;东北之美者,有斥山之文皮焉;中有岱岳,与其五谷鱼盐生焉。'(《择地篇·九府条》)《禹贡》所记方物,其思想恐同源于此。此就贡赋而知其伪者二也。"此类证据不胜枚举,但知其为最要之鉴别方法即足矣。

三、据引证 此法即据前人引证之文与本书相证,可以知其伪托。盖作伪者未必尽阅古书,故古书所引彼所伪托之真实内容,彼或未之见也。如梅赜《伪造古文尚书》即其例也。《古文尚书》虽亡于永嘉之乱,然秦以前固尚在也。周秦诸子多引用之,梅氏未知,致有遗误。惠栋作《古文尚书考》辨谬十五条中多用此法。今举一条为例,其言曰:"《汤誓》非全书也,《汤诰》非古文也。何以知之？以《汤诰》多采《汤誓》之言,而古文别有《汤诰》之篇也。《论语·尧曰篇》曰：予小子履,敢用元牡,敢昭告于皇皇后帝；有罪不敢赦。帝臣不蔽,简在帝心。朕躬有罪,无以万方；万方有罪,罪在朕躬。孔安国注曰：此伐桀告天之文。《墨子》引《汤誓》其辞若此（今在《兼爱篇》）。《周语》内史过曰：'在《汤誓》曰：余一人有罪,无以万夫。万夫有罪,在余一人。'又《墨子·尚贤篇》云：'《汤誓》曰：聿求元圣,与之戮力。'今《汤誓》皆无此言,而《汤诰》有之,以此知《汤誓》非全书也。《史记·殷本纪》云：'既黜夏命,还亳,作《汤诰》：维三月,王自至于东郊。告诸侯群后："毋不有功于民,勤力乃事。予乃大罚殛女,毋予怨。"曰："古禹罪陶久劳于外,其有功乎民,民乃有安。东为江,北为济,西为河,南为淮,四渎已修,万民乃有居。后稷降种,农殖百谷。三公咸有功于民,故后有立（一作土）。昔蚩尤与其大夫作乱百姓,帝乃弗予,有状。先王言不可不勉。曰：不道毋之在国,女毋我怨。"'此孔氏所传十六篇之文也。今《汤诰》之词与史绝不相类,以此知《汤诰》非古文也。"又如《列子》凡《天瑞》至《说符》八篇出东晋光禄勋张湛注,湛云是其祖录于外家王氏,钱大昕谓《列子》书晋时始行,恐即晋人依托。近人马叙伦氏作《列子伪书考》,共举二十事证明其伪,理由甚多,不能尽录。但有近于本条"据引证"者一事,其言曰："《尸子·广泽篇》《吕氏春秋·不二篇》并云'列子贵虚',

《庄子·应帝王篇》云：'列子三年不出，为其妻爨，食豕如食人。于事无与亲，雕琢复朴，块然独以其形立。纷而封戎，一以是终。无为名尸，无为谋府，无为事任，无为知主。体尽无穷，而游无朕，尽其所受乎天，而无见得，亦虚而已。'三子可为知列子矣。此是结成列子既道之实，故《尸》《列》并云'列子贵虚'也，本书乃以'一以是终'结《季咸》一章，即伪作者不达其说，剿袭而割裂之，文义不全矣。"（《列子伪书考》二事小注）由上二例可据他书征引，而知作伪者之破绽，此又一法也。

四、据称谓 称谓发生亦各有其时代，倘周代始有此称谓，而伪造殷以前之著作者有之，则即现出破绽可知其伪。例如殷人卜辞恒以祖、妣对称，考、母相配。《易·小过》之六二："过其祖，遇其妣。"《诗·小雅·斯干》："似续祖妣。"又《周颂·丰年》及《载芟》："烝畀祖妣。"此皆祖、妣对文之证。《雝》之"既右烈考，亦右文母"，则考、母对文也。金文中其证尤多。其言祖妣、考母者，《齐侯镈钟》："用孝亯于皇祖、皇妣、皇母、皇考。"《子仲姜镈》："用亯用孝于皇祖圣叔，皇妣圣姜，皇祖又成惠叔，皇妣又成惠姜，皇考遵仲皇母。"《陈逆簠》："以亯以孝于大宗，皇祖皇妣，皇考皇母。"（参观郭沫若《甲骨文字研究》第一《释祖妣》）其在卜辞，所祀之祖多配以妣，其可征者，十有数条（详见《殷虚书契考释》卷二）。兹举四例，如大乙之配曰妣丙（《殷虚书契后编》），而新获卜辞有曰："乙巳，卜囗之大乙母妣丙一牝。"（三三六片）且乙之配曰妣己（《殷虚书契前编》），而《殷虚书契后编》有曰："□辰贞，其求之于祖丁母妣己。"皆其例也。其单言考母者，金文中证亦不鲜。如谌鼎："谌肇作其皇考皇母告比君。"虇鼎、颂鼎及敔壶诸器："皇考龚叔，皇母龚妣。"史伯硕父鼎："朕皇考厘仲王母泉母。"仲戬父敔："皇考㝬伯，王母㝬姬。"召伯虎敔："我考我母。"师趞鼎："文考圣叔，文母圣姬。"准此可知考、妣连文为东周后起之称。而《尧典》云："百姓如丧考妣"，则其为战国伪造可知（见拙著《今文尚书正伪·尧典正伪》二五至二六页）。又如王称天子，盖始于周康王时。《西伯戡黎》虽有天子之称，然其晚出已说于前，故不能以此为证。《周书》前十四篇绝无天子之名，《康王之诰》有云："敢敬告天子"，故知王称天子当始此际。再以《诗》证之，《小雅·出车》云："自天子所，谓我来矣。天子命我，城彼朔方。"毛系此诗于文王，《序》谓："西有昆夷之患，北有猃狁之难。以天子之命，命将率遣戍役以守卫中国，故歌《出车》以劳还。"然《诗》中有"王命南仲，赫赫南仲"，则所劳者南仲也。依《汉书·匈奴传》："宣王兴师，命将以征伐之，诗人美大其功，曰：'薄伐猃狁，至于太原'；'出车彭彭'，'城彼朔方'。是时四夷宾服，称为中兴。"《蔡中郎集》邕谏伐鲜卑议，谓"宣王命南仲吉甫攘猃狁"。而《汉书·古今人表》亦以南仲吉甫列上下，次周宣王世。《后汉书·马融传》融书亦以此诗为宣王事。故知两汉今文家说皆谓此诗以美宣王，毛说固无据也。而《大雅·假乐》又云：

"媚于天子",毛《序》:《假乐》为美成王者。大约亦作于成王以后。故知王称天子至早当始康王,至东周而始通用。今《洪范》云:"以近天子之光。曰天子作民父母。"箕子之口岂能道此?此其伪证也(见拙著《今文尚书正伪·洪范正伪》二页)。此类例多矣,但举两则可知,此亦一鉴定要法也。

五、据行文 一时代有一时代之文体,字里行间大不相类。然古人作伪往往不妙,而痕迹露矣。例如《今文尚书》之《盘庚篇》中文句多同《周书》。《周书》凡述王言,皆云"王若曰"。如《大诰》《康诰》《酒诰》《多士》《多方》皆有"王若曰",即周公述成王命也。而《盘庚》亦有"王若曰",即遗民述盘庚命也。《无逸》云:"自朝至于日中昃。"而《盘庚》云:"自今至于后日。"《康诰》云:"作新大邑于东国洛。"《召诰》云:"则达观于新邑营。"《多士》云:"初于新邑洛。"而《盘庚》云:"于兹新邑。"《秦誓》云:"邦之杌陧,曰由一人;邦之荣怀,亦尚一人之庆。"而《盘庚》云:"邦之臧,惟汝众;邦之不臧,惟予一人有佚罚。"他若天也、上帝也、先王也,《周书》屡言之。此就文句组织知其作于周代者(见拙著《今文尚书正伪·盘庚正伪》四至五页)。又如《孟子》"父母使舜完廪"一段,及"舜往于田""只载见瞽瞍"与"不及贡,以政接于有庳"等语,文辞古直,与全书文体大不相合。愚尝意其必后人加入,以完全篇之说。而王崧以为引古《舜典》之文(《说纬·舜家门之难》一篇),然即以王说为是,非孟子之言,固可证明矣。又《关尹子》庄子称之为老聃弟子，刘氏《七略》："道家有其目。"自《隋书·经籍志》绝不载，则是书亡散久矣。今所谓《关尹子》九篇乃后人伪造，以其全书行文多仿佛家。《一盂》篇云："若以言行学识求道，互相展转，无有得时。知言如泉鸣，知行如禽飞，知学如撷影，知识如计梦。一息不存，道将来契。"又《四符》篇云："五行之运，因精有魂，因魂有神，因神有意，因意有魄，因魄有精。五行回环不已，所以我之伪心流转造化几亿万岁，未有穷极。"（胡应麟《四部正讹》于九篇中，各撮其一，今不全引。）读其全文，莫不如此，大约五代时人所出。凡书托伪于古人者多矣，稍于行文求之自可得焉。此又一鉴定之要法也。

六、据思想 一时代有一时代之思想，一个人有一个人之主张。相距甚远之两时代思想不应相同，举世共尊之一个人主张不应相背。反之，恐有假借伪托焉。例如盘庚在殷中叶，其有所告诫臣民，自不应下同宗周。然《今文尚书》之《盘庚》篇思想多同《周书》。"如《大诰》云：'王害不违卜，肆于冲人。'而《盘庚》云：'肆于冲人，（中略）非敢违卜。'《无逸》云：'君子所其无逸，先知稼穑之艰难，（中略）厥子乃不知稼穑之艰难。乃逸、乃谚。'而《盘庚》云：'作乃逸，若农服田力穑，乃亦有秋。（中略）惰农自安，不昏作劳，不服田亩，越其罔有黍稷。'又《无逸》：'亡能保惠于庶民，不敢侮鳏寡。'又云：'怀保小民，惠鲜鳏寡。'而《盘庚》云：'汝无侮老成人，无弱孤有幼。'此就陈词取喻之思想知其作于周代，是不应同而同，故知其伪也。"（亦见《盘庚正伪》五页）又如《隋书·经籍志》谓《孝经》"遭秦焚书，为河间人颜芝所藏。汉初，芝子贞出之，凡十八章"。然《孝经》人多疑非孔子所作，盖其思想与孔子不同。且举一例，《论语》："孔子曰：事父母几谏。见志不从，又敬不违，劳而不怨。"是如何曲折。而《孝经·谏诤》章曰："父有争子，则身不陷于不义。故当不义，则子不可以不争于父，……从父之令，又焉得为孝乎？"是又如何径直。孟子何等崇拜孔子，而云："父子之间不责善责善则离，离则不祥莫大焉。"使孔子如《谏诤》章所言，则孟子又何反对若此？（略本姚际恒说，见《古今伪书考》。）显系后人伪作以托古，此不应背而背，故知其伪也。此又一鉴定要法也。

七、据用字 自甲骨文字发现，而后中国文字之发生时代始有考征。甲骨文无"民"字，且无从"民"之字，殷器亦然。自周代彝器始有"民"字，如孟鼎、克鼎及齐侯壶等皆见之，字作🅡。《商书》《盘庚》《微子》诸篇虽有"民"字，但非古器。恐此诸篇亦属后造，不能依据。且"民"字作🅡乃目下有泪，为奴隶受苦之象形。尧舜时尚各营其渔猎、牲畜之自然生活，役奴未至通行。迄周代耕种发达始有农奴，故造"民"字也。而《尧典》有"黎民于变时雍"，《盘庚》有"民不适有居，重我民"诸语，可知其为伪托（见拙著《今文尚书正伪·尧典正伪》第四页）。又如殷代有卜无筮，故甲骨文无"筮"字。盖卜必以龟，筮必以蓍。就卜辞考之，殷无"筮"

字，亦无"蓍"字。迄周始有筮法，故恒卜、筮连举。如《君奭》："若卜筮，罔不是孚。"《诗·小雅》："卜筮偕止，会言近止，征夫迩止！"《卫风·氓》："尔卜尔筮，体无咎言。"《管子·五行》："神筮不灵，神龟不卜。"僖四年左氏《传》："卜之不吉，筮之吉。"此类证明不胜枚举，其在殷代几于无事不卜。果有筮法，必当连举。今竟无一次，故知殷代实无筮法。今《洪范》云："择建立卜筮人，乃命卜筮。立时人作卜筮，谋及卜筮，筮从，龟、筮共违于人。"由此以观，是必筮法大兴以后之文。箕子为殷遗老，殷亡即奔朝鲜，偶赋归来，何能知此？此亦伪托也（见拙著《今文尚书正伪·洪范正伪》一至二页）。此又一鉴定要法也。

第十二章 记录以外的资料之鉴定法

第一节　总　说

　　非记录的资料如各省县之山川、风土、物产、气候、疆域、面积以及其他固定资料，但用调查无须审定真伪，更不必鉴别时代。所待考究者仅有三种：一曰古物，二曰古迹（亦系一部分），三曰现事（即当代某人之行为或某事之传述）。五十年来欧西各国考古大进，私人采购、团体搜掘，古物发现记录日增。以是人类历史得以上溯若干万年，成迹之佳至足惊人。各时代有关人类文明之品物均略完备，故居今日而言鉴定古物较之往昔方便良多。盖以有物在先，可资借证也。然在中国尚难语此，所有古物杂乱无章，自宋以来仅有殷周铜器若干。清末以后又出甲骨若干，二十年来整理考订略有端倪。此外若陶、若玉、若石等等虽亦附加研究，终无成绩可言。最近虽有外人及中央研究院历史语言研究所稍事发掘，然所得者亦多三代文物，更古者鲜，论及史前时代者几于绝无。

故谈我国古物绝难远溯太古，较有条者亦仅殷骨、周金，若陶，若石，均甚寥寥也。兹分古物之陶、石、金三种并古迹、现事两门分述鉴定标准如后，草创未详，聊以充数，扩而充之当待翌日也。

第二节　陶器之鉴定方法

中国陶器之大别可分为日常用具与葬丧明器二种。陶器之稍有系统可述者多赖历代名器之发现，即日常用具亦往往因明器而发觉。盖掘墓获得明器时，用具亦于无意中得之。最初注意历代明器者首推上虞罗振玉氏。光绪三十三年，罗于北京厂肆得古俑二，迩后续有所得，至民国五年，乃将历年所藏选其精者印为《古明器图录》四卷，是为明器加入古物之始（详见罗氏《自序》）。虽于器形外无所说明，时代鉴定者亦未及半。然至此既引外人之注意，复动商贾之搜求，罗氏之功盖即在此。西人购器者固多，发掘者亦有。民国十一年，安得生博士（Andersson）及师丹斯基博士（Sdansky）曾于河南渑池发掘仰韶遗址，后两年安氏又在甘肃发掘，故明器出土者日多，流出于国外者日众，而外人之研究著述亦渐刊行。民国八年，罗福有《汉陶》（Berthold Laufer, *Chinese Pottery of the Han Dynasty*）之刊行，十三年滨田耕作有《支那古明器泥象图说》之刊行，十七年亨慈又有《中国明器》（Carl Hentze,

Chinese Tomb Figures)之刊行。其他研究论文及图象之刊印于考古杂志者不一而足。十九年郑德坤、沈维钧两君收买古明器数十种于洛阳，归而考究，并参考中西书籍著《中国明器》（《燕京学报》专号之一），是为中国研究陶器第一有系统之作。本章以下所论亦以根据此书者为最多，兹分期论述陶器之种类及特点如后，以便鉴别未来者之依据焉。

一、史前之陶器 安特生氏著有《甘肃考古记》(Preliminary Report on Archaological Rcarch in Kausu) 分甘肃文化遗址为六大时期。在新石器时代末期与新石器时代及铜器时代之过渡期可分三期：曰齐家期，曰仰韶期，曰马厂期。在紫铜及青铜两时代之初期亦分三期：曰辛店期，曰寺洼期，曰沙井期。此六期中除齐家期未发现陶器外，其余五期均有，兹分记之。

关于仰韶期者　此期陶器可分二种：一较大者形如汉锅，口周有斜方格花纹，腰有平行单线三道，中有横线，与口周花纹联接。下腹有单线一道，腰腹之间作 X 及 S 形粗花纹，如图一。较小者形如饭碗，口下底上各有平行单线两道，中有粗云花纹，如图二。

关于马厂期者　此期陶器亦可分二种：一较大者形如满镬，有两耳或一耳，腹以上部全加黑釉，下部则为本地黑釉之中加三角形之花格。而三角形中又实以多数小方格，如图三。一较小者口细腹广，形如汉代长项壶。上釉下地与前者同，黑釉之中口部有三角花纹，腰部有点线相间之花纹，如图四。以全形观之，此期陶器似较前期，稍稍进化矣。

关于辛店期者　此期陶器作风与前不同，器形虽无大别然陶质较松，比前二期之精密大有逊色。陶瓮之底多作凹形，与前此平底者异，是其特色。且器口甚大，高者多而矮者少，亦其特点。至于彩绘花纹，多横行之黑线及波纹，此外并有正倒之三角纹，又有兀字形文及连续之回文。以上皆其大概。图案最特别者尚有小花纹，如 N 字者杂置其间，如图五。又有小动物如犬、羊之类，亦缀杂其间。甚至领部且绘有似人形者，如图六。此外若鸟、车等类图案，尚不多觏焉。

关于寺洼期者　此期陶器发现二件，皆无纹饰。一为马鞍口之单色大陶瓮，如图七。一为肥足之陶鬲，如图八。器虽不多，但二者形式皆甚特别，前所未有也。

关于沙井期者　此期发现陶器质粗而形颇杂，大半皆无彩纹，否则器之一部另加红色之衣。更有少数陶器上绘精致彩文，其主要者为直立之三角形，及有小点之横带纹，如图九。

以上所记及所附图皆采自安氏《甘肃考古记》一至十五页者，六期之名皆以发现地点而定，所得之器亦皆葬器，即后日之明器，非普通用具也。安氏云："其表面花纹种至繁复，附图所示仅其一部。但图案繁重之中有一种花纹为恒见者即一红色条纹，上下夹以黑条文，并在红黑两纹之间各留一缝。不施彩绘，并自黑纹之内边向红纹伸出若干，如锯齿之纹。……此种图案在同期葬器中几于无不有之，而日常用具则否。此盖与葬礼有关之丧纹也。"（《甘肃考古记》十二页至十三页，此与乐译文小异。)

二、三代之陶器　所谓三代陶器亦即殷周陶器，与以前史前之陶器其时代亦不相远。不过前所举之六期皆安特生在陇所发掘者，而史前时代亦安氏所定。实则其在中国已入有史时期矣，陶器出土虽不能比铜器更多，然亦绝非少数。不过研究古物者向不重视，故在金石学上未占重要位置。其实殷周礼器以今日考察，其形制花纹皆袭陶器而来，故旁征铜器即可知陶器之种类，并可规定陶器之名称。迄铜器制作日精始脱陶器而独立，故陶器之花纹精致自较逊于铜器。然铜器之初形皆由陶器而来，吴大澂云："山左所出瓦器或以为古量，大澂谓古尊字或作𢍜，或作𢍜。𢍜象两手奉尊形，字体虽不尽同其为器不作平底而作圜底。可即古文以验古器之制度，故此器为瓦尊无疑。"(《古陶器屏跋语》，商务印书馆印。) 吴氏此说可证瓦尊早有，铜尊必袭瓦尊之形而渐精也。安阳发掘古墓时曾得一瓦爵 (见后图)，亦可为证。按爵，其制前有流后有尾旁有鋬，上有二柱，下有三足 (容庚《殷周礼乐器考略》刊在《燕京学报》第一期)，此就铜爵而言也。此瓦爵则三足，有流亦带鋬，仅缺两柱一尾。李济博士亦确为爵，以其制造在先故尚未完 (《俯身葬》刊在《安阳发掘报告》第三期)。可证瓦爵早有，铜爵必袭瓦爵之形而渐精也。故欲知三代之瓦器若何，以考古学家向未注意，甚难觅得大量三代原器，而详论其形质花纹以作鉴定标准。然殷周铜器可资旁证者仅有十数件，分述如左：

关于用器者　民国十七年，中央研究院历史语言研究所在安阳发掘甲骨，因得殷商陶器若干，其完整者约十余件。李济博士曾作《殷商陶器初论》（《安阳发掘报告》第一期），据所载者有鬶、罐、瓿、素罍、刻纹罍、殷、壶、釜、素鬲、圜络鬲、弦纹尊、素洗及瓦簋等，外有刻文陶片十四种（附原图）。此一组最多，无论形式花纹皆可作鉴定标准也。

关于明器者　十六年秋，历史语言研究所又继续工作，于安阳发掘古墓，得殷商殉葬之器若干，中有陶器五件。李济博士曾作《俯身葬》一文，据所载有爵、觚、皿、鬲及罍等五瓦器（图见俯身葬附录），此又一组，亦可作鉴定标准也。

以上两组陶器外再无其他可据资料，虽仅有殷无周尚属缺憾，然以意度之，周代铜器发达，除日常品物仍用陶瓦外，礼器多代以铜，故陶瓦制作必难有何进步。此虽揣测是否尚有待于考古发现，然十之八九可无误也。

三、秦汉之陶器　秦代为时甚短，故其陶器难与周汉划分。且始皇墓中不用瓦器，而为金银珍宝及其生前宠人，故明器亦无陶瓦。降及汉代，明器之陶制者至多，罗振玉之《古明器图录》所载有二十四种。日本学者鸟居龙藏、岛村孝三郎等于旅顺附近，英人卜鲁克（Lieutenant Brooke）于四川岷江沿岸，蔡寒琼夫妇于广州猫鬼冈，均曾发现汉墓，各得陶器若干件，皆系明器。此外日本帝国大学文学部亦藏数百件，北京大学亦有数十件。汉以后陶器甚多，而汉尤多。兹就种类及装饰两项，分述如左，以为鉴别之标准焉。

第十二章　记录以外的资料之鉴定法

一

二

三

四

五

六　　　　　　　　　　七

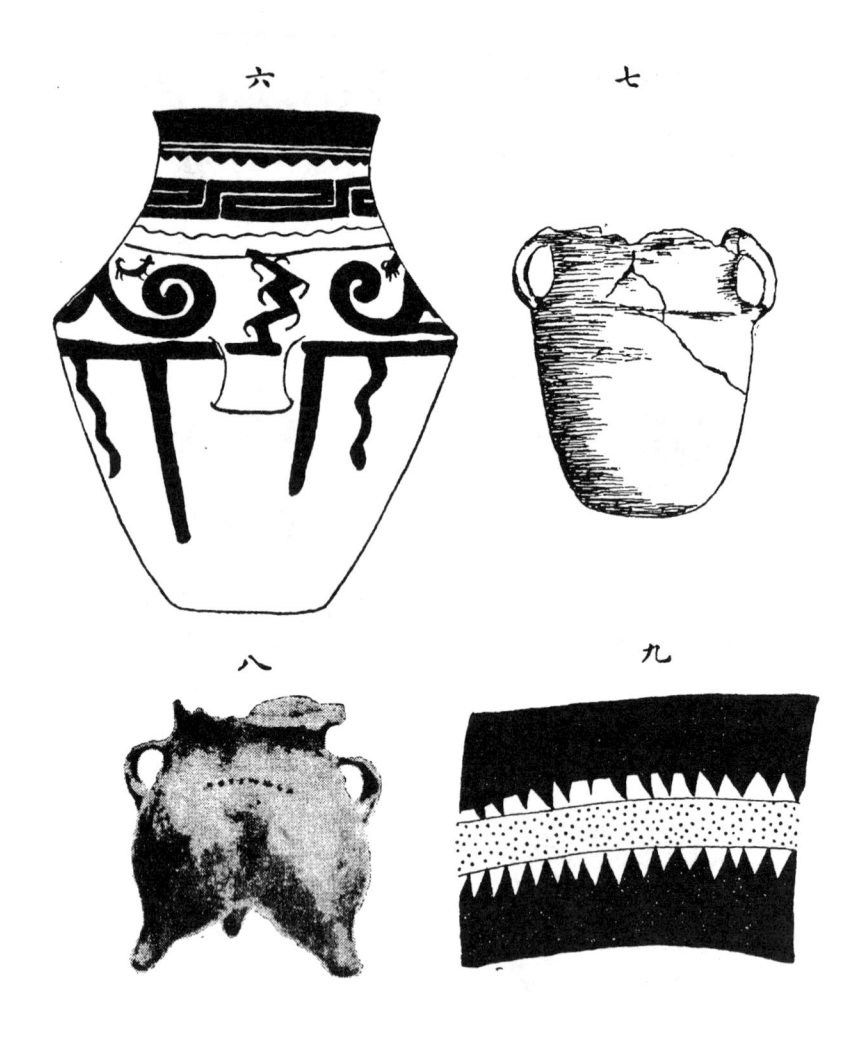

八　　　　　　　　　　九

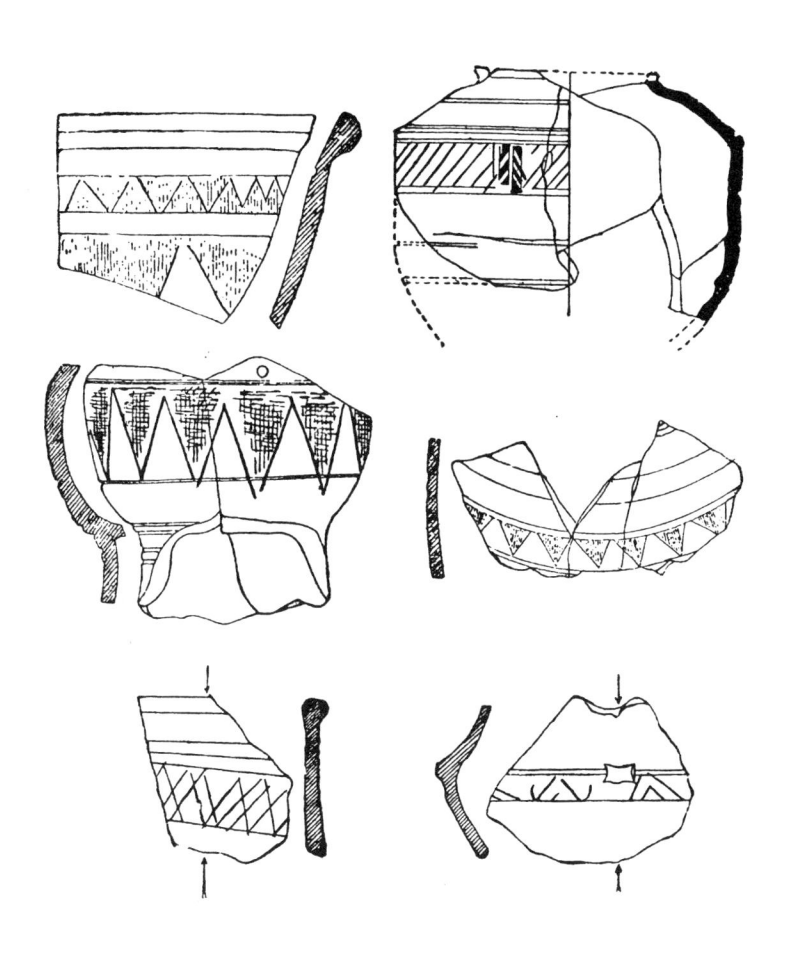

第十二章 记录以外的资料之鉴定法 333

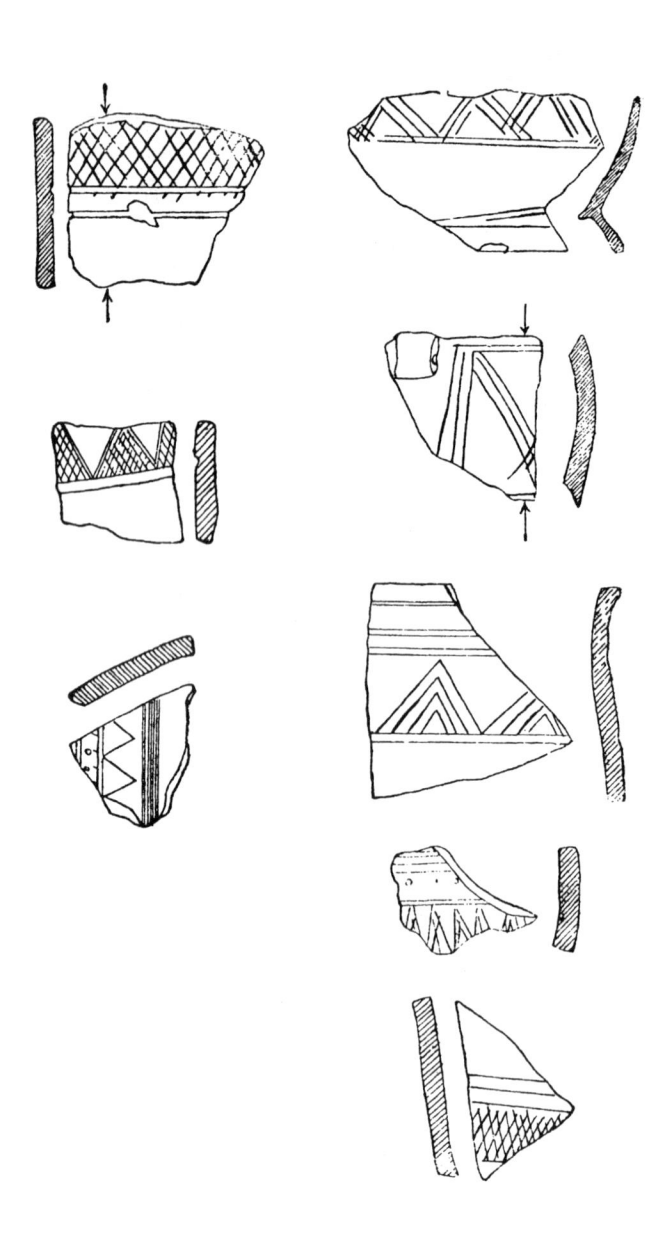

方志学

第十二章　记录以外的资料之鉴定法

关于陶器种类者，今将陶质明器之重要几类，分述如下：

甲、俑　汉代土偶在初期多系手工，在后期则有模形。土偶全身涂白粉，颜面发衣则以墨画。或作蹈舞姿势，脚部多作喇叭状，以便站立稳固。普通高至二尺，低至三寸，面现柔和，其服饰往往与武梁祠画象相似。后期土偶制作乃合前背两面模型而成，此滨田氏就其痕迹考得者（《支说》十二页）。坐像亦有，形体均小，或舞蹈奏乐，或吹笙弹琴，或足扬袖挥，其直线式之形体及动作亦均与武梁祠画象相等。总之汉代瓦俑只可代表古拙形式，其手法尚未能自由发挥也，下拟六朝及唐相差远甚。

乙、灶　瓦灶有长方形及马蹄形二种，前为灶口，后为烟突。口之大小不一，突之高矮亦异。穴有一、二、三之不同，穴上或置釜，或置甑。釜与穴合为一者颇多，灶盘上有各种庖厨器具以及各种食物之浮雕，灶口及四侧或刻双鱼，或有四神人物，亦或有几何图案花纹。瓦灶多为素烧，外带绿釉者少。

丙、屋舍　人生必须居室，故明器亦有屋舍。平屋最多，或仅一门，厝脊有作曲势者。有不作曲势者，广州发现尚有三层四层楼阁，亦极新鲜。屋上高栏雕有飞禽，外侧有登梯，有仓库，内部有塪堆等小屋。千变万化，与今日牌楼之式有仿佛者，足见汉代宫殿之盛。

丁、仓　陶仓皆为筒形，状如今日之瓮，而有足有盖，盖作△形，如今日之伞式。大者四五尺，小者盈尺。有平底者，但三足者多，或记"大豆万石""粟石万石""小麦万石"

"白米万石"等字，亦有记汉代年号者，亦有刻作家印章者，亦有满身索纹者，亦有数道环纹者，亦有素身无纹者，为状不一。陶仓间有与畜舍合为一器者，但此类较少。

戊、畜舍　猪圈为豢，羊舍为刍。前者为圆形，其方形者则附加厕所于壁垣，意盖使猪便食污物也。燕大藏有如此一器，质地黝黑，形长方，阶五级，引登而上，有厕所二，各占一隅，一有厝盖，一为露天。三面墙上均绕瓦茸，阶上及墙之下部均有几何花纹。豢内无猪，此实为猪圈之最完备者。羊舍周垣内亦可容羊群，或有牧者在焉。罗福《汉陶》载一羊舍，内伏五羊，安然蹲于石磨之前（四十四页）。其形与豢稍异，尤不附厕焉。

己、动物　猪羊之外尚有鸡、犬、牛、马及其他禽兽，而以鸡犬为恒见。汉代制作动物技术不甚精巧，所造之物颇多简素，常借涂彩之力以分各部姿势。鸡之制作千篇一律，其法亦系合两半模型为一，足部多作喇叭状，盖以体内充实，非如此立不能定也。犬之种类有二：一为西藏式 Mastiff，一为中亚式 Grey hound，并皆粗劣。汉代武梁祠及孝山堂画象刻狗颇多，姿势亦并不少，但皆精于陶器。牛象颇少，制作亦粗，马象多为头部。盖其作时乃以头身足尾四部合一，乡人掘出各部零落，头部仅存，理或如是。然汉代砖石刻马甚多，姿势亦皆活泼，足见雕刻艺术远在塑象之上。

庚、井　瓦井多种，繁简不同。《汉陶》（第十四版）载有一形较为完整，以一筒形瓦器作井，井栏上置水桶，更搭一架。架装辘轳用以汲水,覆有瓦葺屋顶,盖以避雨。若其简者仅有一井,或有桶无架,或有架无桶,或井桶分别,或桶置井中。井有长方形者,栏作井字形,两端栏上往往有孔,盖以搭架者也。栏墙四面作各种装饰。燕大藏有此井数件,余亦藏有一井,墙周或雕马、龙、牛、神等像,或刻几何图案,间有作字者（有一器上有"戒火东井"四字）,为状不一。

辛、农事瓦板　杵臼、瓦磨亦极普通。磨分上下二部,与今民用者同,无须详述,杵臼形式亦然。但此类器物往往合作,如《古明器图录》及《汉陶》各载一器,即于一长方形瓦板上平分四部,一为打禾场,一为磨,二为杵臼。罗氏通名"杵臼",似嫌太简。罗福名为"表明农事之瓦板",又嫌太泛。郑德坤、沈维钧名之为"收获三合瓦板"（《中国明器》四十页）,似较妥实。

壬、车舆　燕大藏有车舆一套,质地黝黑,满涂白粉,盖作穹形。前面洞开,背面一窗,下有两轮,驾以瓦牛,与今之民用牛车大体无别。但亦有车盖上部及前面细部均描墨画者（见滨田《支那古明器泥象图说》）。《古明器图录》卷二末有车覆一,牛车二,观其制作粗劣,涂白装饰,知为汉代遗物。然车身无盖,车背不见。车前以墨画并行直线代表车帘,其形式与前颇异。帘前又有车斗,颇似唐代车舆。总之汉代车舆为状亦不一焉。

癸、圹砖　圹砖亦属瓦质,《古明器图录》载此甚多,惜无说明。砖形颇大,内部透空,外有种种图画。正面为几何花纹，上侧两面均为孝子像，沿边多长方小窟。燕大藏有一对，余亦得其一于绥远，山东图书馆藏有此砖十二，上有建安年号，作十二时辰肖兽图像，此为最精者也。

除以上十种外，瓶、壶、鼎、罐之类亦多。大小高矮不一，或有盖耳，为状各异。素者有之，画者亦有之，要皆模仿当时适用铜器。故亦间有铭文。《汉陶》载有铭文之器数件，燕大所藏汉罐亦多有字，有"大牢""牢"等作者之印，又有铭作"幹氏"者，又有一双鱼罐作"大吉利"及"宜子孙"者，颇为罕见。陶器虽仿铜器，然其制作之精远逊多多矣。

关于风格质实者　以上皆器物种类及其形式，然于此外其风格原质与釉饰亦可为鉴别标准。兹分述之。

甲、风格　汉代艺术风格可以自然主义包括之，画象与陶器并不皆然。不论其为人物、器具，莫不表现其为切实模型。例如犬象，无间其为走为卧，亦或其他姿势，必须将犬的一切忠实表现，务使其丝毫不遗方为得体，以是写实多而写意少，加以艺术不精，结果致成死板。故汉俑与唐俑较几有天壤之别。动物亦然，所较优者即为屋室、畜舍、井灶之类，盖以上本为死物，宜于死板风格。

乙、原质　汉陶土质约有三种，第一即黝黑色泥土，此类器不着釉，多涂白粉，上或再画颜色。第二即质地颇坚，颜色红灰之泥土。此类器着绿釉而带红色，其质与黝黑色泥土相同，因受火烧，土内铁质，发生化学作用而呈红灰色。第三即质地颇脆，白色近朱色的泥土，着浅绿釉，亦带虹色，此种最少见。因久埋地下与湿地发生化学作用，故带虹色也。

丙、釉饰　绿釉为汉陶重要装饰之一，以博山炉、环兽壶等器居多。灶屋之用釉者少，人物则几未见焉。罗福氏以绿釉起源即中国磁器之起源，乃受外来之影响（《中国磁器的起源》）。其说亦有至理，盖汉以前固无加釉之陶器也。第二饰品即为涂白，此法自古有之。汉代陶器多为几何图案花纹，种类虽多，而以斜方形及圆形二种为最通行，虽有繁简之别，大体则颇相同。此类装饰多施于圹砖、瓦井、瓦灶、畜舍及居室等死物，若人及动物则不用焉。

以上共分陶器之种类、形式、风格、土质及釉饰等而详别之，则汉代陶器之鉴别标准大体规定。依此而考新出土者当能无误，举一反三，是在读者之运用耳。

四、六朝之陶器　六朝之冢墓发现较少，故陶器亦不多见。中央研究院因发掘殷墟，第一次连带发现二墓，得土俑、陶罐各一，李济定为隋唐时代之物（《小屯地面下情形分析初步》）。第二次又掘出隋处士卜仁墓，并得墓志一方，中有明器多件。关于陶之完整者有七杯，盘一，燕大亦藏此盘一件，历史博物馆所陈列者有白磁盘二，杯八，另有三彩盘一，外附四杯，均为洛阳出土。此皆用具，非明器也。此外胡肇椿于广州大刀山（民国十九年）发掘一晋冢（详见《考古学杂志》创刊号），墓砖有"大宁二年"，故知为东晋明帝时墓。殉葬物中陶器有小素陶碗、四耳陶瓿四，素陶盂、唾壶及碧釉陶洗各一。以上就胡君研究结果知为用具，亦非明器，确定为六朝器仅此数十件。然六朝上承汉代下启唐朝，故其陶器风格似汉者多，似唐者亦不少。魏以后明器土质仍为黝黑，上与汉同。其泥象涂白之外又画赤、蓝、绿等色，与专画黑色之汉代不同。于此时期器具之用渐少，人俑之用渐多，遂开唐代人物制作之盛。然后魏雕刻之术特精，如大同云冈及洛阳龙门之造象皆系空前绝后，故影响于人俑者亦巨。其他皆不足论。兹将人象特点分述如左：

关于制作者　六朝立象足部不作喇叭状，有汉俑古拙的遗风，又近唐泥象的范畴。其最著特征即为扁平性，有形制手法幼稚之风，然非两半合一。其最大进步，即身体各部同时出于一模，非各部各造而再合者。

关于配比者　六朝陶俑身长而细，下异于唐。唐俑头部比之身体多在五分之一以上，而此俑不过五分之一，故恒觉有头颈太长之感。由其身体侧面观之，腰部稍稍挺出，不似唐俑之直，亦不似汉俑之笨。面形狭长，嘴唇含有微笑，不及唐俑之真，亦不如汉俑之呆。

关于装饰者　六朝陶俑有戴围帽，衣阔袖，衣裳缠于裙上，其服装仿佛洛阳龙门、宾阳洞后壁上所刻之游行浮雕人物。由此可知其为六朝陶俑。衣纹之皱襞多以重叠的并行线画成，与汉俑同而较复杂者也。

以上三点乃六朝陶俑之特征，可作鉴别标准。他物考证之法尚有待于发现焉。

五、唐代之陶器　唐代陶器以生物最发达，亦最精致，几有空前绝后之概，用具之类反逊于汉代。兹分种类及装饰两项述之于后。

关于陶器种类者　唐代明器以人俑最盛，动物次之，鬼怪又次之，分述其各种特点于后：

甲、女俑　女俑普通高七寸许，最高至二三尺，最低至三五寸不等。多为绿衣蓝裳，肩被红帛。釉多三彩，短裳无领，底至乳部之上，袖窄而长。结发有单髻、双髻、扁髻，并各前后歪正不同，此侍女也。其服饰美丽者多高尺许，着袿衣，履高履，外加赤绿等金箔彩釉，此贵妇也。《古明器图录》（卷一）有异服女俑四，亦为服装上之一种变化。其姿势直立正面外有首稍倾及跪坐等变化，此变像也。另有女俑成队，或弹琴，或鼓瑟，或吹箫，或弄别乐。或坐或立，服饰亦同侍女，此乐队也。又有女子服饰同常而戴胡帽，并乘马作蹈舞状，此染西域风之女子也。女俑全体有上重下轻之势，与以前上轻下重者反。

乙、男俑　男俑有高与人等者，低则亦至三五寸不等。戴冠，着阔袖衣，穿裤，其服饰与六朝异，盖随唐制而变也。头或戴幞巾，或用鸟形冠。手持笏或他物，多有孔可穿，此文官也。又有甲胄武装者，形较文官高大，头戴鍪，身被甲，肩胸着披膊，胸前两肋，分缔以纽条，穿裤着腰甲胫裆等物，其形状与龙门奉先寺中四大金刚相似，此武官也。又有胡服胡冠貌异中国，着抵领衣，穿裤戴尖帽，此侏儒也（说详《中国明器》六四至六六页）。又有着皮甲负箭筒之骑马者，此武士也。

丙、动物　动物象与人俑同等发达。第一为马，唐之马象，在姿势上最多变化，在写生上亦有风趣。或张红蹄，或倾花领，或举前足，凛然自有生气，其美术远在人家之上。其马鞍用具极似欧洲名马所御，故知唐代骏马来自西域，遂有此等风格也。第二为驼，与马之大小同。小者六寸，长四寸高。大者三尺长，尺半高。余藏马驼各一，最为英武。驼之立伏不同，其囊橐多带彩釉花纹，其种类多为两峰。彼时盖无单峰种，故陶象无之也。此外牛、羊、犬、豚亦皆有之。牛之肩部常有肥大肉峰，适于驾车。羊为卧象。犬与汉同，亦分西藏与中亚两种，前者力强肥满，后者瘦躯敏捷，但制作均较汉精。豚多附属明器中之猪圈，无独立者，此亦与汉代同。

丁、鬼怪 唐明器中有想象之物，非神非人。首为魁头，或人面，或兽面，具髯须。头上或独角或双角，角多分歧。兽身亦有羽翼，跪坐之态不同，其意表示鸟、兽及人三者结合之怪物也。次为十二肖象，人身，亦着人之衣裳，但为鼠、牛、虎、兔、龙、蛇、马、羊、猴、鸡、犬、猪等十二畜首。历史博物馆陈列全份十二人身畜首陶象可资参考。

戊、其他 以上各种外车舆亦有华饰，车轴亦至精巧，驾以牛，此仍六朝之旧。瓦灶之类形极矮小，不如汉代之精。瓮、盆、杯、盘之属多附彩釉，其出土虽亦不少，然无注意之价值焉。

关于制作及质饰者 分述如左：

甲、制作 唐之陶器全为模型制作。型有二人物则一面一背，动物则两平，制出后合为一物，非若六朝之单型而呈扁平性者也。六朝陶俑多系接头，唐则除甲胄武士外无接头痕迹。人马稍大者，空腹开底，其烧制亦较前代进步。

乙、质釉　唐代陶器与汉及六朝最大分别即在质釉之不同。唐代泥土多为白色、红色，而六朝以前则多黝黑色，已如上述。唐代红土人俑不带彩釉，白色者多加各种彩釉，遂使其形色鲜丽。唐为瓷器成熟时代，各彩釉之应用乃瓷器之一大进步，而陶俑制作技术遂借此别开生面。汉代之釉仅有绿、棕两色，至唐而黄、红赤青各色皆备，此又一大进步焉。

唐代而后为磁器发达时代，故磁器艺术日益进步。而陶器制作仅能保守唐以前之故步，且时代较近，于考古学上无大价值可言，故不赘论焉。

第三节　石器之鉴定方法

中国石器在考古学上可别之为石、玉两种，若在欧洲石器时代之古物，如人类用具及美术雕刻发现滋多，研几已久，故关于新、旧两石器时代之著述将数百种。吾国考古之士自宋以来独重铜器，石也、陶也向未称于儒林。近十余年因外人之提倡国内始渐道及，然仅少数学者偶或迻译西洋作品，稍稍倡导，绝无实行掘发古器工作者。有之皆为东西各国学术团体或考古学者，于中国各省略有所获，归而著书。国人始得一睹石器影片，实物亦未能见，故中国之石器考古尚等于零，中央研究院亦未注意及此。往者中国之所谓金石学即铜器碑志之学，但考文字，绝非注重石器之本身。碑碣之流于今日者远亦不过秦汉，再远即系伪作。石刻文字本书已归于记录的资料，兹不必论。此外若汉、唐、宋、明君臣陵墓中之石人、石畜以及六朝唐代之石雕造象，如山西大同之云冈、河南洛阳之龙门以及巩县附近之石窟寺等，巍然峙立于所在地者已千数百年。人尽知其为某朝某代之作品，无须鉴定，更无须详述，其石质、形式、花纹、雕琢等备为鉴定新出土者之标准。盖因陵墓以及寺观之各种石象皆属伟大作品，绝无久埋地下之情。安有再能出土之物？既无其物，何须鉴定？若小石造象虽亦偶有新发现者，然多已刻年款，不待考究。即无年月，稍有考古经验者亦能一望而知。以造象之风仅盛行于六朝（北魏特盛），唐代已属尾声，故至易识别其时代。即属于北魏者，象最精美，齐周及南朝次之，唐又次之。往在中国所谓石学，除碑碣文字外，他皆不重，已如前述，故与今日各国考古学上之所谓石器绝不相同。然除碑志造象外，中国考古学上仅有玉器可资探讨。无已，兹分古代之石器及玉器而略述之。前者尚在萌芽之际，后者亦正初考之期。继此以往发现尚未可量，自当分别其种类、花纹以为新出土者鉴别之标准焉。

一、古代之石器　上已论及中国古代石器之考究几等于零，故兹所述亦悉依据外人著述。章君鸿钊著《石雅》一书，末附《中国石器考》一章，其所论列，资料颇丰。然关于中

国石器之发现亦苦于无物可征,除分引外国学者在中国发掘之古代石器外别无他道。兹就章君此篇,更参以各国著作,分述如后:

关于旧石器时代者　外人于吾国各省发现石器皆新石器时代遗物,旧石器时代者尚无。民国十二年,法国教士德日进(Teihard de Chardin)及桑志华(E. Licent)两氏,曾于宁夏省首县之朝东沟、陕西榆林县南之油防头及鄂尔多斯东南之嘎略鄂苏哥儿等地发现旧石器时代遗物,率以石英石、矽质灰石及他坚致岩石为质料。① 后两氏又于热河林西县得二农具,断为新石器时代之较古者。② 民国十四年,谭锡畴于赤峰东元宝山及建平县坤头沟梁一带采得类似林西之物,美国中亚探险队又于内蒙古亦得旧石器时代之物,但皆未详其形制焉。

关于新石器时代者　新石器时代之石器发现颇多。余于绥远曾得石刀一,中有一孔,似插柄者,约为新石器时代晚期之物。民国十年,安特生发现锦西县沙锅屯洞穴之石器③与河南渑池县仰韶村之石器④,均断为新石器时代晚期之物。前地所出者有小石斧、石刀、石镞及石钻锥,又出石钮、石珠、

---

① 见 The Discovery of a Palæolithic Industry in Northern China,《中国地质学会志》三卷一期四五至五〇页。
② 见 Note sur Deux Instruments de Chine L'Anthropologic, Tome XXXV, 1925。
③ 详见氏所著《中国远古之文化》(*An Early Chinese Culture*, Balltin of the Geological Survey of China No. 5, Pt. 1, 1923)。
④ 详见氏所著《中国古玉考》(*A Study in Chinese Archaeology and Religion*, 1912)。

石镞等甚多。后地所出者亦有石斧、石刀、石斤、石杵、石环、石镞，而以石斧及石镞为最多。除仰韶村所得者外，安氏以为皆外族之物，非汉族之固有者也。此外白勃氏（E. Colbarne Baber）得蛇纹石石斧及火石石凿等于四川，威廉氏（Williams）得黑石石斧于直隶蔚县，大卫氏（Armand David）得火石镞于蒙古。① 以上洛弗尔氏亦定为外族之遗，并非中国固有之物。虽未能确定其时代，然亦与新石器之晚期恐不相远。洛弗尔氏（B. Laufer Jade）于西安西之古墓地得玉器十五，定为周物。青州教士高林氏（S. Couling）于山东青州得石器十二，乃系东夷之遗，亦非汉族之物。西安玉器大率有孔，青州出者无之。中有一物如锤如斧，质为闪长石，有深凹，环若蜂腰，其形颇似北美石器，此乃人文进化之偶同者。洛氏即此以断亚、美两洲自古实相交通者②，未免附会太甚也。日本鸟居龙藏氏得石斧、石刀、石钻、石锤、网石、石锯、石柱、石环及玉镯等物于南、北满洲③，又得玉制剃刀、石珠、颈环、石斧、石剪、石刀、石锯、石锤、石枪头、石剑及石镞等于东蒙古④。凡此诸物，氏皆谓为东胡及通古斯人之器（即满蒙古代土著），亦非汉族之物，而其时代未曾指定。倘氏之东胡及通古斯人之说不误，则此类石器当在周汉之交，更

---

① 余见章鸿钊《石雅》三九一至三九二页引之。
② 详见氏所著《中国古玉考》（*A Study in Chinese Archaeology and Religion*, 1912）。
③ 详见氏所著《南满洲古人种考》。
④ 详见氏所著《东蒙古古人种考》。

晚亦可，盖其时汉族虽已开化，彼族尚在狉獉时代也。此皆外国人之发现于中土者。章鸿钊氏谓中国上古石器以为武具者盖有三种，一曰石砮，二曰石斧，三曰砭石。① 此三者非特实物可证，古籍亦皆可征，其说至博而当。他日省县修志，倘用余之主张，发掘古物时当易得如此石器。旧石器时代者固少，然新石器时代下逮周秦之遗物（下逮周秦尚系石器时代者，乃指外族言，非汉族也）固易掘得。以上述各器之情形借为标准，即无实物亦不难于鉴别也。

二、历代之玉器 周代上接殷商，石器时代已过，早至铜器时代。故一切礼器兵器以及日常用具，除一部陶瓦品物外均为铜制，故铜器艺术日益进步。上古石器几于无用，惟玉之为物光滑细致，美而且坚，迄于晚近尚供玩好，故在周际铜器而外首推玉器。除圭璧等物专以玉制者外，其他礼器如钟、磬、盘、爵之属均有以玉制者，形式花纹一若铜器，其在周代谅非罕见。但玉虽坚而颇脆，不若铜之易保，故流传至今而出土者，周代之玉较少，下逮秦、汉、隋、唐出土较多，亦有生坑熟坑之别，与铜器同。兹就玉器之种类及花纹各项分述于后，以为鉴别标准，而《古玉图谱》《古玉图考》等书亦可参证借观。至其样式，则文字不能形容者，另附图焉。

关于佩玉者 其种类甚多：有琚，花纹多刻葵蘜。有冲牙，花纹多刻卧蚕。有璜，花纹多刻连波星宿。有环，形式最多，

---

① 参观章鸿钊《石雅》附录《中国石器考》。

而以如意花纹为最普通。有觿，如今之小刀，然柄刀交界多刻螭首。有钩，其一端亦多刻螭首。有璲，花纹多刻蟠虬。有钗，柄端多刻云纹。有珩，花样颇多，而两端多系龙首。有珌，花纹多虫兽，或如意形。有冠，以九道冠及莲花冠为最通行；有珮，以双鱼及双鸾或双鸟等为最通行；有玦，以虫鸟花纹为最多。有剑，与今之形同，但较小耳。有瑽，多圆球或六角球等花纹；有刚卯，四面刻字；有瓛，花纹亦多圆球形；有瑱，多素者；有笄，柄端多云文；有璲，亦多六角球形文，而加虎头于一端。有琀，形如蝉体，系为死者含口之物。并附于此。

关于执玉者　有琥，作各种虎形；有珑，作各种龙形；有符作各种兽形，而以鱼虎为多，上刻官名；有节，亦刻官名于一面，另一面或刻官象。有圭瓒，一端必有龙首；有戚，脑刻狮凤等首；有仗，各作立爪卧爪等形。有笏，有圭，有璧，有璋，有琮（《古玉图谱》所谓辋头，实即琮类，非车器也），皆花素杂见，素者最多，刻花者亦多球形纹。

关于陈玉者　有砚有笔管，形皆同今器，但砚后面时刻文字或花纹。有水丞，形如今之小瓶；有水注，作各种卧兽形。以外尚有各种礼器，形式花纹亦仿铜器。下节将述铜器之种类形式及花纹，参阅可通，兹先不赘。

倘有玉器，先观其形式，再观其花纹，并考以坑锈等项，则应取何名，在何时代，不难知矣。以上各种大略皆备，尚有玺章、钱币等，玉质者亦不少，但皆有字可考，自无鉴定之必要焉。

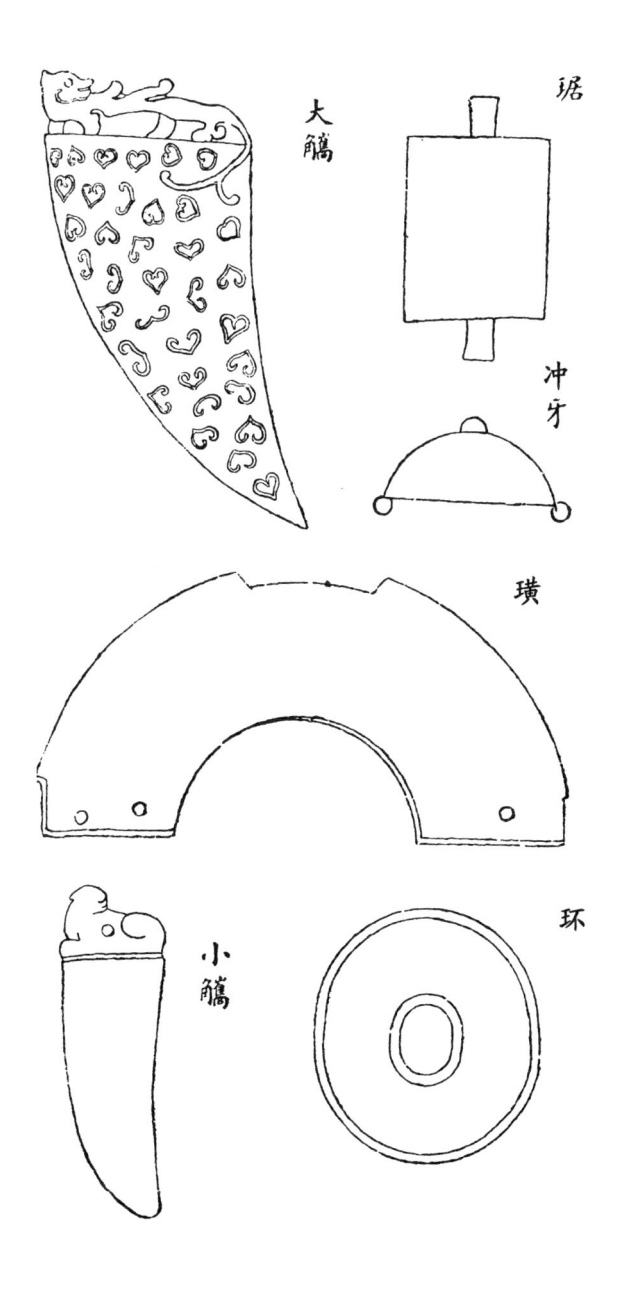

第十二章 记录以外的资料之鉴定法

大觹　琚

冲牙

璜

小觹　环

琫一　珌　钩

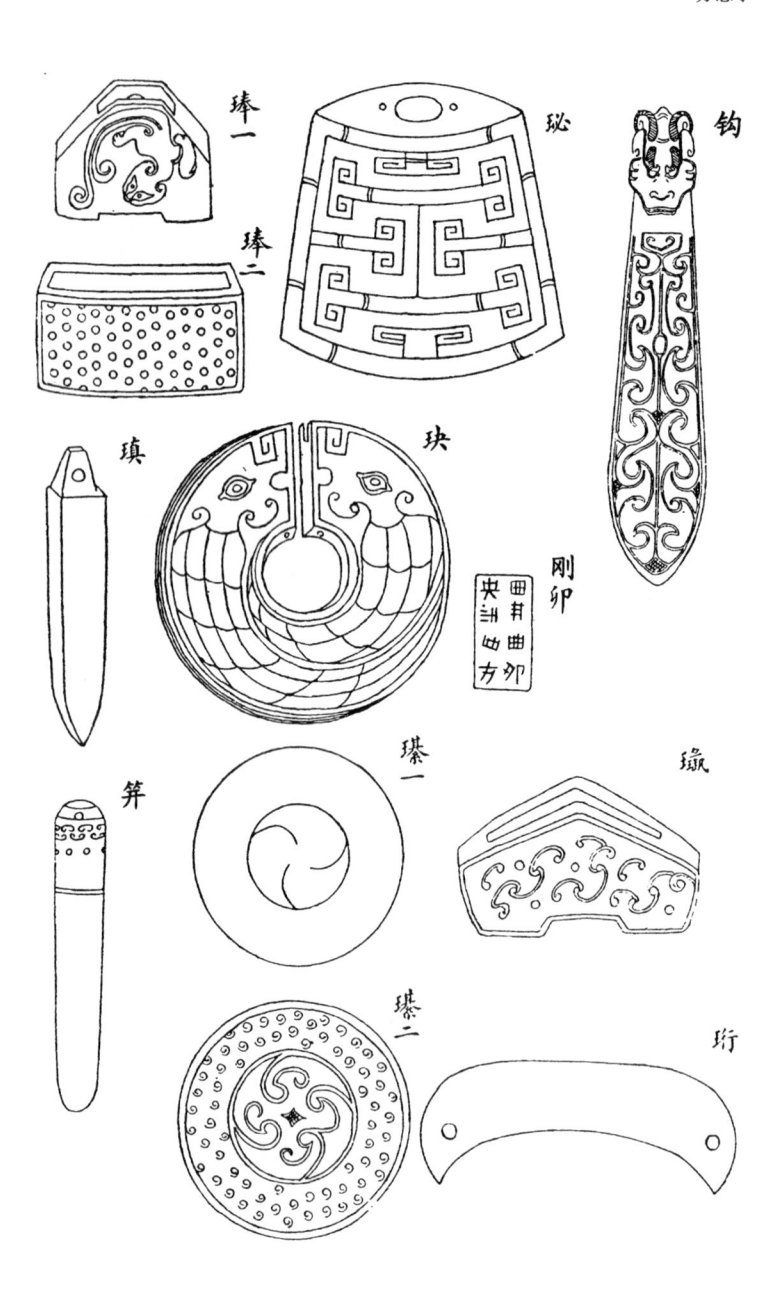

琫二

瑱　玦　刚卯
田井曲卯
夬韦如方

笄　璲一　瑜

璲二　珩

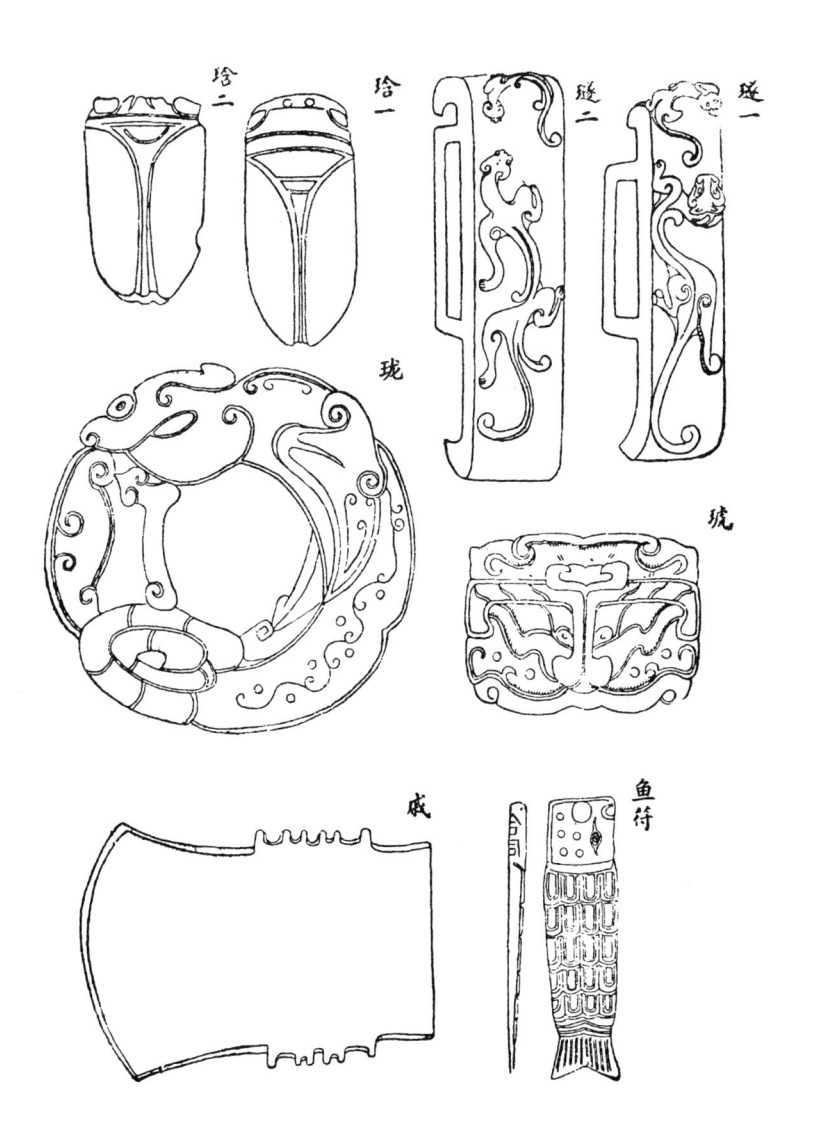

第十二章 记录以外的资料之鉴定法

圭　笏

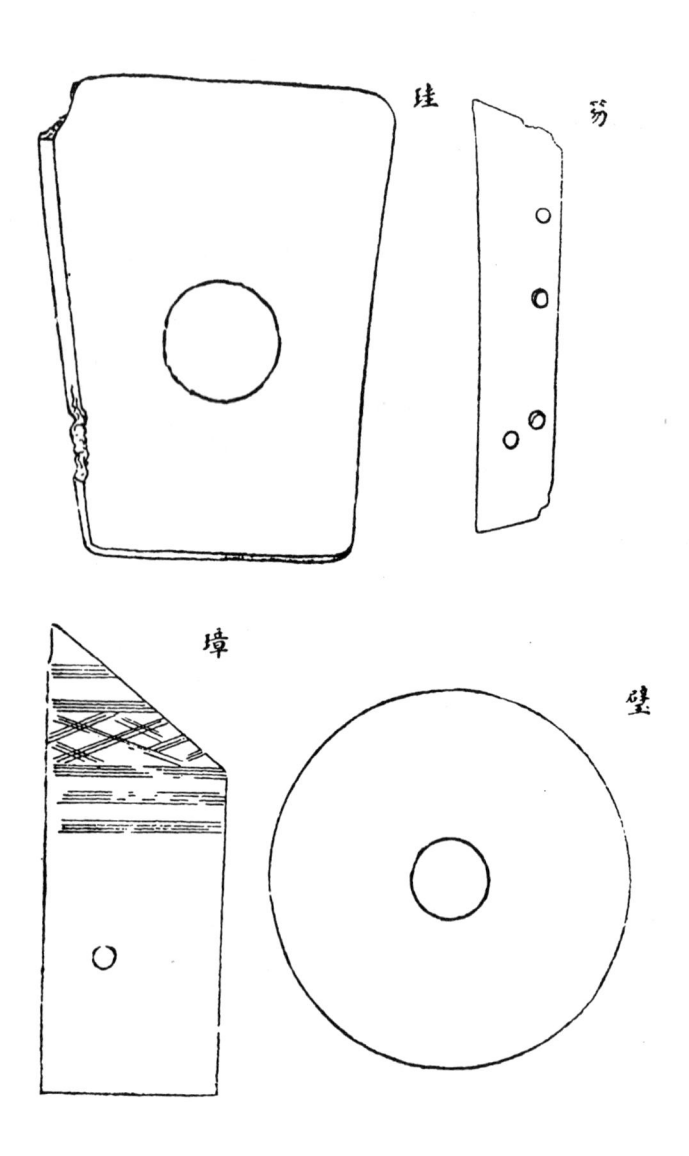

璋　璧

琮

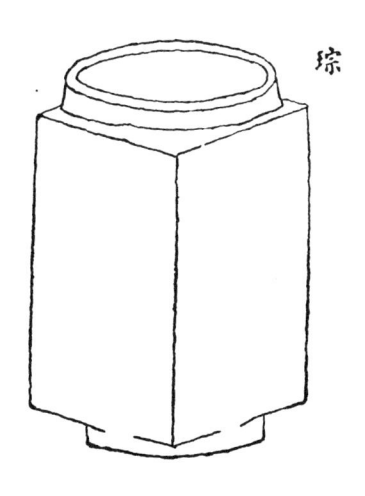

第四节　铜器之鉴定方法

昔许叔重谓郡国往往于山川得鼎彝，其铭即前代之古文。然自宋以来始有著录吉金之书，前代无有也。许君虽言于前，无人继起于后。直至两宋吉金始重，皇祐始命太常抚历代器款为图，三馆之士不能尽识。吕大临《考古图》十卷成于元祐壬申，李公麟善画耆古，取生平所得及闻睹者作为图状，名《考古图》。及大观初，乃仿之作《宣和殿博古图》三十卷。绍兴中薛尚功为《款识》二十卷。又《续考古图》五卷，亦成于绍兴季年，作者佚其姓氏。乾道中王顺伯辑《钟鼎款识》，仅五十九器，而笺识绝精。薛、王之书，弟句橅文字，考古、博古《图》则兼绘器形者也。清乾隆中命儒臣编《西清古鉴》《西清续鉴》《宁寿古鉴》三书，自时厥后名臣耆献，承流邕风，鉴别考证，日益精核。其尤著者，阮文达之《积古斋钟鼎彝器款识》，吴荷屋之《筠清馆金文》，吴子苾之《攟古录》，吴退楼之《两罍轩彝器图释》，潘文勤之《攀古楼彝器款识》，盛伯熙之《郁华阁金文》，以根据典礼流传古文裨益经训为宗旨，专精之学各足名家（端方《陶斋吉金录·叙》）。陶斋晚出，收藏最富，所著《吉金录》，集私人博古之大成。民国以还，若善斋刘氏、贞松堂罗氏均能继端之后，斐然成书，故吉金著录可谓极盛。文字之可以考古，时代之所据鉴定已论于前，兹不必赘。但器物之定名、花纹之种类尚待详说，爰依时代分述如左。至其样式，并附图焉（图采《陶斋吉金录》者最多）。

一、三代之铜器 三代之器最远为殷，然殷器绝少。宋人以器铭有干支人名者即定为殷物，此乃大误，由今考定周代以干支命名者亦数数觏。而器物之制作、花纹之种类，殷周间又无显著界限，故今人认为殷器者，往往实为周器。吉金器中依种类言之，可分为礼器与兵器二种：礼器中之著者有柉禁、钟、鼎、尊、彝、敦、卣、簠、簋、鬲、甗、壶、罍、爵、觚、觯、斝、盉、匜、盘、豆等，兵器中之著者有戈戟、剑、矢镞、矛、斧、刀、瞿、戣等。此外杂器中如车器、钩、勺等物，亦时发现。又有泉币等，但非重要者也。花纹中大别为旋文、云文、雷文、蝉文、凤文、饕餮文、夔龙文、蟠螭文、鱼鳞文、连珠文、蟠虺文、蛟螭文、蟠夔文、百乳文、垂花文及圜花等。此外耳与足部往往作象首、牺首或各种怪兽首,而足亦有曲作兽蹄状者。此皆普通纹饰也。其特别者亦恒有之,例如全器,分作两怪兽蹄(四蹄),依盖部观之则为兽,依腹部观之则为鸟,依足部观之其状为兽,其数为鸟。(如系兽,则两兽应为八足,而此则四足,然形式确为兽蹄。)余藏一卣即此形也。又有足作垂花饰者,仅《博古图录》著录之周花足鼎状系如此,他书未见。又河南新郑出土之莲鹤方壶,亦至特别,其壶虽精尚不足怪,最奇者为其盖,盖周骈列莲瓣二层,莲瓣中央,复立一清超俊逸之白鹤,翔其双翅,单其一足。此器已定为春秋时之作品,而此制造形式乃三代器之仅见者(原形照片见郭沫若《殷周青铜器铭文研究》下册二页)。此又特别纹饰也。

二、秦汉之铜器 秦汉时之器物周代已有者,秦汉亦多仿制,此类不必再述。至秦汉始有者,则为诏版、权、量、镜、钟、钫、鋗、棓、洗、镫、锭、焦斗、符、鼓、铊镂、带钩、博山炉、铃、铎、釜、鍑(此四器周时或亦有之,但未曾见周代原器也)、弩机、弹丸等。此外有各种铜范,各种印玺,虽未敢定为秦汉始有,然发现者多为秦汉之物。秦器花纹多同于周,汉器则多素者,故无特述之必要。但铜器之外多加金皮,或以松石、金银镶嵌细花,亦为此期特别之表现焉。

三、六朝后之铜器 铜器考古下迄六朝为止,唐代以后若宋若明金石家往往不著录之,故甚难研究。即六朝及唐品物虽多,亦仅采录造象。盖以造象为六朝特有精华,否则亦不取录焉。唐代造象虽未若六朝之美,然亦间有佳者,故端方《陶斋吉金录》亦曾附着数尊。实则宋代君臣颇多好古,其所

三代甗　三代鬲　三代壺　汉壺　三代罍

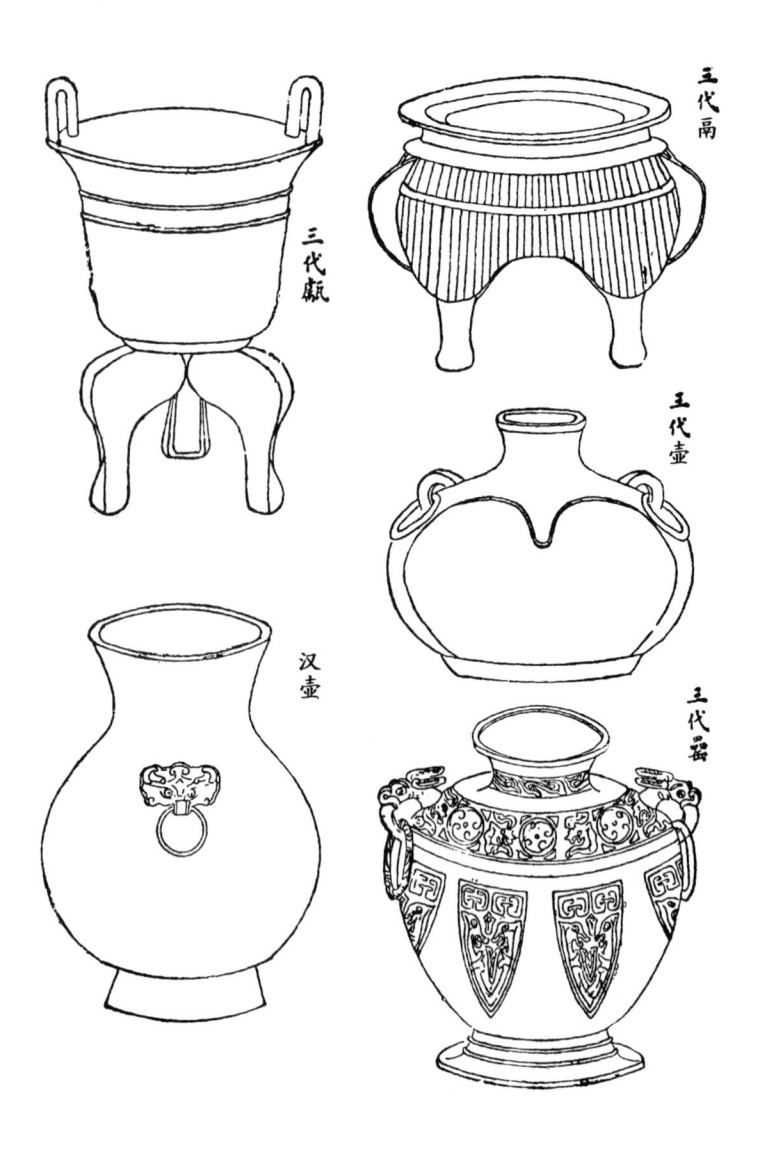

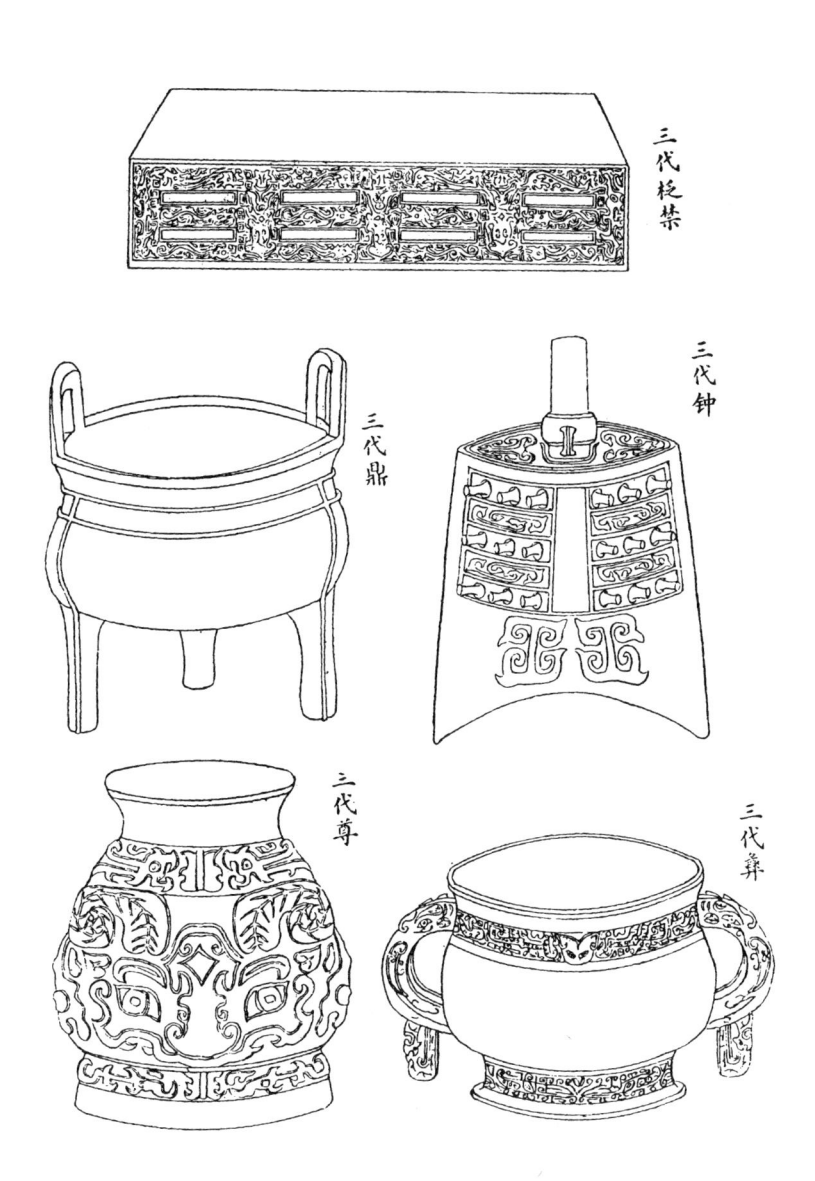

第十二章 记录以外的资料之鉴定法

三代梡禁

三代鼎

三代钟

三代尊

三代簋

三代卣

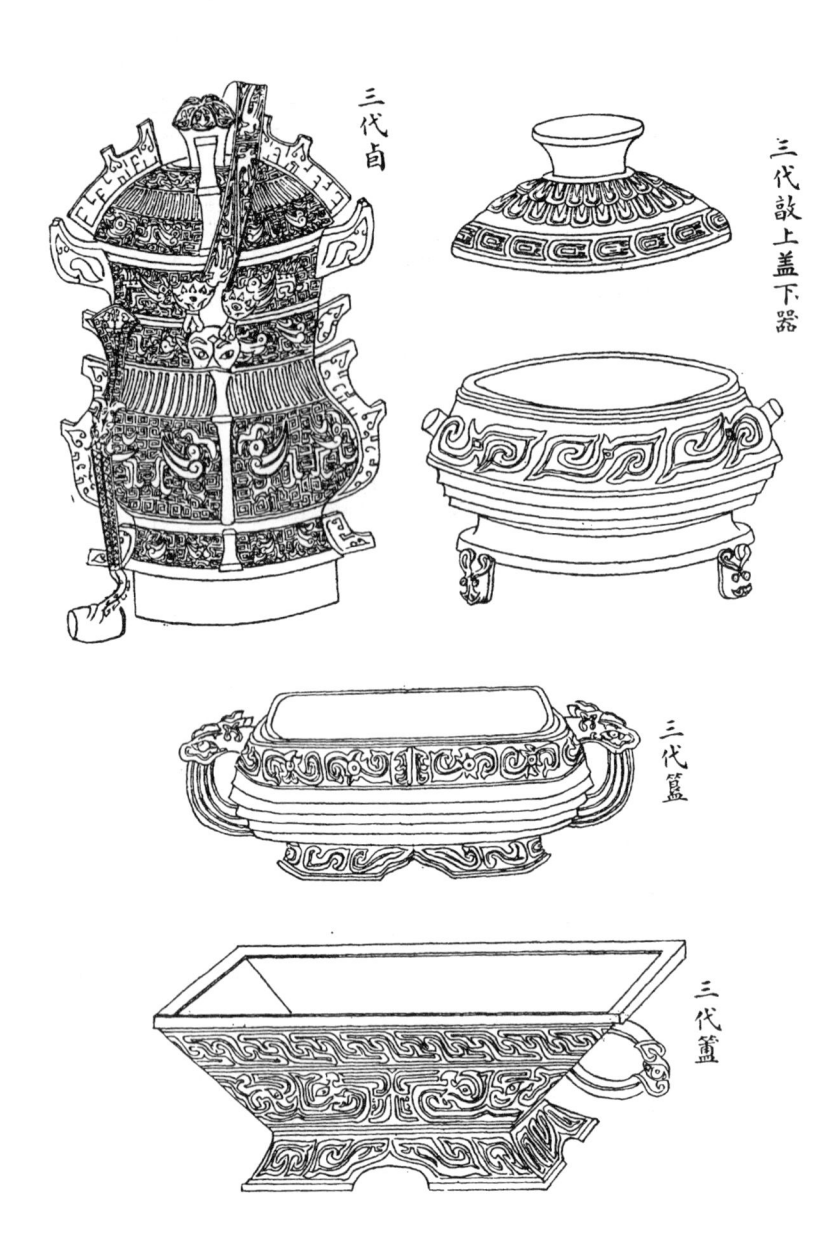

三代敦上盖下器

三代簠

三代簋

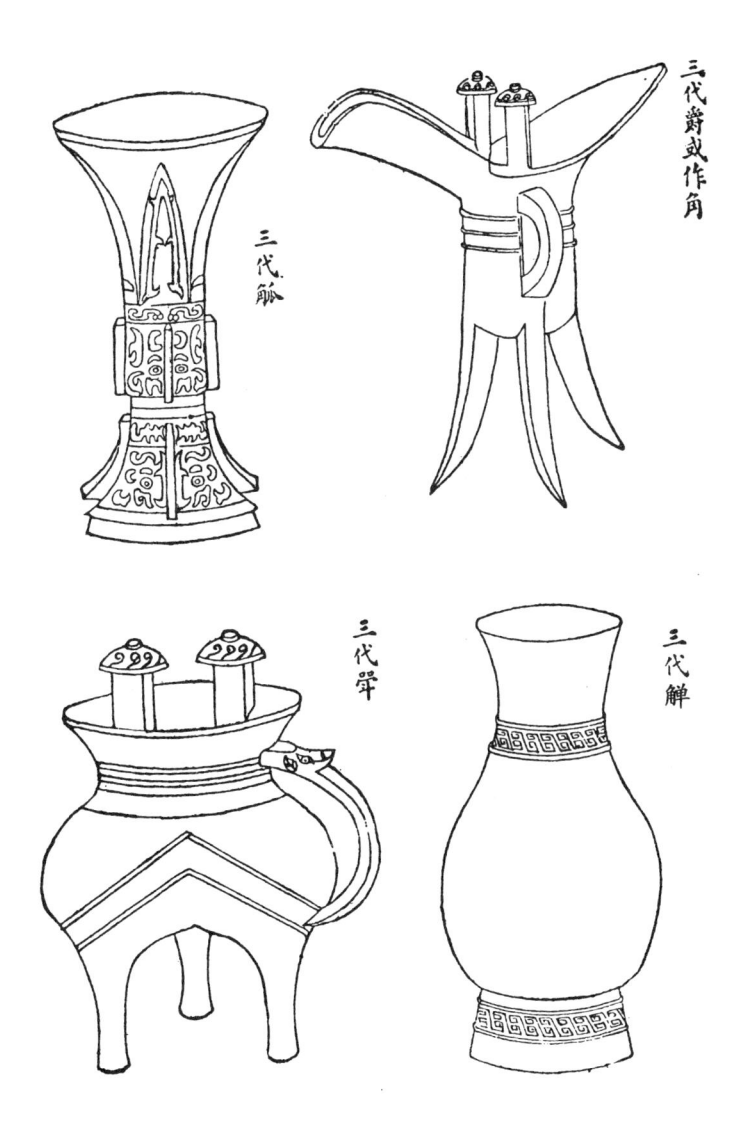

第十二章　记录以外的资料之鉴定法

三代剑　三代戟　三代戈

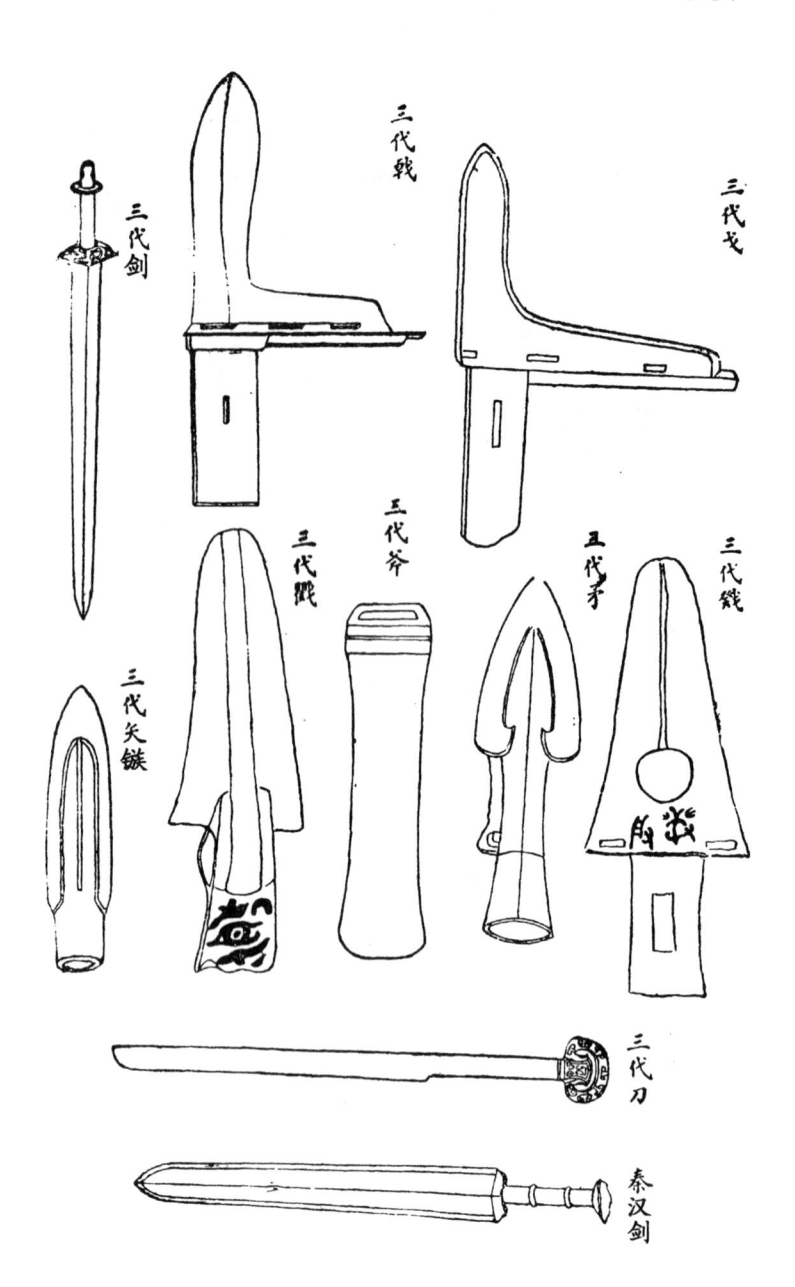

三代戳　三代斧　三代矛　三代戚

三代矢镞

三代刀

秦汉剑

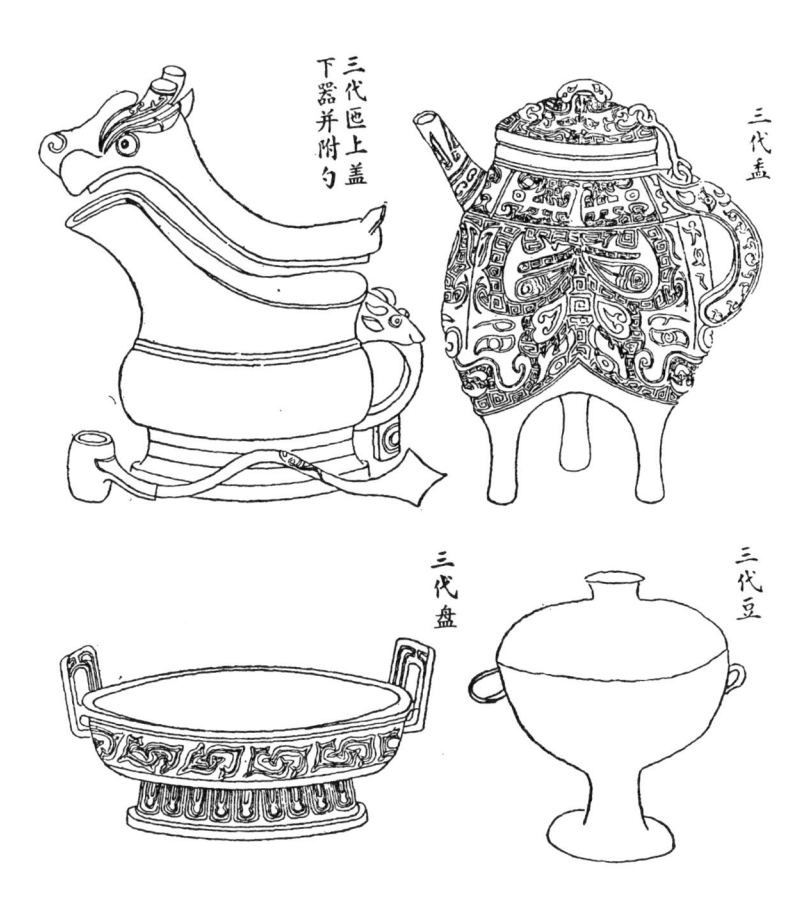

第十二章 记录以外的资料之鉴定法

三代匜上盖下器并附勺

三代盉

三代盘

三代豆

汉铜鼓

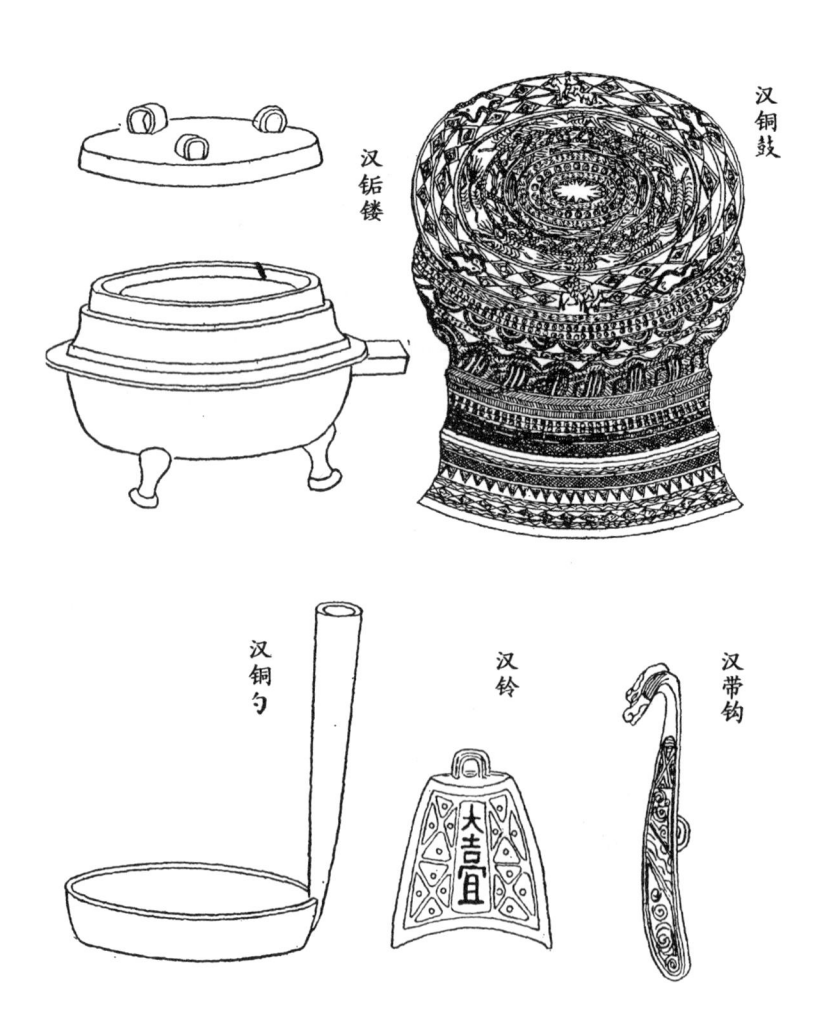

汉铦镂

汉铜勺

汉铃

汉带钩

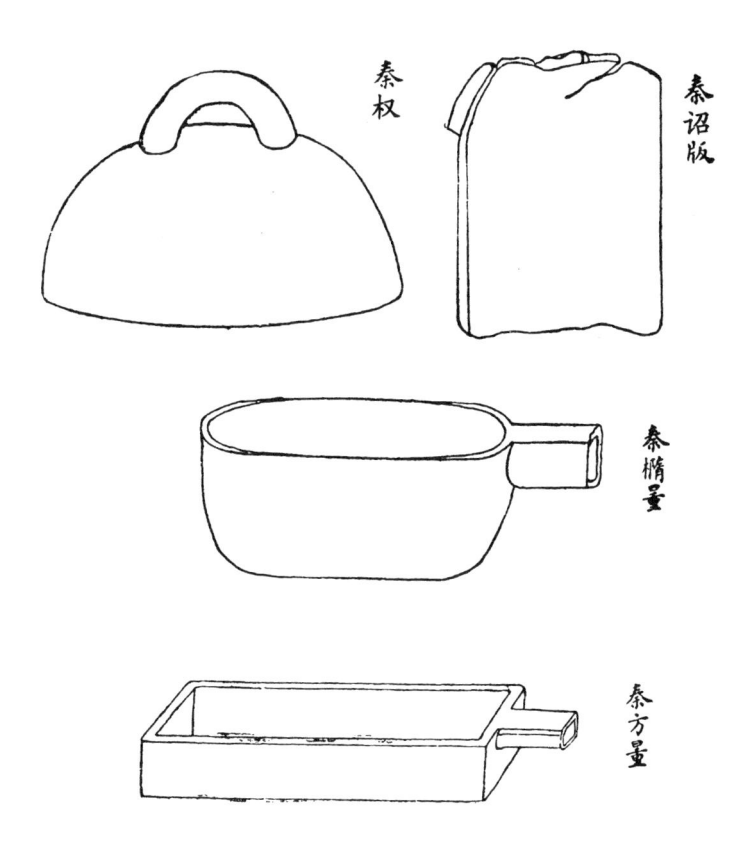

第十二章 记录以外的资料之鉴定法

秦权

秦诏版

秦椭量

秦方量

汉钟

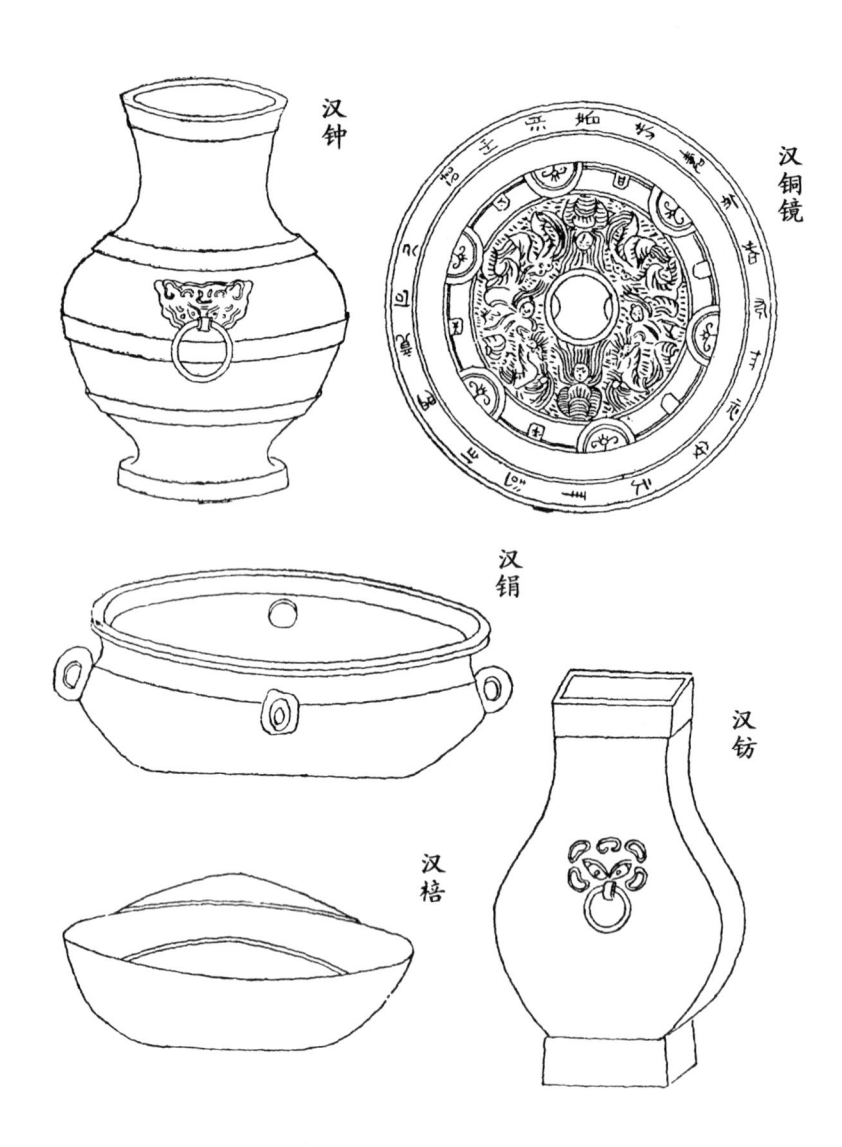

汉铜镜

汉銷

汉钫

汉梧

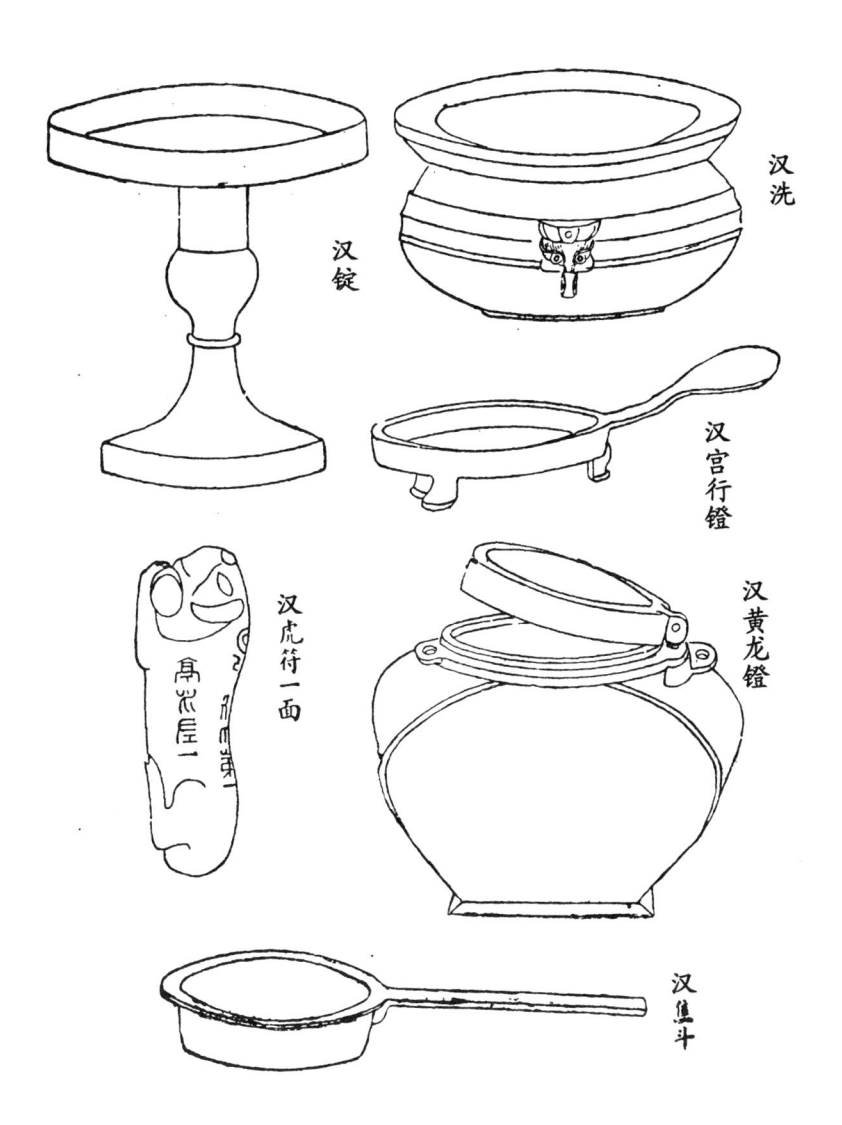

第十二章　记录以外的资料之鉴定法　　365

汉锭

汉洗

汉宫行镫

汉虎符一面

汉黄龙镫

汉焦斗

汉铎

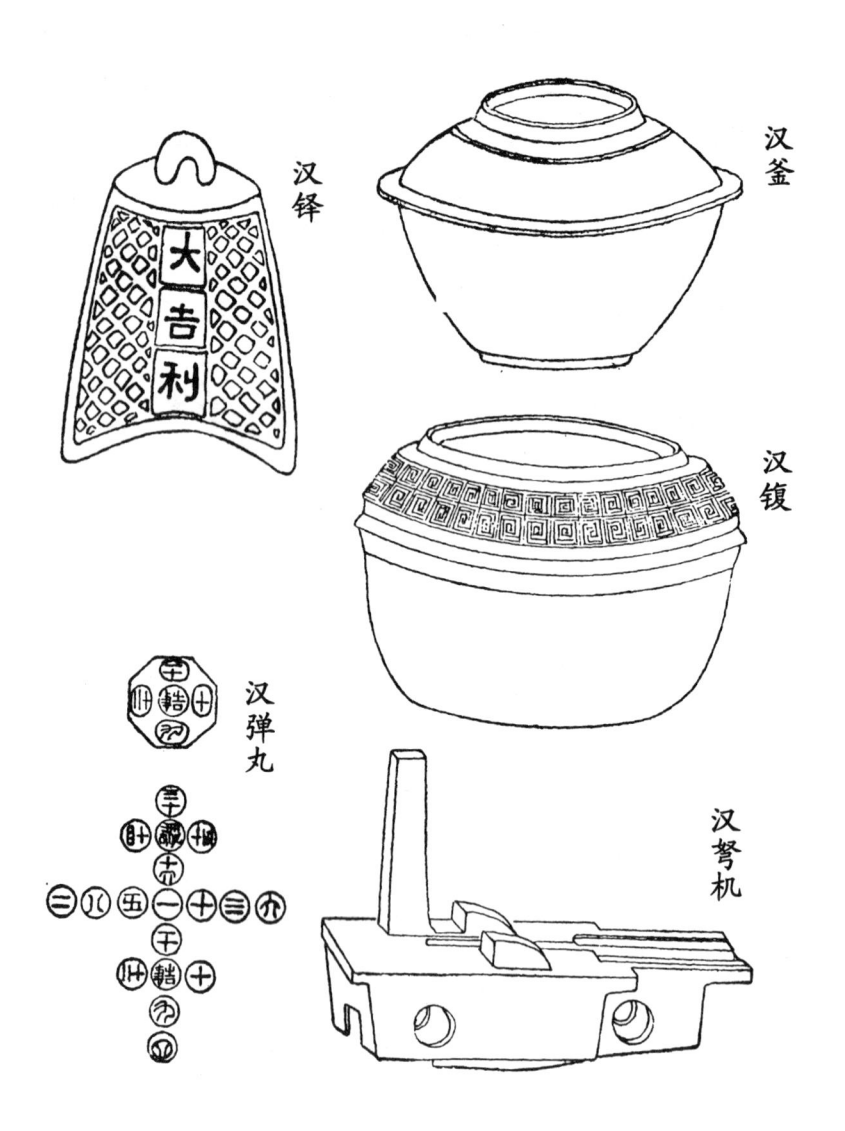

汉釜

汉镦

汉弹丸

汉弩机

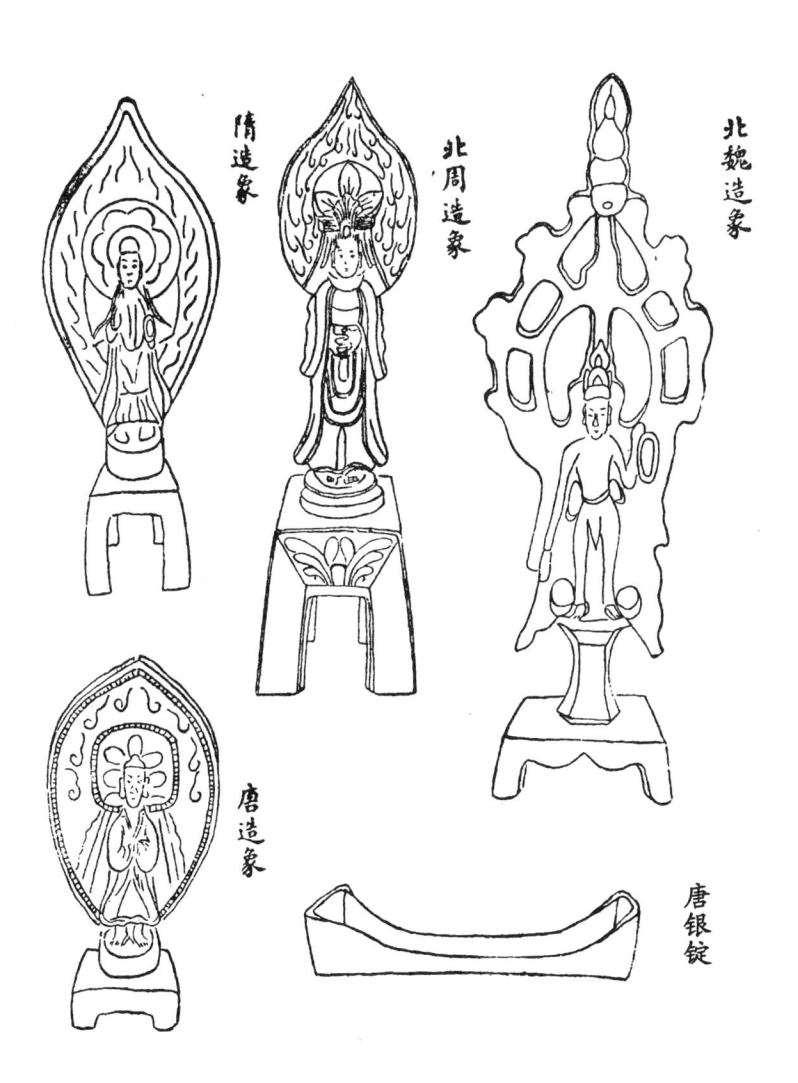

第十二章　记录以外的资料之鉴定法

元犁范　　唐犁

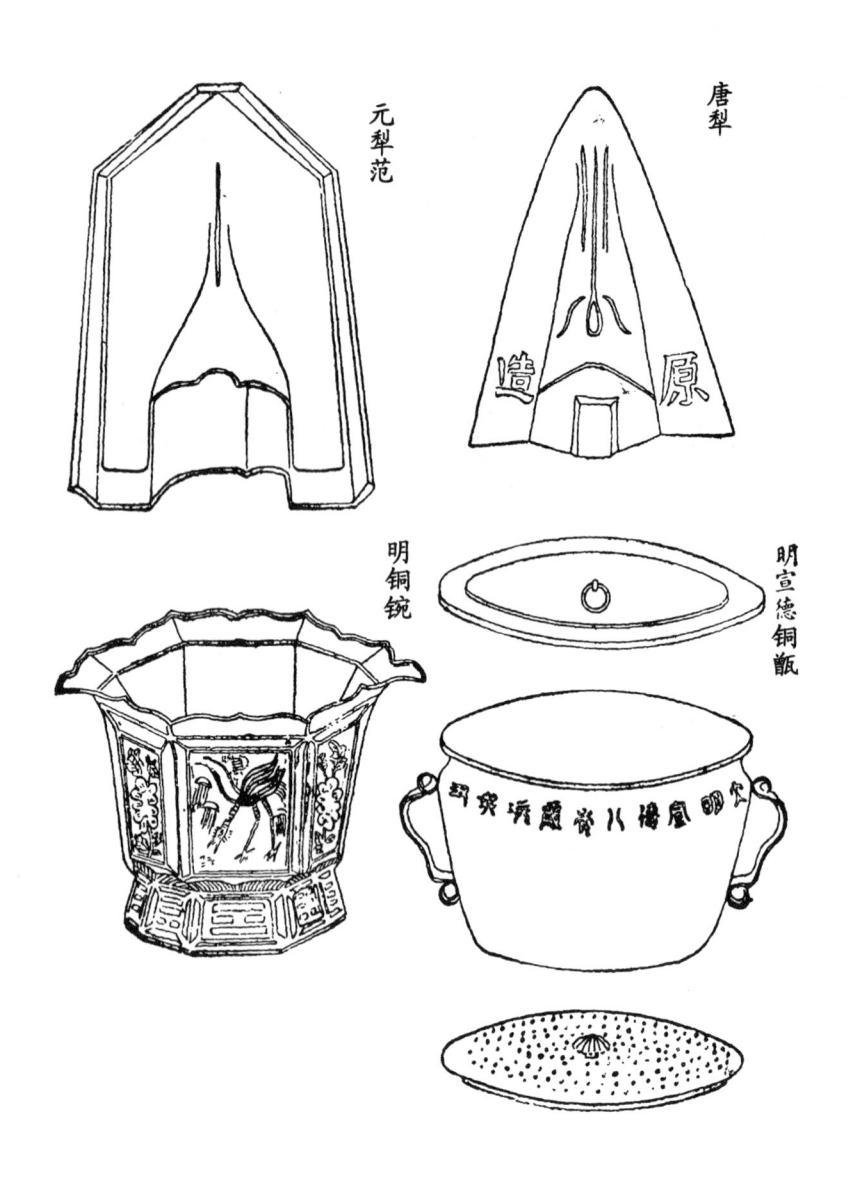

明铜钵　　明宣德铜甑

制仿古吉金亦有技术娴巧者，雅致可爱者。吾辈今日考古正不必以其晚近而摒除之，即明器中如宣德香炉等等，并可宝存研究，以见各代之手工巧拙焉。

倘有铜器，亦先观其形式，次观其花纹，再考以坑锈。则其应名何器，在何时代，不难鉴别矣。

第五节　古迹之鉴定方法

古迹之鉴定普通依据自系书籍之记载、地理之考证以及口碑之传说，此人人皆知者也。然往往以上三条全备，而后人终不能断定者，此则须赖古物之旁证也。今举成吉斯汗陵寝及昭君墓二古迹为例，以说明余之方法焉。

一、书籍之记载　案《元史》，太祖二十二年围西夏，闰五月避暑于六盘山，六月西夏降，八月帝崩于萨里川之哈喇图行宫，葬起辇谷，自是元代诸帝皆葬之。《蒙古源流》：青吉思汗于岁次丁亥七月十二日殁于图尔默格依城，于是以辇奉柩至于所卜久安之地，因不能请出金身，遂造长陵，共仰庇护。于彼处立白屋八间，在阿勒坦山阴、哈岱山阳之大谔特克地方，建立陵寝。自后，元裔之袭汗号者，率即位于八白屋前。

二、地理之考证　以上乃书籍之记载，下即须地理之考证。张慰西云："萨里川即今纳领河，哈喇图亦译合老徒，即今哈柳图河。二河相会，由榆林之西入长城，下流号无定河者是也。"至起辇谷、大谔特克所在，则无人能详言之。龚之钥谓起辇谷在京西房山县，张鹏翮、徐兰谓元世帝后俱潜瘗归化城西北之祁连山，皆凭空结撰，等于郢书燕说。张石洲谓在河套外腾格里河西北赛音诺颜左翼右旗，与鄂尔多斯右翼中旗两界之交。徐霆《黑鞑事略》谓在泸渚河之侧，《西域史》谓在克噜伦河，洪文卿、丁益甫皆信之。克噜伦河即泸渚河，今黑龙江之南源也。意以为成吉思汗起于此，亦必葬于此，故援首丘之义虚拟之。洪文卿乃据《吉尔根祝词》疑太祖必不葬于西夏，丁益甫则臆指克噜伦河曲处之南库里肯额里雅山间以实之，可谓助西史张目者矣。然《黑鞑事略》中多传闻失实之词，其书本不足信。《西域史》则凭虚妄拟，与龚之钥、徐兰、张鹏翮诸说同一无稽。征诸前后事实，固不若张石洲之说较为近之。石洲于蒙古掌故用力颇勤，而又得与闻土默特德贝子太祖葬地在榆林边外之言，其意固明指今之埃锦赫洛也。惟石洲未及亲见德贝子详询之，而于榆林边外舆图中寻所谓哈岱山、阿勒坦山者又不可得，乃推而远之，寻之于黄河以外之腾格里泊西北，于是强指阿尔布坦山为阿勒坦山，哈岱山为哈鲁特山。此其迁就寻觅之迹，显然可见也。不知蒙古山川地名类此者甚多，固不得强为附会。而鄂尔多斯旗中隔乌拉特西公地，凡五百余里，与赛音诺颜旗远不相接，无所谓两界之交也。腾格里泊今已湮为平地，号东厂、西厂，访之蒙汉居人，凡此一带数百里间惟有西夏所筑古城，绝无古陵墓之遗迹存焉。亦足征石洲之迁就，转以滋误也。考之载记，元人虽入主中夏，而丧葬沿其国俗，不封不树，葬毕则以万骑躏之使平，人莫能知。故史于诸帝丧葬即位之仪，皆不能详具。而河套于明世又尝内属中国，固疑蒙人之不能世守之也。然明初兵力虽曾略定丰州，乃仅即胜州城东胜以统套内之地。此茫茫千里之荒野，殆未尝强索之。迨永乐初遂移治延绥，举河套内地尽弃之。而在元人，一方面则固并力以争，若未尝须臾忘河套者。当顺帝北遁，王保保犹依阻其中，天顺间阿罗出毛里孩复入之。迨达延汗逾潮海，移帐漠南，分左右两翼，左翼值蓟辽边外，右翼则以次子乌噜斯为济农领之，即今鄂尔多斯七旗所由来也。其后因乌噜斯为伊巴里所害，达延汗领右翼三万人征之，遂平定右翼。会六万众于君汗之八白室前，称汗号，又降旨云鄂尔多斯者，乃为汗守御八白室之人，属大有福者云云。及达赉逊，亦于八白室前称汗号，与右翼三万人相会而旋。事皆见《蒙古源流》。此所谓元裔之袭汗号者，率即位于八白室前也。而其礼皆于右翼之鄂尔多斯行之，《清理藩院则例》亦载伊克昭境内有青吉思汗园寝，鄂尔多斯七旗向设有看守园寝、承办祭祀之达尔哈特五百户，此与余所见闻者吻相符合。特尔罕即达尔哈特，不过略去其尾音耳。而其户数与其职掌盖至今犹未之或易，是知成吉斯汗之葬地不在腾格里西北，确为今榆林西北之埃锦赫洛，事实亦彰彰明矣。考埃锦赫洛之地势，沙屿回环，近接忽几尔图沟，殆即所谓起辇谷，译音亦仿佛近之。其南数十里外山渐高大，沙色带黄，殆即所谓阿勒坦山，译言金山也。北则小山突兀，迤逦不绝，殆即所谓哈岱山，译言山峰也。谔特克与窝尔朵鄂多皆一音之转，译音帐房，即覆石匣之大毳幕也。太祖遗骸或如《草木子》之说不起坟陇，瘗之土中。而今石匣所藏，或为太祖遗物，如衣、冠、刀剑等者则不可知。

三、口碑之传说 张氏又云："余游鄂尔多斯旗，勾留达拉特王府者凡三日。适有蒙人来府募化者，所谓类游僧，而其人则辫发常服。问其名，曰此名特尔罕，乃守皇陵者也。问何皇之陵，则曰成吉思汗。余闻而异之，且相去仅五六日程，亟拟命驾往访。从人车子共尼之，谓祭期已过，他无可观。且是时天气已暖，沙热蒸人如炙，因不果行。乃急招所谓特尔罕者，来前与之坐而问之，反覆推询，尽得其详。归而考之载记，无不一一吻合，此一快也。元陵之不可考久矣，中西史家聚讼纷纷，迄无定论。余乃得而确证之，亦足以破千载之疑团，而为地志历史中增一故实矣。今先述特尔罕所言之状况，而以史事证之如左。伊克招盟中有所谓埃锦赫洛者，成吉思汗之皇陵也。其地东南距神木县一百八十里，榆林府三百里。值郡王府之南，加萨府之东，新立东胜县治之东南。陵基幅员凡三十里，四周皆沙陀，近傍为淤泥河，蒙人名曰忽几尔图沟。其上有庙，亦名忽几尔图招。守陵之官曰居陵掌盖，有陵户五百家，号称特尔罕。此特尔罕对于蒙旗有特权，一切徭役皆弗与，又以时持册出募，若游方僧道然者。而所至蒙旗必以牛、马布施之，不敢吝也。然必轮番而出，常以七八十户居守之。居无室庐，或韦帐，或柳圈中。成吉思汗之陵亦无宝城，无享殿，以白质大毳幕覆之。两幕相接，前幕供特牲，后幕隔以锦幛，中供石匣，成吉思汗之遗骸也。岁三月二十一日为上陵期，先时即东北偏广场树大楎，以白马白驼恭舁石匣出，奉安其中，前陈弓矢、马跻，设牲酪，拜奠如仪。是日也，凡近地王公台吉，皆躬亲灌降，远而漠北河西，亦遣官赍祭物不远千万里跋涉而来，内燕、晋、秦、陇诸商人则挟财货，驮茶布什物，以贸蒙人之马牛。露天列幕，盘亘十余里，坌涌雾积，日常数万人。历时七八日，始各交易而退，亦皇皇乎大观矣。达拉特王且引申其说，曰弓矢、马跻皆成吉思汗所御者，弓矢藏之神楎中，马跻遗于准噶境之沙阜上。届祭期乃敬舁之往，盖以亲手泽焉。白马、白驼则由七旗轮供之，老乃一易。易时先延喇嘛僧唪经数坛，别制银牌，结其鬣而系之。居恒纵之草地，无与牧者。先祭三日则自来，祭毕则自去。方祭之殷，则竟日植立楎外氍毹上，不拴系，不啮饮，亦自不咆嘶动走，尤神异云。"此于地理之外又加以口碑传说，故成吉斯汗之陵似可定其地址。然武进屠寄又反对其说，张、屠为此问题往返辨驳都数万言（见《成吉斯汗陵寝辨证书》，载在《地学丛书》乙编），然结果张说较是也。

四、古物之旁证 昭君之墓在绥远者有二，一在归绥县，一在包头县，均距县治二三十里，余曾亲游其地。包头之墓非昭君者，已述于前。至归绥县南二十五里之昭君墓，又名青冢。冢为方形土堆，前有清代及民国长官碑数方立于冢前，毫无其他遗物。故是否为昭君墓，尚须考证。按《汉书·匈奴传下》："竟宁元年，单于（呼韩邪）复入朝，礼赐如初……单于自言愿婿汉氏以自亲。元帝以后宫良家子王嫱字昭君赐单于，单于欢喜。"《元帝本纪》所载略同。《匈奴传》又载："呼韩邪死，复株絫单于复妻王昭君，且生二女，长女为须卜居次，小女为当于居次。"凡此皆未言昭君死及葬于保地也。《西京杂记》云："元帝后宫既多，乃使画工图其形，案图召幸。诸宫人皆赂画工，独王嫱自恃容貌，不肯与工人，乃丑图之，遂不得见。后匈奴入朝，求美人为阏氏，于是案图以昭君行。及去召见，貌为后宫第一，善应对，举止闲雅。帝悔之，而名籍已定，不复更。"后代文人以此为昭君抱不平者至多，故题咏其事者亦众。依《匈奴传》，昭君又配复株絫单于，且生二女。而吴竞《乐府解题》谓王昭君不从胡礼，乃吞药而死，其实皆掩饰之词。倘有此事，班氏作《汉书》时必大书特书，以提倡礼义之中国，岂能遗此不表扬耶？但即依此，亦未书昭君死事，后有演绎者，亦不能抹杀《汉书》也。此对书籍之不合者一也。《匈奴传》又言单于得昭君为阏氏，大喜，乃上书请汉撤戍，自愿保塞。而郎中侯应习边事，以为不可许，卒未许之。所谓塞者，即阴山外也，足见阴山彼时属于中国。昭君既为匈奴阏氏，则其殁也绝不能归尸于汉也明矣。昭君生时既未归汉，亦不至没于归途。而今昭君墓绝无在阴山以南之理，此对地理之不合者二也。是昭君墓之地址仅亦传说如此，殊不可据。故包头之昭君墓已如前说，非昭君葬地，即归绥者亦恐绝非王嫱墓所。然民国二十年曾于归绥城南昭君墓址发现汉铜一，去岁，余典试文官考试于绥远时，购得之，现藏余家。铜口有"铜容一石，重三十二斤，建昭四年二月"十四字，字之方正健雅过于一切汉器，似为官家制作，如清代造办处所造者然。建昭为元帝年号，下距竟宁元年仅年余耳。若为昭君食品，似有至理。当时出嫁所赠之品当不止此，昭君死后或以殉葬，此本汉代应有之习尚也。若以此物考之，则昭君墓亦或在此。总之归绥、包头两墓倘有一真，则非归绥县者莫属。盖书籍、地理虽同无据，而此汉铜可为旁证。故古物之证明，亦一要件也。

以上四条用以鉴定古迹真伪至矣尽矣。倘四条全备，固可定其真，即备二三亦非伪传也。

第六节　现事之鉴定方法

所谓现事者即当代某事或某人行状未见记载，而初拟传述之事也。此类情形见于方志者至多。如省县志中或传官吏，或志人物，若系古人，自当遵之正史或旧志。若属近代，则无所依据，官吏之作为尚可采档案，私人之行状完全赖于口碑。然无论属官吏或属人物，必须经正反旁三面之调查，始可权作事实而依据之也。

一、正面之调查　例如今日作绥远省志，必须立传之将军即为贻谷，以其关系绥远垦务者至大，即关系于绥远满、蒙两旗人民生活者亦至大。贻将军事业正面之调查，即为绥远有关系各署之档案及贻自著之奏议奏稿等项。然此类绝非完全事实真相，盖其存案之事必依法，自道之事必合理也。此就官吏而言也。若论本土人物，《绥远志》中必当为刘会文其人立传。刘系萨拉齐县人，自民国以来即努力革命，亦曾亲至广东追随孙中山先生。民十以后，即在本省军界服务，由警备队长渐升警备第一师长。民国十六年汲金纯为都统，以刘所部曾大掠武川县城，遂执刘而枪决，其罪状即"纵兵殃民"一类批语。然同时军官行为中如刘会文者，固仍有之，而未受任何惩戒也。故依此而传刘，亦非正确也。

二、反面之调查　仍以上述二人为例，查贻谷失官仍系绥远副都统文哲珲奏参，朝廷委樊增祥等查办者。故文之参折，樊之披告，均应详阅，以便得反对资料，可备借鉴也。刘会文表面得罪，固系纵兵殃民。然余昔著《国民军史稿》曾有以下记载云："刘本民党，曾至广州，受中山先生委归绥为马福祥部连长，积资升警备分司令，旋擢师长。入京谒张作霖，寓大旅社，与国民军某参议会逐汲金纯，成立绥远省政府……事泄，军被解散。汲金纯宴刘，席间杀之，而事遂败。"（第六十五章第二节《绥远之秘密工作》）据此则刘氏固非专图纵兵殃民之军阀也。

三、旁面之调查　所谓旁面之调查即询之中立人民，或熟悉此中情形之士绅，可得公正之批评，有力之征实也。例如文之参贻，樊之查实，此中亦有内幕。余昔尝官绥远，询于彼方士绅，年在四十以上者类能言其内幕，群赞贻之功绩。故知贻将军之在绥绝非如文所参及樊所查之不良也。刘会文所部大掠武川虽属事实，然革命行为往往难择手段。汲金纯以大元帅所任命绥远都统之立场而杀刘氏，汲本不误。然刘以革命立场而攻掠某城，更无罪状可言。故专依正反任何一方之宣称，虽曰皆系片面，要亦皆系事实。故刘之为人如何，亦须询之绥远公正旁观之士绅，始能立传不误也。

以上所举三条，用以鉴定某事之真伪、某人之臧否，虽不敢谓其必是，然举一反三，本此手续而征询之，当可得比较圆满之事实，比较公平之结论也。

第十三章 记录的资料之整理方法

第一节　甲骨文之整理方法

关于甲骨刻词，可为重要资料，并其搜集之方法、鉴定之依据同述于前，无待赘说。然更有较大工作，即整理刻词是也。整理之法有二：一即接其断片，一即补其文字。关于后者王国维氏前已发明，关于前者郭沫若氏后来居上，郭氏《卜辞通纂考释》大半致力于此。本节所举各例，除余自藏自补之骨片外，亦多采于郭氏此作。但著者意在敷陈方法，仅求得例说明。举一反三，古有明训。读者倘能体会，自可运用敏捷。故每条只举一例，非必不得已者不举二例，依上所别分述如左：

一、断片之连接　往时所发甲骨刻辞似均拓片影印，书已流行海内外矣。但以后继续发掘方兴未艾，无论既往将来，甲骨之片原拆于地下，或现拆于刀斧者必非少数。往往原系一片，异时发现，多次之掘，倘不设法连接，大好资料亦将异其价值。连接之法，不外以下诸道：

据断痕　此法最简而最通用。因发掘不慎而伤于刀斧或人手者，即属拓片亦必断痕宛然，最易以此法整理。其形如左，两片之连接是也。（上片见《殷书契前编》二卷四页一片，下片见同上四卷二八页一片，接片见《卜辞通纂》五九七片。）

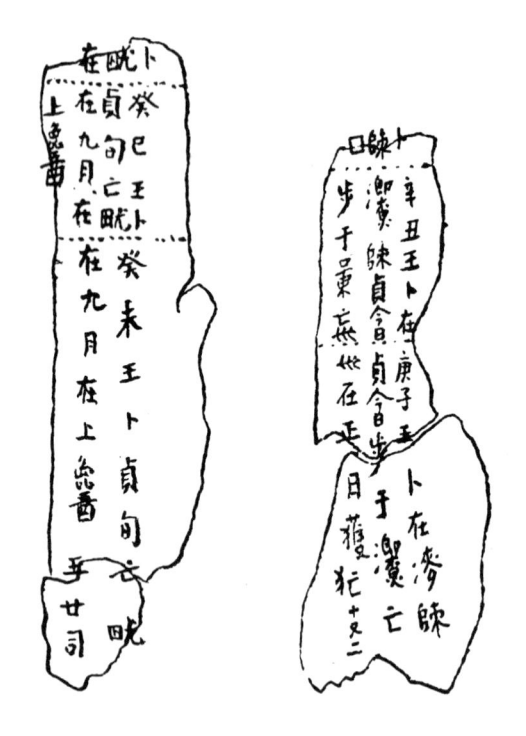

据文义　此法较难。因断痕在地下浸蚀已久，未必如上述者之新痕宛然，一望而知其为一片。倘非原骨而属拓片，更难连合。盖无论其为两片、三片，断痕不接，非考片中文义是否相连不能断定其原来是否一片也。兹举文义相连之两

第十三章　记录的资料之整理方法

片连接者，其形如左。(上片见《殷虚书契前编》二卷一七页三片，下片见同上五片，接片见《卜辞通纂》五八五片。)上片有"辛丑王卜在瀺倷贞今日步于罍亡⻍"一段，而下片有"卜在淩倷于瀺亡⻍月"等语，不成文句。而上片下段"庚子王贞今日步⻍在正"等语，亦不成文句。若两合之则适成："庚子，王卜在淩倷，贞。今日步于瀺，亡⻍，在正月。"其地名及文句，皆同上片之上段，故知其必为一片也。

　　据字形　甲骨文字字形之作风可大别为五期，已述于前鉴定方法章。五期字形判然各别，故就各断片之字形作风，亦可为连接成片之根据。倘遇断片之痕既不能合，而断片之义亦在可合与不可合之间，此时非据字形不能断定。兹举一例如左。(上片见林泰辅《龟甲兽骨文字》一卷二一页三片，下右片见《殷虚书契前编》六卷五七页七片，下左片见《后编》上卷三二页六片，接片见《卜辞通纂》三七五片。)上片与下右片之连接既据断痕，又据文义，合之本非难事。然下左片之连接则断痕既不相合，文义亦可不合。因卜雨之片甚多，有"今日雨"为一片者，有"今日其雨"为一片者，而"其自西来雨""其自东来雨"，自南自北均可各卜一次，各记一骨，不必东、西、南、北来雨。即上片有癸卯卜，而下两片无之。卜不能无日，故当为一片，有一卜日可概也。此理虽是，其实"其自南来雨"之下左一片，有何不可合于他片之有卜日者而必与此片连接？是则字形之作风有以使之也。今试观原片"其自东来雨"及"其自南来雨"之字形，宛然如出一手，故知其必为一片也。

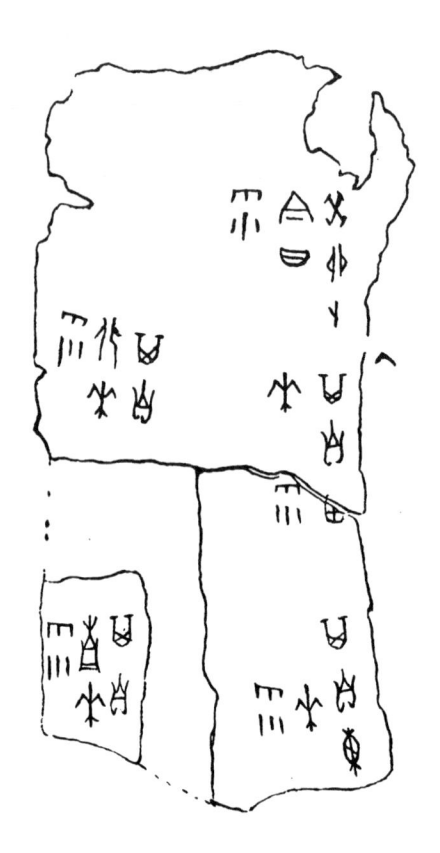

二、文字之补缺 往时所发现之甲骨刻辞今已拓印行世，前述连接断片固属整理之第一工作。然其片已断而又不能觅得其已断之部，俾成完璧，空付浩叹。绝无良法补足者固占多数，然亦间有能以己意补之，宛然原物，适合甲骨刻辞者亦正不鲜。此乃整理之第二工作也。补足之法虽云以意，实则须视原辞若何，方能对症下药。纯以主观，绝难得其真象也。今分述其方法如左：

第十三章　记录的资料之整理方法

关于日历之补缺　甲骨刻辞日历甚多，有刻一月共三十日之干支者，故仅前三甲，此类最多。《殷虚书契》前后编及林泰辅之《龟甲兽骨文字》等书均曾收集数板或一板，完缺互见。但刻全六甲作六十日之干支者较为少见，燕京大学藏完整者一，而罗氏《殷虚书契前编》亦收一板，但缺二十一日。然依干支相配定规，补足甚易。郭沫若《卜辞通纂考释》第一页已为补成。余亦藏有一板，所缺较罗藏者尚多。今以举例，并补足六甲干支如上。线以内者为原形，线以外者即补字也。（以下皆如此例，线外即为补字，不再声明。）

关于世系之补缺　殷代甲骨发现刻帝王世系之板片较少，《殷虚书契后编》上卷五页一片，乃刻其祀先公先生之辞，而因以见先公先王之名。

然完全之名仅三王耳，其余二王仅各一字。意此片必非完整者，而又不得断者以合，故须以意补之。王国维、郭沫若皆曾补之，王之所据即为殷代世系及殷人特祀典礼。今举王、郭两举之片如左。此片至关重要，王国维《殷先公先王续考》曾据此以考定商代世系。其说云："殷人祭祀，中有特祭其所自出之先王，而非所自出之先王不与者。前考所举'求（案，当作禼）祖乙（小乙）、祖丁（武丁）、祖甲、康祖丁、武乙衣'，其一例也。今检卜辞中又有一断片，……于大甲、大庚之间不数沃丁，中丁（〔原注〕中字直画尚存）、祖乙之间不数外壬、河亶甲，而一世之中仅举一帝，盖亦与前所举者同例。又其上下所阙，得以意补之如左：

由此观之，则此片当为盘庚、小辛、小乙三帝时之物。自大丁至祖丁，皆其所自出之先王。……惟据《殷本纪》，则祖乙乃河亶甲子，而非中丁子。今此片中有中丁而无河亶甲，则主乙自当为中丁子。《史记》盖误也。且据此，则大甲之后有大庚，则大戊自当为大庚子。其兄小甲、雍己亦然。知《三代世表》以小甲、雍己、大戊为大庚弟者非矣。大戊之后有中丁，中丁之后有祖乙，则中丁、外壬、河亶甲自当为大戊子，祖乙自当为中丁子。知《人表》以中丁、外壬、河亶甲、祖乙皆为大戊弟者非矣。"（《观》九·一五至一六）郭沫若

第十三章 记录的资料之整理方法

云："今案王之见解极犀利，然其所补则颇不自然。牛字中画过偏右，南庚庚字首太长，甲骨文中无此书法。举与首行大庚庚字相较，即可知其难安也。王以⚌甲为羊甲，其实乃⚌甲，即沃甲。又阳甲乃祖丁之子，南庚为其从祖父。今以之承于南庚，于所说'特祭其所自出之先王'尤自相矛盾。王盖因于'一羊一南'之不得其解而为此牵强之补足耳。余谓'一南'与'一羊'为对文，同是献于祖之物。前第一五九片'毕于祖辛八南'，又'九南于祖辛'其例证也。余今采王之说，而略略修正之如次：

末一字不明。考卜辞文例，凡于所祭者之后系以祭品，则当为辞之终，疑是"在某月"或"在某地名"之缺文也。知此为辞之终，则知大戊当在次行之上，而不当在首行之下。因而首行补以大乙、大丁，三行补以祖丁、喙甲，遂十分自然，而使王说亦得其条贯矣。"（《卜辞通纂考释》四八页）

以上王补之不当，诚如郭氏所云。然郭以喙甲为阳甲亦属不当，郭氏理由以象喙阳为同部，故知象甲或喙甲即为阳甲（《卜辞通纂考释》三一页）。岂知羊与阳更为同音，较之同部尤确实也。羊甲为阳甲，非特罗、王皆如此说，即晚近董（作宾）、吴（其昌）诸君亦均绝对承认，故余仍遵王说。更以意补

此片如左：

王氏不解"一羊一南"，故有牵强之补足，遂致羊甲置于南庚之后。郭氏以羊甲上承祖丁，本至正当，然以喙甲为阳甲则非是也。况卜辞每书"㝵廿""十"多在左，每书"卅"或"䎵""十"多在右，故知此处应补"羊甲"而不应补"喙甲"也。

关于对贞之补缺　甲骨所刻卜天象之辞多系对贞，如"不遘大风"与"其遘大风"即为对贞。例既如此，则有时遇"其○大风"之辞，则○定为"遘"字。若遇"遘""风"二字平行，则"风"字之上当为"大"，而"遘"字之上是"其"是"不"尚在未知，此须视下段而定。下段如系"不遘大风"，则此"遘"字之上必系"其"字也。今举例如左（此片见《殷虚书契前编》二卷三十页六片）：

关于地名之补缺　殷墟卜辞所见地名不过数十，而各时代之地名亦皆有定，其详已述于鉴定方法章。而最恒见之地名即"吕方""土方""人方"等，故遇有"吕"字，其下必为"方"字。倘遇"方"字，则须视本片刻辞情形而定。其事若应属"吕方"定为"吕"

第十三章　记录的资料之整理方法

字，若应属"土方"则即当为"土"字。今举例如左（此片见《殷虚书契后编》上卷二九页三片）：

盖最下段"贞于大丁告吕"，则"吕"下必为"方"，此无疑义。而第二段"贞于唐，告〇方"，则〇必系"吕"。以此片下既记"贞于大丁告吕方"，则第二段之"贞于唐"亦必"告吕方"无疑也。此即所谓视本刻词情形而定者也。

关于记日之补缺　记日皆用干支此为殷代通例，故无论何片，所记何辞，倘其所记第一日干支，如系"甲戌"，则第二日干支必系"乙亥"。换言之，如仅记第二日干支，则第一日亦可推算。如第一日仅有干，而第二日仅有支，亦能如例补足。今举例如左（此片见《殷虚书契前编》四卷一九页一片）。以此片之第一日系癸酉，而第二日又有戌字，则为甲戌无疑也。但"甲"上之囗，非一、二必系三。以殷代有十三月之例，故不敢定也。

关于例语之补缺　例语者，即词句组合，有定例也。如"亡尤""亡巛"及"亡眈"及"往来亡巛"等，皆其例也。又如"卜""贞"二字中间，倘有一字定为贞人之名，此一例也。而"不遘大风""其遘大风""今日其雨"及"不其雨"等，亦例语也。倘遇此等语句，则有一字或二字即可照例补足，俾不缺也。今举余藏二板为例如左。第一"）（"之残笔，适合行字下部ⅰ之残笔，亦合雨字右偏，故可补足两字。而"行"为贞人之名，上为"卜"字无疑，故可补足。其辞曰："卜行贞，今日不其雨"也。第二"贞"上之字，定为"卜""往来"之后，定为"亡𡿧"，故可照例补足。其辞曰："丁卯王卜贞，田𦫵，往来无𡿧"也。

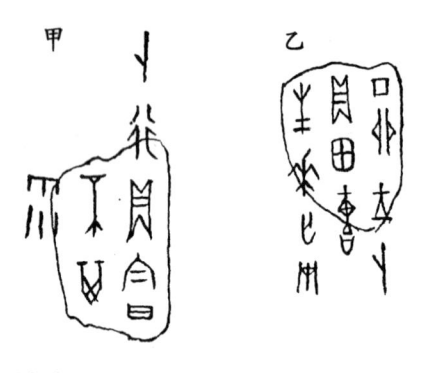

以上二项九条，关于整理甲骨文字之法虽不敢谓其必备，然循此以治殷虚遗板，必可获得较好结果，而于北省方志资料，尤能补益良多也。

第二节　吉金文之整理方法

周代著述虽多，然关于西周资料，除《尚书·周书》十余篇外，其他皆系后人追记，或伪造。故惟一资料即为吉金刻词，已于前数章中反覆申明，无须赘辞。鉴定时代以后，有时亦须整理。不过整理机会较之甲骨刻辞反少，因甲骨断片甚多，而铜器铭文则皆完全，即有缺者，亦不过文中数字，可以补足，若中断过多，尚难以意添注。故对金文整理仅有二途：一曰补其字，一曰通其读。兹分述如左：

一、文字之补缺 吉金铭刻完缺者固多，然浸蚀年久出土后文字损坏，因而拓片缺字者例亦不鲜。补之之法不外三途：

据旁证 即本器之文未能完整，而他器之文与此仿佛，可据他器之文，补证此文之缺字或半泐之字者也。此例颇多，但为说明方法计无须多举。余友济宁王樾岑，民国八年曾得一铁剑，长今尺一尺六，上有文曰："秦护军中郎将"，曾以全物照像赠余。客冬，余于厂肆亦得一铜剑，制作形式、尺寸与王藏铁剑仿佛。上有阴文两行，曰："秦护军中郎将陇郡李氏之造剑"共十三字，朝代、官名、地名、姓氏、及品物五种具备。此在古剑中绝无仅有之器也，字之致雅，锈之碧翠，犹其余事。惜"郎将"二字并泐多半。然余以王氏之剑文在忆，故一望而知，否则《汉书·百官公卿表》亦无此官名，甚难断补。此即一例也。兹附王剑影片及余剑拓片如左：

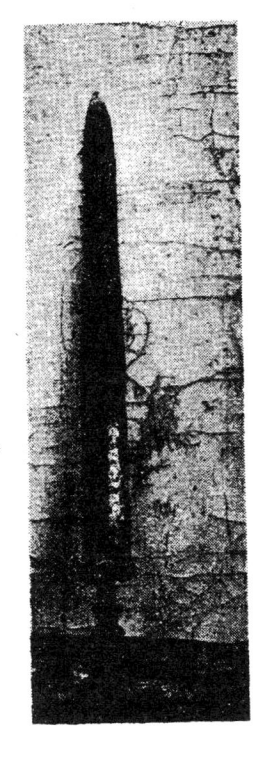

据字形　此则专用于拓片字画半泐,或仅一二笔尚在者,可据他器字形,而更顾及上下文之大意以补足者。例如"矢令敢"铭大体完整,仅首行第一字及第三字侵蚀甚多,而末行第一字及第四字各余多半。但第一字系"隹"字,以周代铭文通例及本字残形考之,绝无疑问。末行第一行决为"乡"(即飨),亦无疑问。第四字字形尚存三分之二,故可知为"妇"字。以金文妇字女多在右,而"妇子后人永宝"此种文句,虽绝少见,然其义意可通,亦自毫无疑问。独第一行第三字,郭沫若谓系"各"字(《殷周青铜器铭文研究》上册五十页),余谓乃属"正"字(借作征)。若以文意观之,"隹王各伐楚伯在炎"或"隹王征伐楚伯在炎"皆可通。但"各"字金文多书作"𠙵"(颂敦),或作"𠙵"(师酉敦及豆闭敦),或作"𠙵"(师遽敦)。若作"𠙵",如汉篆者,尚不多见。至"正"上一画虽多作"一"形,然作"一"形者亦有,故余以"正"为较宜也。兹将所抚拓铭附后,实笔各画,即所补者也。

第十三章　记录的资料之整理方法

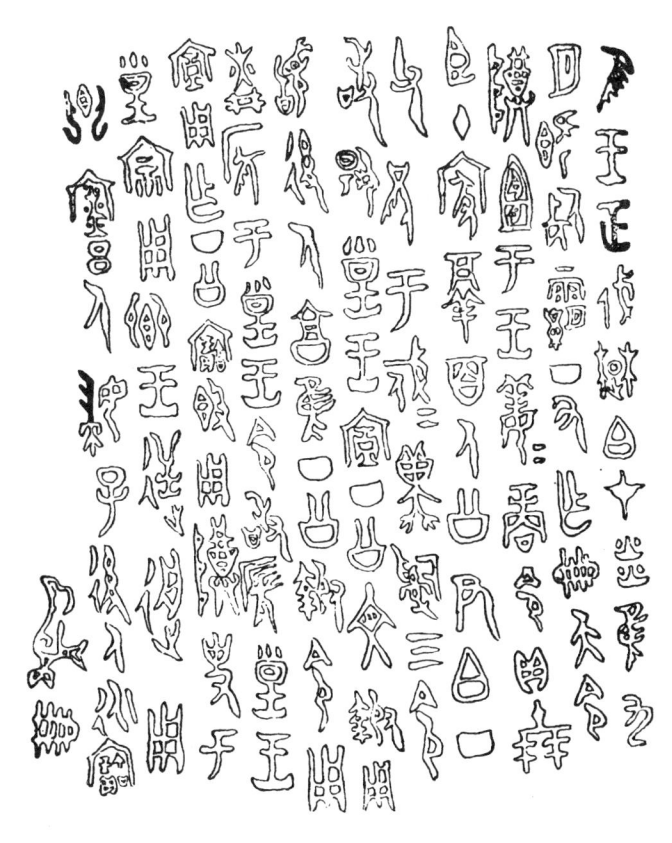

[金文拓片图像]

据文义　此则用于拓片之中有缺字，而其字之残形又不足以资意补者。此类情形金文恒有，但能补缺者须有下列各条件：一、每行缺字不得连三。二、所缺之字或系称谓，如"皇文考""皇文母"及"作册某"之类是，或系金文成语，如"拜手稽首""对扬王休"及"永宝用享"之类是。若合以上条件，则补缺至易，否则固非绝不能者，特较困难耳。今举一例。如"追敲"铭文，第一行"夕""死""事"三字，第二行"锡""追""敢"三字，第五行"匈"字，皆不完者。可用第二条"据字形"之法，虽有难易，均能补足。至第三行之"皇"，第四行之"享"及"前"，则非用本条《据文义》之例，不能补之得当。以"皇"字仅"凵"残形，倘不知成语组合，绝不知其为皇。即"前"字虽残少半，然以改"朕"亦可。所以知其为"前"者，亦系称谓使然也。兹将所抚拓铭附后，实笔各画，亦所补者也。

第十三章　记录的资料之整理方法

二、文字之通读　甲骨文字读法甚多，有由右行向左者，亦有由左行向右者。此皆对卒读终行而言，即无论起左起右，均先读完第一行再读第二行者是也。但亦间有横行读法，此虽较少，确恒经见。故甲骨文之读法，亦须加以研究。吾友胡君光炜著有《甲骨文例》，即专述读法者，兹姑不论。若吉金文字皆系右向左读，如今之读普通书者然。间有左向右读者，百不一见。故金文读法，大体无须研究。然亦偶有例外，虽千不遇一，究非绝无，必须注意及之。此亦整理金文之附带条件也。今举一二特例如左：

关于两截读者　阮元《积古斋钟鼎款识》录有"鲁侯爵"者，其铭文如左。

此后各家虽各有注录考释，而迄未得其读。孙诒让《古籀余论》始发明此铭"当作两截读"，读作"鲁侯作用鄩，爵鬯粤祼盟"。郭沫若谓："茉，非祼，乃茜字也。《说文》：茜，礼，祭束茅加于祼圭，而灌鬯酒，是为茜。像神歆之也。从酒、草。"卜辞有𧶠字，王国维云："此象双手奉束于酉（即酒）旁，殆茜之初字。"（《殷契类编》十四卷一九页）案此字卜辞有或体作𧶠，知此则茉之为茜可以迎刃而解。𣪘即公伐郐钟之𣪘字，从丁者所以考之之物，与楚公豪钟之一作𣪘者同意，此省又耳。此字有林、南二声，在此疑假为临。故铭文应读为"鲁侯作爵，用尊茜鬯临盟"。（见郭著《殷周青铜器文研究》上册一一五至一一六页，大意如此，非原文也。）按郭释 ⽊ 为 ⽊，假为临，甚见灵机，然未必是。至 ⽊ 之上半为"自"或"贝"，绝非为"酉"。卜辞之 ⽊，王释"茜"者，以 ⽊ ⽊ 各形确为"酉"字，故能释通。此字根本非"酉"，而为"自""贝"。郭释绝不可通。郭之改孙，即在此二字之新释，此既不能满意，则郭之读法未必为当。孙释固未必是，但其"两截读法"确不可易也。余于以上二字暂不得解，故亦不易郭释。但余觉此器既为爵形，则上句当以郭读"鲁侯作爵"为是也。

关于横行读者　横读之铭并非全文横读，即于全文中偶有一二字应如此读者，然此例亦殊寥寥。余藏一彝，其铭文如左。

此器铭文字皆反作，第一字右上似"系"字半泐者，下为"其"字。吾友柯昌泗君谓系"䣛"字，按金文例，从阝与否恒无关于本字，故当为"綦"。如本铭陴、隓二字即其例也。此铭若依普通读法，当读作"綦作乙祖宝陴隓十月玨",则第三行之"在"字即成赘文矣。故"在"应与"十"作横读法,全文应读为"綮作乙祖宝障隣在十月玨"。此例乃吉金文中少见者也。

第三节 古书籍之整理方法

古书籍之有待整理而后可以引用或根据者比比皆是,整理之法如后。

一、属于文字方面者 即误字或误解之类是也。

关于校勘者 根据左述诸法:

甲、据古本改误字 如《礼记·檀弓》下石经作"使子贡问之",而监本注疏作子路,误。《王制》石经作"用地小大",监本作大小,误。《诗》:"何彼秾矣",石经及监本注疏皆从衣,今本作禾者,非。《左传》宣十五年"尔用而先人之治命",监本脱而字,当依石经(顾炎武《九经误字》,刊在《续皇清经解》)。又《史记·刺客传》,今本作"剑坚故不可拔",而江南古本作"剑竖"。当依江南本,盖剑坚安有不可拔之理耶?

乙、据他书所引 如《书》:"东迤北,会于汇。"石经及监本注疏皆同,按《史记·夏本纪》亦作"于汇"。今本作"为汇",非。(《九经误字》)又《诗·硕鼠篇》:"逝将去女,适彼乐土。乐土乐土,爰得我所。"是因重文作二画而误。

《韩诗外传》两引此文，并作"逝将去女，适彼乐土。适彼乐土。爰得我所"，可以更正。

丙、据本书行文义例　　如《论语·季氏篇》："不患寡而患不均，不患贫而患不安。"俞樾谓寡、贫二字传写互易，本作"不患贫而患不均，不患寡而患不安"。贫不均，并言财，寡不安，并言人。又隐元年本《传》："有文在其手，曰'为鲁夫人'。"俞樾谓："曰"字，衍文也。闵二年《传》："有文在其手，曰'友'。"昭元年《传》："有文在其手，曰'虞'。"彼《传》无为字，故有曰字。此传有为字，即不必有曰字。犹桓四年《公羊传》："一曰乾豆，二曰宾客，三曰充君之庖。"《穀梁传》作："一为干豆，二为宾客，三为充君之庖。"有为字，则无曰字是也。

丁、据本书纪事通例　　如《晋书·列传》第二《后妃下》有："太尉王夷甫外孙"一句，按纪传例不书字。王夷甫当作王衍，是当时疏忽之误。

戊、据本人平日口气　　如《孟子·尽心下》："然而无有乎尔，则亦无有乎尔。"宋孙氏奭《音义》云陆本作"然而无乎尔，则亦有乎尔"，云孟子意自以当之，无乎尔，有乎尔，疑之也。此意以况绝笔于获麟也。案乎，训于；尔，训此。无乎尔，有乎尔。谓无于此，有于此，正孟子明以自任语。若今上下句各一衍字，徒作决绝之词，大非子舆氏平日口吻。是当从陆善经本。（臧庸《拜经日记》，刊在《皇清经解》。）愚按《孟子》有云："夫天不欲平治天下则已，苟欲平治天下，当今之世，舍我其谁与。"此等口气，何等自任，绝不至有"然而无有乎尔，则亦无有乎尔"之语。当从陆本。

己、据本句义删重字　如《书》："自朝至于日中昃，不遑暇食。"遑即暇，可删一字。《诗》："无已太康。"已即太，可删一字。《左传》："十年尚犹有臭。"尚即犹，可删一字。《礼记》："人喜则斯陶。"则即斯，可删一字。

关于训诂者　根据左述诸法：

甲、据古字书　如《诗》："万福来求。"王引之谓："求与逑同，逑，聚也。言万福来聚也。……《说文》：逑，敛聚也。《虞书》曰：旁逑孱功，《史记·五帝纪》作'旁聚布功'，今本作'方鸠僝功'。《尔雅》曰：鸠，聚也。《大雅·民劳》篇曰：惠此中国，以为民逑。《毛传》曰：逑，合也。笺曰：合，聚也。是逑与聚同义。《尔雅·释训》：速速蹙蹙，惟逑鞫也。《释文》：逑，本亦作求。是逑、求古字通。"（《经义述闻述》六，刊在《皇清经解》或王刻四种。）

乙、据古注释　如《诗》云："彼求我则，如不我得。执我仇仇，亦不我力。"王引之谓："仇仇，或作牞牞。《广雅》曰：牞牞，缓也。《集韵》曰：扢扢，缓持也。案《缁衣》注曰：持我仇仇，然不坚固，即是缓持之意，义与《广雅》同。今案彼求我则，如不我得，言求我之急也；执我仇仇，亦不我力，言用我之缓也。"（《经义述闻》六）

丙、据古书引注释　如《诗》云："中沟之言，不可道也。"《玉篇》及韩、鲁《诗》引同作"宵"，云：中夜之言也,《太玄·玄摛》曰:昼以好之,夜以丑之。故下云言之丑也。(略本惠栋说,见《九经古义·毛诗》上,刊在《皇清经解》。)

丁、据古字形　如"文",金文多作♢,与"宁"作♢形相似。古多假宓为文,与宁形近。故文、宁恒相错乱。案《书·大诰》曰"宁考""宁王""前宁人""宁武",则皆文之字误也。(孙诒让略本吴大澂说,见孙著《名原叙》。)

戊、据音韵　古书往往以双声叠韵字代本字,字虽不是而不为误。如"戎与汝,双声",而《诗·常武》篇:戎与祖、父为韵,是即以戎为汝。此以双声代本字之例也。《尚书·微子》篇:"天毒降灾荒殷国",《史记·宋微子世家》作"天笃下灾亡殷国"。"笃与毒,亡与荒,皆叠韵。此以叠韵字代本字之例也。"(俞樾《古疑义举例》)

二、属于名辞方面者　即异名或音义不明之类是也。

关于明歧名者　古书往往一种而异名,如今之《史记》,古之《太史公》百三十篇也。今之《战国策》,古之《短长语》也。今之《道德经》,古之《老子》也。今之《南华经》,古之《庄子》也。今之《楚辞》,古之《屈原赋》也。盖古人称名朴而后人于华也,又有援引书名而从简者。如《白虎通德论》,删德论二字。《风俗通义》,删义字。《淮南鸿烈解》,删去鸿烈解,而但曰《淮南子》。《吕氏春秋》,不称《吕氏春秋》,而但曰《吕览》。凡此皆同实歧名,足以遗误后学。故遇此种名辞,必沿用今名,而并注古名,或尊古名而附以今名。庶不至一而二,二而一矣。

关于明音义者　国史上《辽》《金》《元》三史及佛书诸名往往译音，既不能读，复不能解。且有一名辞而译不同者，是必详注音义及歧译于名辞之下。如《辽史》"希达"，即ᠣᠯ，读若希达。伊阿，满洲语帘也。卷二作霞的，卷四作辖德，卷七作奚底，卷二十五作辖奚，卷六十六又作奚底。(《辽史语解》卷六) 如《楞严经》第一章"娑毗迦罗"，集注云：梵语也，华言黄发，外道。此皆明音义之类也。

三、属于残逸方面者　即古籍遗漏或亡逸之类是也。

关于增补者　著录之书有当时遗漏失载者，有著录残逸不全者。如《汉书·艺文志》不收萧何律令、叔孙朝仪、张霸《尚书》、尹更始《春秋》，然皆显著纪传，卒见绝非当时遗漏，必其本志有残逸者矣。又《旧唐书·经籍志》集部内，无韩愈、柳宗元、李翱之文，又无杜甫、王维、白居易之诗，此非当时之遗漏，必其本志有残逸者矣。(章学诚《校雠通义》第八)《宋史》本有《艺文志》，然咸淳以来尚多缺略，是则近于遗漏矣 (倪灿已有《宋史艺文志补》，今姑举例)。凡此残逸遗漏，均宜增补之，此用于有而不完也。

关于辑补者　正史内容有本纪、世家、列传、书、志、载言、表、论、赞、序例、补注、序传等体。然《二十四史》诸体多不全者，惟《明史·历志》有割圆弧矢诸图，他史皆无焉。惟《史记》《汉书》《新唐书》《新五代史》《宋史》《辽史》《金史》《元史》《明史》有表，他史皆无焉。惟《史记》《汉书》《后汉书》《晋书》《宋书》《齐书》《魏书》《隋书》新旧《唐书》新旧《五代史》《宋史》《辽史》《金史》《元史》《明史》有志，他史皆无焉。《二十四史》中之缺少者甚多，均宜辑他书而补之，此用于原未有而增之者也。

关于稽补者　如崔鸿《十六国春秋》，霸史也，惜其不传久矣。故隋唐以后皆不著录，明屠乔荪本自是伪撰，然务为夸多，殊难征信。清汤球又取纂录本及《晋书》传记及原书之散见于诸书者，别为辑补（《史学丛书》不列，今在《广雅丛书》），名曰《十六国春秋辑补》，事较屠少而征信过之。以其材料一部取于原书之散见于他书者，与前辑补不同，故名稽补。可稽补之书甚多，岂止十六国春秋耶？是在今之治史者。

以上三端，惟第三属于残逸者，则于方志资料无关，但其意可师故并举焉。

第十四章 记录以外的资料之整理法

第一节　总　说

　　记录以外的资料如前所分类别，不外地理的、古迹的、建置的、美术的、口碑的、古物的、产业的以及歌谣的八种。关于地理的，如山河、气候等等。关于古迹的，如陵庙、城堡等等。关于建置的，如街坊、道路等等。关于美术的，如图画、雕刻等等。关于产业的，如鱼樵、畜牧等等。皆系固定的，自然的，或已成不可增饰的。不能加以人工者有之，不必加以人工者有之，不便加以人工者亦有之。盖如山河之类，加以人工则开道、通渠，又变为建置焉。图画雕刻之类，加以人工，则题诗赏赞，又变为跋记焉。他如古迹修理而失其真，街坊改建而失其形，凡此种种。或加工而反变其类，或增饰而反失其真。何若不施整理而保其原形之为当，故于记录以外的资料中求其应加整理者。不过以下两种，即古物与歌谣是也，分述于后。此在史的观察，理当若是。若夫政治观察，则改旧增新，时时有此必要，是乃另一问题，非本书所应讨论者也。

第二节　古物之整理方法

前分古物为陶器、石器及铜器三类，关于形质部分之审定，文字部分之整理，已述于前，无烦再叙。兹所论者，仅其器物之普通整理。虽有陶石、陶器之不同，而其整理方法不外下列两种：

一、碎物之复合　无论其为陶、为石、为玉、为金，亦无关其为有意掘发或无意拾获，完整者固甚多，而破碎者亦不少，陶器尤然。此类裂器尚系发现后其本身已失一部或数部，绝不能复合原形者，只有听其残缺，但作原质与花纹上之考古即可矣。倘幸而发现后其物虽破，而各片尚存，合之可复原观者，自应使之复合。复合之法，则陶瓦、石玉各器不外黏着，而铜器（即金属物）则须火嵌。但此种技能术之巧拙关系至大，倘不精致则裂痕依然，器虽得全并不雅观。是类技艺各省或亦间有，要以北平为最工，然亦最少。陶磁修补者尚五六人，匪特汉唐以来之破陶，黏裂无痕，即宋元以后之磁品修理亦雅，甚至素有研究之古玩商人亦难知其破绽。至于铜器修补者，闻仅张、郭二人，厂商所谓"古铜张"及"古铜郭"者是也。彼等嵌补铜器神妙莫察，原物破而更合，

第十四章　记录以外的资料之整理法

固属至易，即器形方而压扁，圆而挤缩者，亦能俾之复元。且锈色添补，亦同器之古锈，即多年之金石考古专家，亦复难辨嵌口所在。但其手工昂贵，由数元以至数百元不等，须视原物价值索酬，绝无定规可循也。余之所谓碎物复合者，系指原器破片毫无缺短，始克俾工整理。如河南新郑出土铜器，情形大半如是，听其残破岂不可惜？故河南图书馆之执事者，闻已佣工修理，多复旧观，此其例也。凡事有一利多亦生弊。铜工精巧此虽美事，然近年铜器反有因以补添者，此又一大憾事。盖平沪估人倘得一器，零件不全，如卣之缺盖，鼎之失耳，亦或造象缺座时，依考古眼光观之，虽非全形，但无残物克合，听之可也。然彼画计在营利，遂令古铜张、郭之类补作足盖，强膺完璧。表面甚难辨识，遂以售之外人。实则较之原物，价值毫未增加（此指考古学上之价值言，即使用价值，非交换价值也），甚或因以减色。估人专为金钱，绝不顾及古物，情尚可原。而近来自命为考古专家者，往往亦仿效之，自欺欺人，自觉甚巧，然余谓其愚不可及也。

　　二、外锈之剔除　此类多指铜器而言，若夫石器，倘有泥土，洗以净水，则自剥落，无须如何剔治也。至于陶器，锈亦甚浅，有之亦系原釉，与地下水土合，自成化学作用，另发锈色，不必剔除，但去外敷泥土可也。惟铜器因在地下年久，亦生化学作用，故皆有锈。但锈有帖身与外层之别，帖身之锈不能剔除，亦无须剔除，以其不掩铭文花纹也。若夫外层之锈间杂以土，往往特厚，花纹刻辞多以此掩，事实上非去不可。故清代内府藏器以及私家保存者尽为熟坑。熟坑者，即将外锈剔去而以蜡荡一次也。此种整理，本至应有。非然者，铭辞花纹无以表见于外也。然民国以还西人收购铜器极喜生坑。生坑者，亦不尽当时出土，不过外锈尚未剔除耳。职是之故，铜器发现，估人不加整理，即以原物售出，可得善价。而生坑尚矣，若以考古眼光观察，绝无道理可言。倘此外锈不遮字纹，听之存在固可。否则加以剔除，是为必要整理。剔除之法有三：第一以冷水浸之若干日，泥土敷锈即落。第二以鲜山楂压碎成糊，敷于花纹或铭辞之上，如此者数，则外锈即剥，花字并显，此皆厂商通用方法也。近闻日人发明以化学药品剥锈特净，是方初入中国，能者尚鲜，秘而未宣其药品，此第三法也。即用以前二法亦能剔治，但锈之坚者尚难如愿。第三法甚可救前二法之穷，虽云秘密，终恐自然通行也。

第三节　歌谣之整理方法

歌谣之可为重要史料，已如前述。然采选时须以笔录，任何地方必有土语，而其土语之用于歌谣者甚多。调查人员采录时须完全依其土语方音，不能易以普通文字，以免失去歌谣精神，是乃定理。然一省或一县之志，绝非专供本省或本县人士之阅读，亦非专供一个时代人士之阅读。倘不注释各该歌谣中之土语、土音，则异地异时人将不解。故于引用之前须先加以整理，整理之方即将土语注释，并将音韵说明。兹先举歌谣之例于先，而更说明整理之法于后：

"豆芽菜，蓬蓬生，姥姥爱外孙，老爷哈哈笑，舅母狠痛心。"（绥远晋北歌谣）

"拉大锯，扯大锯，姥姥门口唱大戏。搬闺女，让女婿，没脸外孙也要去，一个刮刮打回去。"（绥远晋北歌谣）

"喜鹊鹊，椅巴长，娶过媳妇忘了娘。老娘想吃胡萝荚，那有银钱与你买？媳妇想吃香水梨，赶回集，买上梨，刮了把子去了皮。"（绥远晋北歌谣）

一、土语之注释 即就以上三种最短歌谣而言，其中土语颇多。如"姥姥"即外祖母也，"老爷"即外祖父也，"狠"即恨也，盖读若"狠"而意为"恨"也。（以上第一）"大戏"即晋北之梆子腔，俗谓之"北路梆子"，此对本地"秧歌"而言，本地秧歌，即"小戏"也。"搬"者，各省皆指搬运物品而言，但此搬字乃对人言。"搬闺女"即搬其已嫁之女也，他处以未嫁之女为"闺女"，且不限于己所生者，乃待字闺中普通女子之称也。绥、察、晋北一带，则父母对于生女，无论已嫁未嫁，终身呼为闺女。如北平所谓"姑奶奶"者是也。"没脸"，即不要脸，或"无耻"之意。"刮刮"即"耳光"之意，"一个刮刮"即"打他一个耳光"也。（以上第二）"椅巴"即"尾"意，凡呼鸟若兽之尾，皆曰"椅巴"，即北平所谓之"尾巴"也。"香水梨"，即北平之"牙梨"，以其水多而香，故定斯名。晋北察绥各县，凡数百户以上之村，每于一四、七，或二、五、八，亦或三、六、九，每隔三日，必有百货商人集此大村以售商品，此之谓"集"。小村之人每于集日赴大村购物，早去晚归，此之谓"赶集"。把子即柄意，读去声。如云"梨柄"即"梨把子"也。（以上第三）此土语之注释也。

二、音韵之说明　仍就以上三种歌谣而言，第一则"生""孙""心"为韵。第二则"锯""戏""婿""去"为韵。第三，则"长""娘"为韵，"梨""集""皮"又为韵，盖集读若"鸡"之下平声，故与梨皮为韵也。此同韵及方音之说明也。

以上所举歌谣，若方志引用，可以作为人情风俗之资料。然须于采集之后，先加以上两项之整理，始能据以入书。否则匪特将来读者不明真意，即编纂志书者（如省志之类，聘人必多，未必尽系同省籍者），亦未必知其土语方音，而能运用得法也。

图书在版编目(CIP)数据

方志学 / 李泰棻著. -- 上海：上海书店出版社，2024.11. -- (方志学名著丛刊). -- ISBN 978-7-5458-2432-2

Ⅰ. K290

中国国家版本馆 CIP 数据核字第 2024MY5996 号

责任编辑　吕高升
封面设计　汪　昊

方志学名著丛刊

方志学

李泰棻　著

出　　版	上海书店出版社
	(201101　上海市闵行区号景路 159 弄 C 座)
发　　行	上海人民出版社发行中心
印　　刷	上海新华印刷有限公司
开　　本	889×1194　1/32
印　　张	13.375
字　　数	250,000
版　　次	2024 年 11 月第 1 版
印　　次	2024 年 11 月第 1 次印刷

ISBN 978-7-5458-2432-2/K・515
定　　价　88.00 元